대표 전략으로 입문하는
미국 주식 퀀트 투자

대표 전략으로 입문하는
미국 주식 퀀트 투자

초판 1쇄 2025년 2월 3일

지은이 이용환
발행인 최홍석

발행처 (주)프리렉
출판신고 2000년 3월 7일 제 13-634호
주소 경기도 부천시 길주로 77번길 19 세진프라자 201호
전화 032-326-7282(代) **팩스** 032-326-5866
URL www.freelec.co.kr

편 집 강신원, 박영주
표지디자인 황인옥
본문디자인 김미선

ISBN 978-89-6540-404-0

대표 전략으로 입문하는

미국주식
퀀트 투자

이용환 지음

파이썬으로 체득하는
전략 구현·최적화·백테스트

Q

프리렉

새내기 개인 퀀트 투자자를 위한 친절한 입문서

이용환 박사의 책 『미국 주식 퀀트 투자』를 처음 접했을 때, 내심 입문서라고 해 놓고 수학 공식이 난무하는 고등 투자 기법을 소개하고 있으면 어쩌나 우려하는 마음으로 첫 장을 넘겼습니다. 저는 저자가 운영하는 PISTAR LAB에 강연차 몇 번 참석한 경험이 있기 때문에 랩에서 강화학습 트레이딩 에이전트를 개발하기 위해 어떤 수준의 난해한 이론들을 연구하고 있는지 대충은 알고 있었기 때문입니다.

하지만 정작 이 책은 첫 페이지부터 끝 페이지까지 단 하나의 건너뜀도 없이 프로그램의 기초인 if-else 문부터 시작해서 평균회귀 전략과 포트폴리오 이론에 이르기까지 모든 과정을 상세하게 설명해 나가는 것을 발견하게 되었습니다. 어쩌면 조금 과장해서 중고생도 이해할 수 있을 정도의 알기 쉬운 퀀트 입문서라고 해도 틀리지 않을 것 같다는 생각이 들었습니다.

이 책을 읽으며 일전에 서울에서 열렸던 퀀트 컨퍼런스에서 수준 높은 질문을 던지며 대화를 나누었던 젊은 분이 뒤늦게 고등학생이었다는 것을 알게 되어 깜짝 놀랐던 기억이 떠올랐습니다. 독학으로 퀀트 투자를 성공적으로 수행하는 어린 고등학생을 보며 그가 퀀트 공부를 하며 극복해야 했을 많은 어려움이 상상되어 대견한 생각이 들었습니다. 그리고 한편으로는 퀀트 대중화의 가능성도 실감하였습니다. 하지만 일반인에게 올바른 퀀트 투자 방법을 소개하는 입문서는 아직도 매우 부족하다고 생각했습니다. 그런데 이 책은 그러한 가능성을 한층 더 현실로 만들어 줄 수 있다는 느낌이 강하게 들었습니다.

저의 경험에 비추어 볼 때 사실 퀀트 투자에서 가장 커다란 걸림돌은 프로그래밍 능력이라고 생각합니다. 퀀트 투자자가 수행해야 하는 작업의 90% 이상이 투자가 아니라 프로그래밍입니다. 이 책처럼 프로그래밍에 대한 아무 지식이 없는 문외한이라도 너무도 친절하게 설명된 매 단계를 따라가며 제공된 코드를 복사해 붙여넣기만 해 보아도 어느덧 트레이딩을 수행할 수준의 프로그래밍을 가능하도록 만들어 주는 입문서를 찾기는 매우 어렵습니다. 새내기 퀀트 투자자들에게는 샛별과도 같은 책이라고 생각합니다.

월스트리트의 퀀트 펀드들에서 투자를 수행하는 퀀트들 중 많은 수는 미국 최상위권 대학에서 수학, 물리, 컴퓨터공학을 전공한 박사나 전직 교수들이라는 사실은 잘 알려져 있습니다. 그런데 전문 퀀트 투자자에게 높은 지식이 요구되는 사실은 알려져 있지만, 개인이 퀀트 투자로 성공하기 위해서 어떤 능력이 요구되는지를 잘 아는 사람은 많지 않은 듯합니다.

전문 퀀트 투자자의 영역과 개인 퀀트 투자자의 영역은 상당히 다릅니다. 수백여 명의 전문 퀀트들을 지도하며 제가 느꼈던 바는 사실 그렇게 능력이 높은 전문 퀀트들에게 역으로 개인 퀀트 투자를 해보라고 한다면 대부분은 도리어 실패할 가능성이 크다는 사실입니다. 이는 마치 삼성전자의 메모리 반도체 연구원에게 혼자서 메모리를 만들어 내라고 요구하는 것과 같습니다. 대규모의 전문 퀀트 회사에서 만들어 내는 투자 전략은 일반인들에게 주어진다고 해도 도리어 손실만을 일으킬 정도로 그 집행 과정이 복잡하기에 단지 전략만 있다고 성공하는 것이 아닙니다. 막대한 자금을 운용하고 높은 레버리지를 기본으로 하며 극도로 위험에 민감한 전문 퀀트 회사에서는 사용이 제한되는, 상당한 변동성을 감수해야 하는 추세 추종 부류의 전략도 개인 투자자 입장에서는 매우 훌륭한 전략이 될 수 있습니다.

퀀트 투자 기법은 전문 퀀트 투자 회사의 전유물이 아니며 시장에는 개인 퀀트들이 나름의 방법으로 높은 수익을 낼 수 있는 공간이 항상 존재합니다. 개인 퀀트 투자자들이 이러한 공간에서 수익을 창출하기 위해 필요한 지식을 이 책은 자세히 소개하고 있습니다. 퀀트 투자에 관심을 가진 누구라도 이 책의 내용을 잘 습득하고 발전시킨다면 퀀트 투자자로 입문하는 데 큰 도움을 얻을 수 있을 것으로 기대합니다.

2025년 1월

이승환

전 Worldquant Managing Director
현 Haafor Singapore CEO

CONTENTS

2019년 말 7년의 캐나다 생활을 마치고 귀국하였다. 워털루에서 복잡한 물리 계산을 위한 각종 몬테카를로 알고리즘과 씨름하며 연구에 매진했던 기간이었다. 귀국 후 1년의 준비 기간 후 2021년 초 코로나19가 창궐할 즈음 지인과 함께 인공지능 스타트업을 창업하였다. 여러 프로젝트 중 인공지능 로보어드바이저 개발에 참여하면서 각종 퀀트 이론을 접하게 되었다.

예상치 못한 여러 사정으로 인해 회사는 오래가지 못했지만 나는 새로운 연구 대상을 찾은 것 같아 기뻤다. 각종 금융 서적과 논문을 뒤지며 퀀트 공부에 매진하였다. 인공지능 알고리즘 트레이딩을 연구하는 모두의 연구소 DAT Lab에 참여하여 같은 관심을 가진 분들과 토론하면서 많은 것을 배울 수 있었고 미국 주식에 투자하면서 운 좋게 큰 수익도 얻을 수 있었다. 2023년 하반기부터 강화학습 트레이딩 에이전트를 전문으로 연구하는 모두의 연구소 PiStar Lab 랩장으로 퀀트 연구를 지속하고 있다.

짧다고 하면 짧은 지난 3년간 물리학 연구에만 오랜 기간 몰두했던 나에게는 매우 생소한(그렇지만 연결 부분이 있는) 퀀트 연구에 몰입하면서 느낀 점이 많았다. 나의 식견이 부족해서인지 초보자가 체계적으로 제대로 배울 수 있는 퀀트 관련 서적을 찾기가 매우 어려웠다. 실제 투자에서는 의미 없는 겉핥기 지식만을 담고 있거나 전혀 작동하지 않는 엉터리 전략을 소개하는 자료도 많았다. 자동매매 방법을 열심히 설명하고 나서는 전략은 여러분이 세워서 프로그램을 돌려보라며 끝맺는 수많은 책을 보면서 허탈해하기도 하였다.

자연과학이나 공학과 달리 수익을 내기 위해서는 자신의 전략을 숨기고 끝없이 경쟁해야 하는 분야의 특성과도 관련이 있을 것이다. 이러한 나의 경험을 바탕으로 퀀트 투자에 관심 있는 문외한이라도 시행착오 없이 퀀트 투자에 제대로 입문할 수 있는 안내서를 목표로 이 책을 집필하게 되었다.

이 책은 진지하게 퀀트 공부를 결심한 분들을 위한 책이다. '진지하게'라는 뜻은 단지 공부를 위한 공부가 아니라 실제로 미국 주식을 대상으로 퀀트 투자를 해서 수익을 내고자 하는 열망을 가졌다는 뜻이다. 미국 주식 투자를 전제로 전략을 소개하지만 이 책에서 다루는 전략 자체는 국내 주식 시장이든 암호화폐 시장이든 상관없이 적용할 수 있는 것들이다.

이 책은 이미 코딩을 배웠건 코딩을 전혀 모르건 상관없이 컴퓨터 책상에 각 잡고 앉아서 직접 코딩하면서 책을 읽겠다고 각오한 분들을 위한 책이다. 소파에 앉아 또는 침대에 누워 편하게 읽을 수 있는 책이 아니다. 코딩 문외한이라고 걱정할 필요는 없다. 이 책에는 따라 하면 익힐 수 있는 파이썬 필수 내용이 포함되어 있다. 물론 필요한 최소한의 핵심만 담을 수밖에 없었지만 그것만 익혀도 내용을 이해하는 데 문제될 것은 없다. 우리에게는 이제 챗GPT가 있지 않은가. 다른 부분은 몰라도 코딩에서 막혀서 고생하는 시대는 끝났다. 코딩과 관련해서 이해되지 않는 부분은 챗GPT에게 무엇이든 물어보시라. 너무나도 친절하고 정확하게 알려줄 것이다. 아무튼 이 책은 코딩하면서 읽는 책이다.

이 책은 또한 퀀트 공부를 좀 했고 자동매매 프로그램도 만들어봤지만 어떻게 전략을 만들어야 할지 막막함을 느껴본 분들을 위한 책이다. 퀀트라면 알아야 할 기본이 되는 다양한 전략을 체계적으로 소개하고자 노력하였다. 대가들이 이미 만들어 놓은 유명한 전략의 아이디어를 이해하고 코드로 구현해 나가다 보면 자신만의 전략을 스스로 개발할 수 있게 될 것이다.

이 책은 입문서의 성격상 중장기 투자 전략을 소개한다. 한 번 매수하면 여러 날을 보유한다는 뜻이다. 하루에 여러 번 거래하는 단타 매매 전략intraday trading은 다루지 않는다. 단타 매매가 나쁘다는 뜻은 전혀 아니다. 길게 가져가서 한 번에 크게 수익을 낼 수도 있는 것이고 장중에도 발생하는 많은 수익 기회를 포착하여 짧게 작은 수익을 여러 번 낼 수도 있는 것이다. 하지만 단타 매매는 난도가 올라가기 때문에 퀀트 기본기를 다진 후의 일이다. 이 책을 마스터하고 나면 단타 매매를 다루는 중급 퀀트 서적도 어렵지 않게 도전할 수 있게 될 것이다.

유의할 것은 이 책에 있는 내용을 그대로 따라 실제로 투자한다고 해서 반드시 수익이 난다는 보장은 전혀 없다는 점이다. 시장은 끊임없이 변하고 실제 투자에는 수많은 변수가 작용하기 때문이다. 피가 튀는 싸움터에 나갈 검투사에게 꼭 맞는 갑옷과 무기를 주는 것이 아니고 자기에게 맞는 갑옷과 무기를 스스로 만드는 방법을 알려주는 책이다. 오랫동안 여러 지혜로운 투자자가 떠올린 투자 아이디어가 무엇이고 그것을 어떻게 전략으로 구현하는지를 배울 뿐이다. 그러한 아이디어에 동의하여 실전에 그대로 적용해 보거나 또는 개선점을 발견하고 자기만의 아이디어로 변형하여 적용해 보거나 하는 것은 전적으로 독자의 몫이다. 이 책이 여러분의 성공적인 투자에 도움이 되기를 기원한다.

이 책은 미국 주식 퀀트 투자를 소개하는 입문서로, 크게 세 부분으로 구성되어 있다.

첫 번째로, 구체적인 퀀트 투자 전략을 공부하기 전에 알아야 할 기본 내용을 소개하며 미국 주식 시장, 퀀트 투자 개념, 주식 시장 작동 원리를 다룬다. 1장부터 3장의 내용이 이에 해당한다.

두 번째로, 코딩 경험이 없는 독자를 위해 파이썬을 소개한다. 4장과 5장에서 파이썬 설치, 기본 사용법, 주식 데이터 분석 방법 등을 설명한다.

세 번째로, 이 책의 핵심인 퀀트 투자 전략을 소개하고 파이썬 코드로 구현해 본다. 퀀트 투자자들이 개발한 다양한 전략 중 대표적인 것들을 입문자가 체계적으로 이해할 수 있도록 추세 추종, 모멘텀, 평균 회귀, 포트폴리오 투자로 나누어 6장부터 11장에 걸쳐 설명하며, 직관적이고 이해하기 쉽게 작성한 파이썬 코드를 제공한다.

예제 코드 활용 방법

이 책에서 실습은 주피터 노트북 환경에서 진행하며, 사용하는 파이썬 버전과 라이브러리는 다음과 같다.

• 파이썬 3.12	• numpy	• pandas	• matplotlib
• statsmodels	• scipy	• ta	• yfinance==0.2.40

이 책에서는 이와 같은 파이썬 버전과 라이브러리로 별도의 파이썬 가상 환경을 만들어 실습을 진행한다. 버전 충돌 등의 오류를 피해 이 책의 예제를 그대로 따라 하려면 4.1.1절에서 안내하는 대로 환경을 구성하여 실습하기 바란다.

예제 파일 내려받기

이 책에서 사용하는 예제 파일은 프리렉 홈페이지(자료실)에서 내려받을 수 있다.

https://www.freelec.co.kr → [자료실]

이 책에는 거의 모든 소스 코드가 수록되어 있으므로 꼭 예제 파일을 내려받지 않더라도 직접 타이핑하여 실행해 볼 수 있다.

유의 사항

이 책에서 다루는 종목은 추천 종목이 아니며 전략을 소개하기 위해 선정된 예시 종목임을 밝힌다. 과거의 데이터를 사용하는 백테스트 결과는 실제 투자 결과와 다를 수 있으므로 주의해야 한다. 투자자는 자신의 상황에 적합하도록 전략을 수정하거나 개선하여 실제 투자에 임해야 하며, 이로 인한 수익이나 손해는 투자자 본인의 책임으로 귀속됨을 유념해야 한다.

미국 주식 투자 시작하기

요즘 우리나라에서 특히 눈에 띄는 경향은 미국 주식에 투자하는 개인이 급속히 증가하고 있다는 점이다. 국내 주식 시장에 투자하는 개인을 '동학 개미', 미국 주식 시장에 투자하는 개인을 '서학 개미'라고 구분해서 부르는 말이 널리 사용될 정도다. 이는 2020년 코로나19로 무너져 내릴 것만 같았던 미국 증시가 미국 정부의 대대적인 유동성 공급으로 급격한 V자 반등을 이루었던 것, 그리고 2021년까지 무서운 상승세를 이어간 것이 미국 주식 투자 열풍을 가속화한 결과로 보인다.

표 1-1 국내 투자자들의 미국 주식 순매수 대금 상위 종목(2023년 외화증권예탁결제 조회 내역)

순위	국가	종목명 (티커)	매수 결제(USD)
1	미국	Tesla Inc (TSLA)	14,190,113,634
2	미국	Direxion Daily Semiconductors Bull 3X Shares (SOXL)	11,355,758,482
3	미국	Direxion Daily Semiconductors Bear 3X Shares (SOXS)	8,192,952,089
4	미국	ProShares UltraPro Short QQQ (SQQQ)	7,032,661,201
5	미국	ProShares UltraPro QQQ (TQQQ)	6,851,555,431
6	미국	NVIDIA Corp (NVDA)	5,128,809,558
7	미국	Direxion Daily 20+ Year Treasury Bull 3X Shares (TMF)	3,338,232,505
8	미국	Apple Inc (AAPL)	2,509,429,922
9	미국	Microsoft Corp (MSFT)	2,231,971,333
10	미국	Direxion Daily TSLA Bull 1.5X Shares (TSLL)	2,211,658,646

표 1-1에서 알 수 있듯이 국내 투자자들의 미국 주식 순매수 대금 규모는 이미 엄청나게 증가한 상태다. 미국을 비롯한 전 세계 증시는 2022년 유동성 축소의 시작과 공급망 이슈에 의한 인플레이션으로 폭락세를 보였다. 이에 따라 미국 주식 투자 열풍이 식을지 모른다는 전망도 있었으나, 미국 증시는 2023년 반등을 시작했다. OpenAI에서 공개한 ChatGPT를 필두로 한 AI 붐을 동력 삼아 2024년 각종 지수가 전고점을 돌파하면서 미국 주식 투자 열풍은 한층 더 가열되었다(그림 1-1 참고).

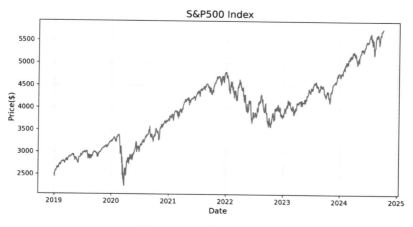

그림 1-1 S&P500 지수 동향(2019~2024년)

이번 장에서는 먼저 전 세계 투자자들이 열광하는 미국 주식 시장에 대해 알아본다. 미국 주식 시장이 국내 주식 시장과 어떤 점이 다른지 알아보고, 미국 주식 투자의 장점과 단점을 각각 살펴볼 것이다.

가이드

이번 장은 주로 미국 주식(미장)에 관심은 있지만 아직 거래해 본 적은 없는 독자를 위한 내용이므로, 이미 미국 주식에 투자하고 있는 독자는 건너뛰어도 상관없다. 의외로 미국 주식을 어떻게 거래하는지 모르는 사람도 많기 때문에, 실행 과제로 미국 주식 투자에 필요한 계좌 개설 방법도 간단히 소개해 두었으니 참고 바란다.

1.1 미국 주식 시장 이해하기

미국 주식 시장은 세계 경제와 금융 시장에서 가장 중요한 위치를 차지하며 영향력도 상당하다. 방대한 시장 규모와 독보적인 기술 기업들의 활약은 미국 주식을 매력적인 투자 대상으로 만들고 있다. 본격적인 투자 전략 공부에 앞서 먼저 미국 주식 시장을 살펴보자. 미국 주식 시장의 규모와 구조를 비롯해 투자 시 고려해야 할 요소들을 알아본다.

시장 규모

어떤 주식 시장에서 거래되는 특정 주식의 현재가에 발행 주식 총수를 곱하면 주식의 시가 총액market capitalization이 나온다. 그리고 어떤 시장에서 거래되는 모든 주식의 시가 총액을 달러로 환산해서 더하면 해당 시장의 규모를 산정할 수 있다. 미국 주식 시장의 규모는 전 세계 주식 시장 규모의 60%를 넘는다. 따라서 영향력은 절대적이고 독보적이라고 할 수 있다. 참고로 한국 증시가 차지하는 비중은 1%를 조금 넘는 수준이다.

나라를 막론하고 수많은 사람이 애플의 아이폰과 컴퓨터를 사용하고 있고 구글의 유튜브에서 TV보다 더 많은 시간을 보내고 있다. 마이크로소프트의 오피스 제품은 모든 컴퓨터 사용자의 필수 소프트웨어가 된 지 오래고, 전기차 시장을 주도하는 테슬라의 자동차 역시 서울 거리에서도 쉽게 마주친다. 전 세계 넷플릭스 구독자들이 지불하는 구독료는 매일 미국으로 흘러 들어가고 있으며, 마이크로소프트 등이 지분을 가지고 있는 AI 붐의 주역 OpenAI의 챗GPT 구독료도 천문학적이다. 금융시장에서 미국이 차지하는 비중은 앞으로도 더 증가할 수밖에 없다. 이제 미국 주식을 산다는 것은 미국에 투자하는 것이 아니라 세계 시장에 투자하는 것이라고 해도 과언이 아니다.

4대 거래소

우리나라에는 한국 증권거래소KRX 하나만 존재하지만 미국에는 여러 곳의 증권거래소가 존재한다. 그중 대표적인 거래소는 1792년 설립된 뉴욕 증권거래소NYSE로 가장 오래된 데다 상장 조건도 엄격하다. 포드, 코카콜라, 존슨앤존슨, 비자, 디즈니 등 약 2,400개의 전통 있고 안정된 기업들이 상장되어 있다. 1971년 역시 뉴욕에 설립된 나스닥NASDAQ은 비교적 유연한 상장 조건을 가지고 있으며, 혁신적이고 성장 잠재력이 뛰어난 기술 중심 기업들이 주로 상장되어 있다. 총 상장 기업 수는 약 3,300개로, 우리가 잘 알고 있는 애플, 마이크로소프트, 테슬라, 아마존, 구글 등 소위 빅테크 기업들이 나스닥에 상장되어 성장한 대표적 사례다.

1908년 설립된 아메리카 증권거래소AMEX는 일반적으로 NYSE나 NASDAQ에 상장되기 어려운 소형 기업들에 기회를 제공하며 다양한 파생상품과 ETF 거래에 특화되어 거래를 촉진해 왔다. 2008년 이후로는 NYSE에 인수되어 NYSE American이란 브랜드로 명맥을 잇고 있다. 1973년 설립된 시카고 옵션거래소CBOE에서는 다양한 옵션과 파생상품이 거래된다. 이외에도 10여 개의 소규모 거래소가 존재하며 주식 거래량 일부는 '다크 풀dark pool'이라 불리는 사설 거래 플랫폼에서 비공개로 이루어지기도 한다. 이는 대형 기관 투자자들이 시장에 영향을 주지 않으면서 대량의 주식을 거래하는 데 사용된다.

개장 시간 및 휴장일

미국 현지는 한국과 시차가 있기 때문에, 미국 주식을 거래하려면 개장 시간에 유의해야 한다. 정규 거래는 뉴욕이 위치한 미국 동부 표준시(GMT-5) 기준으로 오전 9시 30분에 시작해서 오후 4시에 폐장한다. 정규장 외에도 프리마켓과 애프터마켓이 있으며, 이들 시간대에도 활발하게 거래가 이루어진다. 우리나라의 시간외거래가 종가/단일가로 제한되는 것과 달리, 미국의 프리마켓과 애프터마켓에서는 정규장과 동일하게 자유롭게 거래가 가능하다.

우리나라에서 장 시작과 종료 시에 적용되는 동시호가 제도가 미국에는 없다. 특히 애프터마켓에서 가격의 급변동이 종종 발생하는데 이는 실적 발표가 주로 정규장 종료 후에 이루어지기 때문이다. 다음 날 정규장 개장 전까지 재료(호재성 공시 및 뉴스)의 반영 기회가 주어지면서 전체적으로 시장의 효율성을 높이고 변동성을 줄이는 역할을 한다.

표 1-2 미국 증시 개장 시간

구분	현지 시간(뉴욕)	한국 시간	
		서머타임 적용	서머타임 해제
프리마켓	04:00 ~ 09:30	17:00 ~ 22:30	18:00 ~ 23:30
정규장	09:30 ~ 16:00	22:30 ~ 05:00	23:30 ~ 06:00
애프터마켓	16:00 ~ 20:00	05:00 ~ 09:00	06:00 ~ 10:00

한편 미국은 길어지는 여름 낮 시간을 활용하기 위해 서머타임 제도를 적용하고 있다. 'Daylight Savings Time(DST, 일광절약시간)'이라고도 불리는 서머타임은 매년 3월 둘째 주 일요일 새벽 2시에 시각을 새벽 3시로 변경하면서 시작된다. 그리고 11월 첫째 주 일요일 새벽 2시에 시각을 새벽 1시로 다시 되돌린다. 일례로 2024년에는 11월 3일 일요일에 서머타임이 해제되었다.

또 공휴일에는 주식 시장이 열리지 않는데, 이는 미국 역시 마찬가지다. 미국은 공휴일을 우리나라처럼 날짜로 정하지 않고 요일로 정한 경우가 많아 매년 날짜가 조금씩 변하는 공휴일이 많으니, 다음 표를 참고하기 바란다.

표 1-3 미국 증시 휴장일

공휴일	2024년	2025년
New Year's Day	1월 1일 월요일	1월 1일 수요일
Martin Luther King Jr. Day	1월 15일 월요일 (1월 셋째 주 월요일)	1월 20일 월요일
Washington's Birthday	2월 19일 월요일 (2월 셋째 주 월요일)	2월 17일 월요일
Good Friday	3월 29일 금요일 (부활절 직전 금요일)	4월 18일 금요일
Memorial Day	5월 27일 월요일 (5월 마지막 주 월요일)	5월 26일 월요일
Juneteenth National Independence Day	6월 19일 수요일	6월 19일 목요일
Independence Day	7월 4일 목요일	7월 4일 금요일
Labor Day	9월 2일 월요일 (9월 첫째 주 월요일)	9월 1일 월요일
Thanksgiving Day	11월 28일 목요일 (11월 넷째 주 목요일)	11월 27일 목요일
Christmas Day	12월 25일 수요일	12월 25일 목요일

세금과 수수료

미국의 경우 주식 거래 자체에 대한 세금(거래세)은 없으며, 수익이 발생할 때 세금을 부과한다. 별도로 수익 발생 여부와 관계없이 매도 시점에 부과되는 SEC Fee라는 것이 있지만 매우 작아서 무시해도 된다. 한국인이 한국에서 미국 주식에 투자한 경우에는 발생한 수익에서 250만 원을 공제하고 나머지 금액의 22%를 양도소득세로 1년에 1회 자진 신고하고 납부해야 한다. 수익이 없다면 납부할 세금도 없다. 배당금을 받은 경우에는 미국에서 15% 원천징수하므로 한국에서 따로 신경 쓸 필요는 없다.

거래하는 증권사에 납부하는 수수료는 증권사마다 다르지만 대체로 거래 대금의 0.1%에서 0.25% 사이다. 한국에서 미국 주식을 거래하려면 한국 증권사를 통해야 하고 한국 증권사는 다시 미국 증권사를 거쳐야 하기 때문에 거래 수수료가 국내 주식에 비해서는 약간 더 높다.

달러 환전과 환차익

미국 주식을 사려면 달러가 필요하므로 원화를 달러로 환전해야 한다. 또한 미국 주식을 팔면 계좌에 달러가 들어오므로 달러를 찾아서 쓰려면 다시 원화로 환전해야 한다. 그런데 환율은 계속 변하기 때문에 환차익과 시세 차익이 어떻게 처리되는지 이해할 필요가 있다.

간단한 예를 들어보자. 환율이 1,200원일 때 12만 원을 100달러로 환전해서 미국 주식을 샀다고 하자. 주가가 올라 120달러가 되었고 이를 전액 매도했다. 결제일은 매도 후 이틀 지난 날이고 그때 매도 대금이 계좌로 들어온다. 결제일 환율이 1,200원 그대로라면 20달러를 환전한 2만 4천 원이 수익이 된다. 하지만 환율이 1,300원으로 올랐다면 3만 6천 원이 수익이다. 이때 결제일 환율로 계산한 금액이 양도소득세 과세 대상 수익으로 확정된다. 결제일에 들어온 120달러를 환전하지 않고 그대로 두다가 나중에 떨어진 환율에 환전하거나 올라간 환율에 환전하더라도 결제일에 확정된 수익은 변하지 않는다.

1.2 미국 주식 투자의 장단점

미국 주식 투자에는 장점뿐만 아니라 단점도 있다. 투자를 시작하기 전에 이를 명확히 이해해 두면 도움이 된다. 미국 주식 시장이 가진 특징과 투자 환경을 장단점 측면에서 자세히 살펴보자.

1.2.1 미국 주식 투자의 장점

가장 큰 시장

앞에서 언급한 바와 같이 미국 주식 시장은 세계에서 독보적으로 큰 시장이다. 미국 주식을 매매하면 이러한 거대한 시장에서 거래하게 되는 만큼 유동성이 풍부하다. 거래 액수에 크게 상관없이 언제든 주식을 사고팔 수 있다는 뜻이다. 상장된 기업 수가 많은 것은 물론이고 레버리지, 인버스가 가능한 다양한 종류의 ETF가 거래된다. 능력만 있다면 얼마든지 투자로 돈을 벌 수 있는 기회의 바다라고 할 수 있다.

지속적인 혁신이 있는 시장

"물려도 미국 주식에 물려라"는 말이 있을 정도로 미국 주식은 결국 우상향한다는 인식이 강하다. 역사적으로도 이는 사실이며 끊임없이 혁신하고 변화하는 미국 기업 문화와 시장 분위기 덕분이다. 미국 주식 시장은 매우 역동적인 시장으로, 시가 총액 순위가 고정되어 있지 않고 계속해서 변한다. 기술 혁신을 통해 새로운 시장을 개척하는 기업은 급상승하지만 기술 경쟁에서 뒤처져 시장 점유율이 하락하거나 영업이 부진한 기업은 곧바로 밀려나는 생동감이 있는 시장이다.

10년 넘게 시총 1위 자리를 지키면서 군건할 것 같던 애플도 AI 붐으로 엄청난 성장을 이룬 엔비디아에게 그 자리를 위협받고 있다. 실제로 엔비디아는 2024년 6월 장중 잠시 시총 1위까지 오르는 기염을 토하기도 했다.

퍼스널 컴퓨터 시대를 연 마이크로소프트, CPU 시장을 석권한 인텔, 인텔의 아성을 무너트린 AMD, 스마트폰을 만들어낸 애플, 독보적인 검색 엔진을 구축하고 유튜브 생태계를 만들어 낸 알파벳(구글), 온라인 쇼핑몰과 클라우드 시장을 개척한 아마존, SNS 시장을 주도하는 메타, 전기차 시대를 연 테슬라. 이들은 모두 미국 기업이며 그들의 시장은 미국을 넘어 전 세계다.

인공지능이라는 새로운 기술 혁신을 주도하는 OpenAI(비상장), 구글, 마이크로소프트, 애플, 메타, 아마존과 거기에 인공지능 반도체를 독점 공급하는 엔비디아 역시 모두 미국 기업인 만큼, 앞으로도 세상은 미국 중심으로 움직일 것으로 전망된다.

투명성과 책임성이 강화된 시장

우리나라 증시에서는 주기적으로 큰 주가 조작 사건이 발생하곤 한다. 허위 공시나 내부자 비위에 의한 거래 정지 또는 상장 폐지도 종종 일어난다. 이런 일들은 미국에서도 얼마든지 발생할 수 있지만 적발되었을 때 민형사상 책임이 우리보다 훨씬 무겁기 때문에 잘 일어나지 않는 것으로 알려져 있다.

따라서 미국 시장에서는 어떤 주식의 주가가 꾸준히 상승하거나 급등하면 대체로 실적이 좋거나 성장 전망이 밝다고 판단한다. 더구나 미국에서는 누구나 공매도를 할 수 있도록 활성화되어 있어 이유 없이 급등한 종목을 전문적으로 공매도해서 주가를 낮추는 단체도 있다. 이것이 주가 조작처럼 보일 수 있지만, 이유 있는 상승이라면 결국 공매도 세력이 큰 손실을 보게 되므로 시장 자체로 정화 작용이 이루어진다고 볼 수 있다.

결론적으로 미국 주식 시장에서는 기관이 많이 샀는지 외국인이 많이 샀는지 신경 쓰기보다는(실제로 이런 수급 정보는 제공되지도 않는다.) 회사의 실적과 성장성이 주가에 가장 중요하게 반영된다고 할 수 있다.

주주 친화적인 시장

2024년 5월 금융위원회의 집계에 따르면 최근 10년 동안 국내 상장사의 평균 배당 성향은 26%라고 한다. 증가 추세에 있다고는 하지만 미국의 42%에 비해 큰 차이가 난다. 또한 미국에서는 자사주 매입도 활발한 편이다. 회사가 영업 이익으로 자기 주식을 사서 소각하면 시장에 유통되는 주식 수가 줄어 주가에 긍정적인 영향을 미친다.

실제로 미국 주식에 투자해 보면 기업의 실적 발표가 매우 중요하다는 것을 알 수 있다. 실적 발표 때 기업은 앞으로 실적 전망과 사업 계획을 포함한 가이던스guidance를 발표하며, 투자자들은 직전 실적뿐 아니라 가이던스를 매우 중시해 곧바로 투자 판단에 반영한다. 그래서 미국 기업의 CEO는 회사를 잘 운영해서 수익을 많이 내고, 수익을 주주에게 최대한 나눠주는 것이 결국 주가를 상승시킨다는 생각을 하게 된다.

1.2.2 미국 주식 투자의 단점

무엇보다도 시차로 인한 거래의 어려움이 있다. 다만 서머타임이 적용되는 시기에는 일찍 잠자리에 드는 사람이 아니라면 밤 10시 30분부터 자정 혹은 새벽 1시까지 두세 시간은 거래가 가능하니 크게 문제가 되지는 않는다.

국내 주식에 비해서 비싼 거래 수수료도 단점이라고 할 수 있다. 하지만 증권사마다 수수료 할인 행사도 많고 또 앞에서 살펴본 미국 주식의 장점을 고려할 때 문제가 되는 수준은 아니다.

2024년 11월 현재 서학개미들에게는 무엇보다도 22%의 양도소득세가 가장 큰 부담일 것이다. 우리나라에서는 2025년부터 금융투자소득세가 도입될 예정이었으나 국내 투자자 보호 및 자본시장 발전을 위해 금융투자소득세를 폐지하고 현행 체제를 유지하기로 결정했다.

미국 주식 투자로 수익이 발생한 경우에는 250만 원 공제 후 22%의 양도소득세를 납부하되 금융종합소득에는 합산되지 않는 분리과세이다. 다만 배당소득세는 미국에서 원천징수되는데, 미국 주식에 대한 배당소득도 금융종합소득에는 합산된다는 점은 유의해야 한다. 하지만 일단 수익이 발생해야 세금도 납부하는 것이기 때문에 퀀트 투자자는 많이 벌고 그에 맞게 세금을 내겠다는 자세로 투자하면 될 것이다.

미국 주식에 투자하려면 영어도 잘 해야 하고 무엇인가 특별한 방법으로 해야 하는 것으로 생각하는 사람도 종종 있다. 물론, 영어는 잘하면 좋지만 크게 상관없다. 계좌 개설은 국내 주식 계좌와 크게 다르지 않다. 미국 주식에 투자하는 개인 투자자가 급증함에 따라, 증권사들이 서로 경쟁하며 미국 주식 계좌 개설 행사를 하는 경우가 많다. 거래 편의를 높이고자 하나의 계좌로 국내와 해외 모두 거래가 가능하도록 하는 증권사들도 있다.

잘 알려진 증권사 홈페이지를 방문하면 미국 주식 거래에 대한 수수료 할인이나 환율 우대 등 관련 행사를 쉽게 찾을 수 있다. 첫 계좌 개설의 경우 공짜로 30달러를 제공하는 증권사도 많으므로, 비교해 보고 마음에 드는 증권사를 선택하면 된다. 영업점에 방문해서 개설해도 되지만 보통 스마트폰으로 하는 비대면 계좌 개설이 가장 편리하며, 또 비대면 계좌 개설에 대해서만 할인을 적용하는 경우가 많으니 이 점도 유의해야 한다.

방법은 간단하다. 선택한 증권사의 앱을 스마트폰에 내려받아 설치하고 신분증을 준비한 다음 앱을 실행한다. 증권사마다 약간의 차이는 있지만 대부분 비대면 계좌 개설을 선택하고 이후 안내를 따라가면 어렵지 않게 계좌를 개설할 수 있다. PC에서 거래하고 싶으면 계좌 개설 후 증권사 홈페이지에서 HTS를 내려받아 설치하면 된다. 각종 행사는 계좌 개설 후 별도로 신청해야 적용되는 경우가 많으니 유념해서 챙기도록 하자.

CHAPTER 2 퀀트 투자 이해하기

전통적인 주식 시장뿐 아니라 24시간 거래 가능한 암호화폐 시장이 신흥 투자처로 급부상한 요즘, 일반인들의 투자에 대한 관심은 그 어느 때보다 높아진 것으로 보인다. 계기 중 하나는, 2019년 말 시작되어 2020년부터 본격화된 코로나 팬데믹이다. 전염병 확산을 막기 위해 취해진 소위 '락다운 lock down' 상황(직장, 학교, 상점 등이 문을 닫고 재택근무가 일상화된) 중에도, 모든 것이 이미 전산화된 투자 시장은 정상 작동함을 많은 사람이 경험하면서 투자 열기는 한층 뜨거워졌다.

그러나 이러한 열풍을 타고 호기롭게 투자를 시작했어도 대부분 투자는 결코 만만하지 않다는 것을 실감하였을 것이다. 기대와 달리 손실의 쓴맛을 경험한 개인 투자자 중 적지 않은 수는 경제 기사와 책을 들춰보고 유튜브 주식 방송을 시청하는 등, 다음에는 더 나은 투자를 해보고자 이런 저런 공부를 하게 되었을 것이다. 그렇게 결국 '퀀트 투자'라는 단어를 접했으리라.

퀀트 투자의 퀀트quant는 원래 미국 증권사에서 데이터를 분석하고 수리통계적 투자 모델을 만드는 일을 하는 'Quantitative Analyst(계량 업무 담당 애널리스트)'를 줄여서 부르는 말이다. 즉, 사람을 지칭하는 용어인 셈이다. 그렇다면 퀀트 투자란 '퀀트가 사용하는 투자 방법'을 뜻할 텐데, 정확한 의미가 무엇일까?

이번 장에서는 퀀트 투자의 정의는 무엇이고 그 세부 투자 전략에는 어떤 것이 있으며, 퀀트 투자의 장점과 단점은 무엇인지 알아보고자 한다.

2.1 퀀트 투자의 개념

퀀트 투자quantitative investing란 '데이터 분석을 기반으로 만든 매매 규칙에 따른 투자'를 의미한다. 이때 매매 규칙은 투자자의 경험과 직관에 근거한 주관적 판단은 원칙적으로 배제하고, 투자 대상의 가격

변동에 영향을 미치는 온갖 데이터의 통계적 분석에 기반한 것이어야 한다. 물론 단순히 투자자의 주관적 판단에 근거해서 매매 규칙을 세울 수도 있다. 그렇지만 이는 규칙에 따라 투자한다는 측면에서는 불안정한 감정에 의한 투자보다 혹시 나을지 몰라도, 퀀트 투자라고 할 수는 없다.

퀀트 투자는 아주 새로운 개념은 아니다. 20세기 중반부터 금융 공학과 통계학이 발전하며 데이터 분석에 기반한 투자 방식이 조금씩 자리 잡기 시작했다. 특히 컴퓨터 기술이 발전하면서 대규모 데이터를 분석하고 이를 투자에 활용할 수 있는 환경이 조성되었고, 1980년대 이후 주식 거래의 전산화가 급격히 이루어지면서 전략 규칙에 기반한 자동매매 시스템에 의한 투자가 증가하게 되었다. 초기에는 대형 금융 기관과 헤지 펀드에서 주로 활용되었으나, 대부분의 투자자가 컴퓨터를 통해 거래하는 오늘날에는 개인 투자자들까지도 접근 가능한 기술이라는 인식이 급격히 확산되고 있다.

독자 중에는 자고 일어나면 돈을 벌어 놓는 머신을 꿈구며 열심히 시간과 노력을 투자해 자동매매 시스템을 만들고도, 정작 시스템에 탑재할 이렇다할 투자 전략이 없어서 난감했던 초보 퀀트 투자자도 매우 많을 것이다. 증권사의 API를 사용해서 자동으로 사고팔 수 있도록 만든 프로그램, 즉 자동매매 시스템과 퀀트 투자를 혼동해서는 안 된다.

자동매매 시스템에 의해 미리 정해놓은 전략에 따라 거래하는 것을 '알고리즘 트레이딩algorithm trading'이라고도 한다. 물론, 전문적인 퀀트 투자자들은 인간의 개입을 배제하고 신속하게 규칙에 따라 매매하기 위해 대부분 알고리즘 트레이딩을 사용한다. 하지만 자동매매 시스템에 탑재된 매매 전략이 퀀트 투자 전략이 아니라면 그것은 퀀트 투자라 할 수 없다. 반면, 데이터 분석에 기반해서 만들어진 투자 전략에 따라 투자한다면 수동으로 매매하더라도 그것은 퀀트 투자라 할 수 있다.

• 퀀트 투자란 데이터 분석에 기반한 매매 규칙에 따라서 투자하는 것

2.2 퀀트 투자 전략의 종류

자본주의 사회에서 돈을 벌겠다는 인간의 욕망은 그 어떤 욕망보다 강렬하고, 돈을 가진 기업의 힘은 무엇이든 할 수 있을 것처럼 강력하다. 그래서인지 미국 최고의 대학에서 수학, 물리학, 컴퓨터공학 등을 전공한 가장 머리 좋은 사람 중 상당수가 대학이나 연구소 대신 월스트리트에 자리를 잡는다고 한다. 그들이 수십 년에 걸쳐 만들어 놓은 각종 퀀트 투자 전략은 알려진 것만도 일일이 나열하기 어려울 정도로 많다. 그러나 이 책은 입문자 대상이므로 크게 다음과 같이 분류하고자 한다.

2.2.1 가치 분석에 기초한 전략

기업의 재무제표를 분석하여 매출, 영업 이익, 현금 흐름, 부채, 자산 등을 면밀히 분석하고 PER(주가수익비율), PBR(주가순자산비율), PCR(주가현금흐름비율), ROA(자산대비이익), ROE(자본대비이익) 등 지표를 계산해서 가치주, 우량주를 찾아 투자하는 전략이다. 주가에 영향을 미칠 수 있는 펀더멘탈fundamental 데이터의 통계적 분석에 근거해서 투자 전략을 수립하는 것이므로, 기본적이고 전통적인 퀀트 투자 전략이라고 할 수 있다.

이러한 전략에서는 성장주보다는 가치주, 우량주에 투자하고 대부분 포트폴리오를 구성하여 여러 종목에 분산 투자하기 때문에 큰 수익이 나는 것은 아니더라도 대체로 변동성이 낮은 것이 특징이다. 큰 자금을 운용하는 경우에는 높은 수익률보다는 변동성이 적고 안전하면서 적절한 수익을 얻는 것이 중요하므로 기관 투자자들은 주로 가치 분석에 기초한 퀀트 투자 전략을 선호한다.

적은 자금을 빨리 불리고 싶어하는 공격적인 개인 투자자라면 이러한 전략이 만족스럽지 않을 수 있다. 하지만 어떤 전략을 사용하건 주식 투자에서 가장 큰 위험은 투자한 종목의 거래 정지 또는 상장 폐지이기 때문에 이러한 위험을 피하려면 투자를 결정하기 전에 항상 가치 분석이 필요하다.

2.2.2 데이터의 통계적 성질에 기초한 전략

금융 데이터, 특히 주가 데이터를 통계적으로 분석하다 보면 일정한 패턴이 발견되곤 한다. 대표적인 패턴은 다음과 같다. 첫째, 주가가 추세trend를 가지고 상승 또는 하락하면서 움직인다. 둘째, 한 번

형성된 상승 또는 하락 추세가 한동안 지속되는 경향이 있다. 셋째, 주가는 상승 또는 하락하면서 계속 변하지만 결국 평균가 근처로 다시 돌아온다.

이러한 주가 데이터의 통계적 성질에 기반한 퀀트 투자 전략을 순서대로 **추세 추종**trend following, **모멘텀**momentum, **평균 회귀**mean reversion 전략이라고 한다. 이 책에서는 바로 이러한 주제를 집중적으로 다룬다.

이러한 전략들은 퀀트 투자 분야에서는 이미 잘 알려져 있다. 처음 공부하는 초보자라면 투자 전략을 어떻게 세워야 할지 고민일 것이다. 근거가 부족한 자기만의 기발한 아이디어를 짜내며 수많은 시행착오를 겪기보다는 검증된 기초 전략을 숙달하는 것이 훨씬 바람직하다. 이미 공개된 전략에서 어떻게 수익을 만들 수 있을까 의구심이 들 수도 있다. 그러나 앞서 언급한 세 가지 전략은 지금도 수많은 퀀트들이 그대로 사용하거나 각자 창의적으로 응용하여 수익을 창출해 내고 있는 것들이다. '어떤 전략이 공개되었는가'와 '어떤 전략이 많은 이에 의해 실행되고 있는가'는 서로 다른 이야기이기 때문이다.

뒤에서 차근차근 다루고 구현하겠지만 데이터의 통계적 성질에 기초한 전략은 가치 분석에 기초한 전략에 비해 대체로 상당히 높은 수익률을 보인다. 그러나 그에 따른 위험이 불가피함도 이해하게 될 것이다. 위험을 최소화하고 수익을 극대화하는 것이 퀀트가 연구해야 할 핵심으로, 쉽지 않은 과정이지만 매우 흥미진진한 도전이다. 이 책을 열과 성을 다해 읽고 따라가다 보면, 이러한 과정을 이해하고 스스로 적용할 수 있는 통찰을 얻게 될 것이다.

표 2-1 퀀트 투자 전략의 종류

가치 분석에 기초한 전략	데이터의 통계적 성질에 기초한 전략
• 매출, 영업 이익, 현금 흐름, 부채, 자산 등을 분석 • PER, PBR, PCR, ROA, ROE 계산 • 가치주, 우량주 선별해서 투자	• 주가 데이터의 통계적 특성 연구 • 일정한 패턴을 발견하여 전략화 • 추세 추종, 모멘텀, 평균 회귀 전략

2.3 퀀트 투자의 장단점

퀀트는 모두 돈을 잘 벌고, 그러니 퀀트 투자를 배우면 '손실 끝, 수익 시작'이라는 지나치게 낙관적인 상상을 하는 사람들이 종종 있다. 하지만 퀀트 투자를 공부하고 그에 따라 투자한다고 해서 꼭 수익이 보장되는 것은 아니다. 투자의 세계는 뉴턴 방정식과 같은 결정론적 이론이 적용되지 않는 확률적stochastic 세계이며, 예측하지 못한 발생 확률이 아주 낮은 악재(블랙 스완)가 돌연 등장하기도 한다. 퀀트 투자 전략은 만능이 아니므로 그 장단점을 올바르게 이해하는 것이 무엇보다 중요하다.

2.3.1 퀀트 투자의 장점

인간의 감정은 오랜 기간에 걸쳐 진화했으며, 여러 위험으로부터 자신을 지키고 생존하는 데 유리하도록 발달했다. 감정은 짐승이나 적의 공격, 각종 사고로부터 신체와 생명을 지키는 데는 유용하다. 하지만 긴 진화의 역사에서 볼 때 비교적 최근에 등장한 자본주의 문명과 함께 탄생한 투자에는 적합하지 않다.

앞으로 종종 언급하겠지만 투자에서 수익을 내는 원리는 매우 간단하다. 싸게 사서 비싸게 팔면 된다(buy low sell high). 그런데 매번 신기하게도 우리는 정확히 반대로 비싸게 사서 싸게 팔고 있는 자신을 발견하고 좌절하곤 한다. 최소한 투자라는 행위에 한해, 인간의 감정은 결코 적절하게 작동하지 않는 것처럼 보인다.

그렇다면 어떻게 투자에서 인간의 감정을 배제할 수 있을까? 따라 하기만 하면 큰 손실을 방지할 수 있고 종종 수익을 낼 수 있는 매매 규칙이 있으면 된다. 요리를 잘 못 하는 사람도 자세한 조리법을 그대로 정확히 따라서 조리하기만 하면 어느 정도 맛을 낼 수 있는 것과 같다. 퀀트 투자 전략은 이러한 매매 규칙을 제공한다.

주가는 끊임없이 오르내리며 너무나 많은 요소에 영향을 받아 일정한 패턴을 찾기 어렵다. 마치 브라운 운동을 하는 작은 입자들 같이 무작위로 변하는 것처럼 보인다. 자기만의 기발한 방법으로 규칙성을 찾았다고 주장하는 투자자는 많지만, 오랜 기간 반복해서 적용해 보면 대부분 예측할 수 없다는 사실이 드러난다.

퀀트 투자 방법은 철저한 데이터 분석에 기반해서 수익을 낼 수 있는 전략을 찾고, 과거 데이터를 통해 잘 작동하는지 확인하는 백테스트를 거쳐 전략의 특성과 타당성을 파악한다. 투자의 세계는 확률적 과정으로 이루어져 결정론적으로 보장되는 것은 없다. 따라서 잘 만들어진 퀀트 전략이더라도 실제 투자에서는 백테스트와 똑같은 결과를 얻기 어렵다. 그러나 충분한 기간 일관성 있게 운용하다 보면 마치 통계학의 큰 수의 법칙과 같이 대부분 비슷한 결과로 수렴하는 경우가 많다. 이것이 퀀트 투자의 힘이다.

손실이 발생한다고 해서 금방 인내심을 잃고 투자자가 주관적으로 개입하게 되면 기대와는 달리 대부분 더 좋지 않은 결과를 얻게 된다. 퀀트 투자 전략에 의해 투자를 했지만 단기적으로 기대 만큼의 수익이 나지 않거나 손실이 발생할 때 개입하고 싶은 욕망을 제어하기란 매우 어려운 일이지만, 이를 배우는 것이 퀀트 투자자로서 첫걸음이라고 할 수 있다.

2.3.2 퀀트 투자의 단점

대부분의 퀀트 투자 전략에는 조절 가능한 파라미터가 여러 개 포함되어 있다. 간단한 예로 사용한 이동평균선의 계산 기간window size이나 손절률 등을 생각할 수 있다. 전략을 테스트하고 최적화하면서 이러한 파라미터 값을 결정하게 되는데, 이때 과적합overfitting이 발생할 수 있다. 과적합이란 과거 데이터에는 잘 들어맞지만 실제 상황에서는 잘 작동하지 않는 문제를 말한다. 이는 규칙 기반rule-based 전략이 지닌 숙명적인 문제로서 융통성 있는 전략을 만들기 어렵게 한다. 따라서 전략을 개발할 때는 파라미터의 과적합을 줄이기 위해 항상 노력해야 한다.

최근 급속히 발전하는 인공지능 기술을 투자에 적용하려는 시도가 활발하게 이루어지고 있다. 인공지능을 투자 전략 개발에 활용하는 목적 중 하나는 시장이 변할 때 전략도 그에 따라 유연하게 변하는 적응력 있는 전략adaptive strategy을 개발하여, 고정된 파라미터에 의존하는 경직된 전략을 대체하려는 것이다.

금융시장은 극도로 복잡하며 끊임없이 변화한다. 따라서 과거에 잘 작동하던 퀀트 투자 전략이 미래에도 효과를 발휘할 것이라는 보장은 없다. 이는 파라미터 과적합과 전략의 경직성과는 별개로 금융시장의 특성에서 비롯된 문제다. 시장 특성이 변해서 전략이 더 이상 수익을 내지 못할 수도 있고, 시장은 변하지 않았지만 전략이 공개되어 많은 사람이 같은 방식으로 투자함에 따라 효과가 사라진 것일 수도 있다. 단순히 일시적인 손실 구간인지 아니면 시장이 변해서 더 이상 전략이 작동하지 않는 것인지 꾸준히 살피고 분석해야 한다. 그러나 이를 판단하기란 결코 쉽지 않다.

끝으로 퀀트 투자 전략에서는 수익률이 높을수록 위험도 높아진다는 점을 명심해야 한다. 위험 없이 수익을 얻는 전략을 설계하는 것도 불가능하지는 않지만 어렵고 복잡하여 초보자 영역은 아니다. 대부분의 퀀트 투자 전략은 고위험·고수익high risk high return을 따른다. 고수익을 목표로 고위험 전략을 실행하다가 큰 손실 구간을 만나서 종종 고생할 수도 있다. 따라서 항상 퀀트 투자 전략을 실행하기 전에 위험을 철저히 분석하고 대비해야 한다.

표 2-2 퀀트 투자의 장단점

퀀트 투자의 장점	퀀트 투자의 단점
• 인간의 불안정한 감정 배제 • 매매 규칙에 따른 일관성 있는 투자 가능 • 큰 수의 법칙에 따라 수익 확률 높음	• 시장 변화에 유연한 대응이 어려움 • 과거 데이터에 과적합 우려 • 고수익에는 항상 고위험이 따름

주식 시장의 작동 원리

주식 시장은 간단히 '주식을 사고파는 시장'이라고 할 수 있으며, 당연히 이 시장에는 사는 자와 파는 자 그리고 시장 관리자가 존재한다. 이 시장에서 사고파는 거래를 통해 '수익을 얻는다'는 제1목표를 달성하기 위해서는, 마땅히 매수·매도 주문은 어떻게 제출되고 어떤 규칙에 의해 체결되는지, 어떤 종류의 시장 참여자들이 존재하는지를 이해해야 한다. 마치 운동 경기를 하기 전 경기 규칙을 이해하는 것만큼 기본적이고 중요한 사항이다. 이는 어느 주식 시장에 투자하든 마찬가지다.

모든 것이 전산화된 현재의 주식 시장은 전산화 이전 시장과는 다른 특성이 많다. **나스닥**NASDAQ은 1971년 2월 8일 처음 개장할 때부터 완전 전산화 거래소로 시작했으며, 미국에서 가장 오랜 전통을 가진 **뉴욕 증권거래소**NYSE는 1990년대부터 점진적으로 전산화를 진행하여 2007년 완전 전산화되었다.

이러한 전산화 추세는 거래소뿐 아니라 거래 자체에도 일어났다. 일례로 과거에는 모든 거래가 실제 사람 투자자의 주문에 의해 이루어졌던 데 비해, 현재 미국 주식 시장은 거래량의 60~80% 정도가 알고리즘 매매에 의한 것으로 알려져 있으며 그 비중은 계속 늘어나고 있다.* 여러분이 미국 주식에 투자하고자 한다면, 그 전에 시장에서 누구와 거래하는지, 누구와 경쟁하는지를 반드시 알고 있어야 한다.

3.1 호가창과 체결 규칙

현재의 전산화된 주식 시장에서는 어떤 종목의 주식을 거래하고자 하는 시장 참여자들이 컴퓨터를 통해 매매 주문을 전송하면, 증권거래소의 컴퓨터가 실시간으로 들어오는 주문을 취합해 처리한다.

---

* 〈최근 알고리즘 매매 현황 및 평가〉, 2019. 2. 22, 국제금융센터 보고서

들어온 매도 주문들을 매도 가격ask price이 낮은 것부터 높은 순서로 정렬하고 각 가격에 대응하는 주문량 또는 잔량quantity을 취합한다. 매수 주문도 마찬가지로 매수 가격bid price이 높은 것부터 낮은 순서로 정렬하고 각 가격에 대응하는 주문량을 취합한다. 이를 기반으로 그림 3-1과 같은 형태로 **호가창**limit order book, LOB을 만들어 시장 참여자에게 실시간으로 제공한다.

매도 호가 중 가장 낮은 가격을 '최우선 매도 호가best ask price(또는 매도 1호가)'라 하고 매수 호가 중 가장 높은 가격을 '최우선 매수 호가best bid price(또는 매수 1호가)'라고 한다. 특수한 경우가 아닌 한 매도 1호가는 매수 1호가보다 높다. 그렇지 않은 주문은 곧바로 체결되어 호가창에 나타나지 않기 때문이다. 최우선 매도 호가와 최우선 매수 호가의 차이를 '스프레드spread'라고 하는데, 거래가 활발한 주식일수록 스프레드가 작고 그렇지 않은 주식은 상대적으로 큰 경향이 있다.

기존 주문이 체결되거나 취소 혹은 변경되고 새로운 주문이 들어오면서 호가창은 장중 내내 실시간으로 변화한다. 시장 참여자들은 호가창을 보면서 거래 상황을 한눈에 파악할 수 있다. 거래가 극도로 활발하면 호가창은 눈으로는 파악하기 어려울 정도로 빠르게 변하지만, 반대로 거래가 적으면 거의 변하지 않기도 한다. 호가창은 특히 고급 알고리즘 트레이더들에게 실시간으로 파악하고 대응하며, 저장해서 분석해야 하는 가장 중요한 정보다.

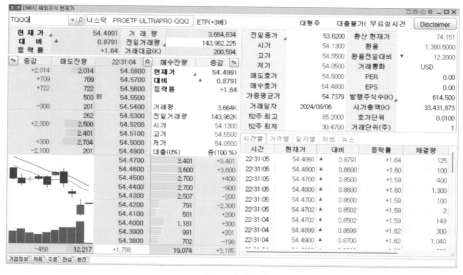

그림 3-1 호가창 예

주문의 체결은 거래소의 매칭 원칙에 따라 자동으로 이루어진다. 주식 시장에서 주문이 매칭되는 방식은 전산화된 거래소마다 약간씩 다를 수 있지만, 일반적으로 다음 세 가지 원칙이 적용된다.

- 가격 우선 원칙(Price Priority): 매수 주문은 가장 높은 가격부터, 매도 주문은 가장 낮은 가격부터 우선적으로 매칭된다. 이는 거래가 최적의 가격에서 체결되도록 보장한다.
- 시간 우선 원칙(Time Priority): 같은 가격의 주문이 여러 개 있을 때, 먼저 들어온 주문이 우선적으로 매칭된다. 이는 주문이 제출된 시간에 따라 공정하게 처리하기 위함이다.
- 유동성 제공자 인센티브(Liquidity Provider Incentives): 일부 거래소는 유동성을 제공하는 주문(예: 매수 호가를 높이고 매도 호가를 낮추는 주문)에 대해 인센티브를 제공한다. 이는 시장의 유동성을 높이는 데 기여한다.

3.2 주문 방식의 종류

미국 주식 시장에서 주문은 개장 후 실시간으로 제출하거나 개장 전 예약 주문으로 제출할 수 있으며 다음과 같은 방식이 있다.

- 지정가 주문(LO, Limit Order): 원하는 가격과 수량을 지정하여 주문을 제출하는 방식이다. 지정한 가격에 매칭되는 주문이 있을 때만 체결되며, 가격이 맞더라도 수량이 부족하면 일부만 체결될 수 있다. 체결되기 전까지는 호가창에 기록되어 유동성을 공급하는 역할을 하므로 maker order로 분류된다.
- 시장가 주문(MO, Market Order): 수량만 지정하고 즉시 현재가로 체결하도록 하는 방식이다. 시장가 매수 주문은 최우선 매도 호가부터 매칭되며 수량이 부족하면 나머지는 다음 매도 호가와 매칭된다. 시장가 매도 주문도 같은 방식으로 최우선 매수 호가부터 매칭된다. 호가창의 잔량을 줄어들게 하는 주문으로 유동성을 감소시키므로 taker order로 분류된다.
- 시가 지정가 주문(LOO, Limit On Open): 개장 시 시가open price가 지정한 가격과 같거나 유리한 경우에만 시가 또는 시가와 가장 가까운 가격으로 체결하는 주문 방식이다. 예를 들어, 시가로 사고 싶지만 가격이 100달러를 넘지 않기를 원한다면 100달러로 LOO 매수 주문을 제출한다. 그러면 시가가 101달러라면 체결되지 않고 무효가 되지만 99달러라면 유리하기 때문에 수량이 맞고 순위에서 밀리지 않으면 99달러에 체결된다.
- 시가 시장가 주문(MOO, Market On Open): 개장 시 시가 또는 시가와 가장 가까운 가격으로 무조건 체결하는 주문 방식이다. 시가로 무조건 거래하고 싶을 때 사용한다. 예를 들어, 특정 주식 200주를 MOO 매도 주문하면, 시가가 150달러일 때 150달러에 모두 체결되거나 순위와 잔량에 따라 일부 또는 전부가 150달러보다 약간 낮은 가격에 체결된다.

- 종가 지정가 주문(LOC, Limit On Close): 장 마감 시 종가close price가 지정한 가격과 같거나 유리한 경우에만 종가 또는 종가와 가장 가까운 가격으로 체결하는 주문 방식이다. 예를 들어, 종가로 사고 싶지만 가격이 100달러를 넘지 않기를 원한다면 100달러로 LOC 매수 주문을 제출한다. 그러면 종가가 101달러라면 체결되지 않고 무효가 되지만 99달러라면 유리하기 때문에 수량이 맞고 순위에서 밀리지 않으면 99달러에 체결된다.

- 종가 시장가 주문(MOC, Market On Close): 장 마감 시 종가 또는 종가와 가장 가까운 가격으로 무조건 체결하는 주문이다. 종가로 무조건 거래하고 싶을 때 사용한다. 예를 들어, 특정 주식 200주를 MOC 매도 주문하면, 종가가 150달러일 때 150달러에 모두 체결되거나 순위와 잔량에 따라 일부 또는 전부가 150달러보다 약간 낮은 가격에 체결된다.

3.3 시장 참여자의 종류

우리 나라에서 주식 관련 뉴스를 보면 주식 시장 참여자를 흔히 기관 투자자와 외국인 투자자, 개인 투자자로 분류해서 분석하는 것을 볼 수 있다. 그런데 주식 시장 참여자를 전혀 다른 관점에서 분류하는 방법도 있다. 바로 **시장 미시구조 이론**market microstructure theory에 따른 분류로, 주식 시장 참여자를 다음 세 가지로 분류한다.

- 정보기반 거래자
- 노이즈 거래자
- 유동성 공급자 또는 시장 조성자

★참고★ 시장 미시구조 이론

시장 미시구조 이론은 금융시장에서 가격이 형성되는 과정을, 모든 시장 참여자 개개의 주문과 그 처리 과정에서 일어나는 호가창의 모든 변화를 살핌으로써 연구하는 금융공학의 세부 분야다. 금융공학이 발전함에 따라 등장한 가장 미시적인 단계의 연구 분야로, 마치 물리학이 돌멩이, 천체 같은 거시적인 물체를 다루는 고전물리학에서 분자, 원자 수준의 문제를 다루는 양자물리학으로 발전한 것과 같은 맥락으로 볼 수 있다.

이러한 관점을 이해하는 것은 단순히 시장을 피상적으로 바라보는 단계를 넘어 여러분이 참여하게 될 시장에서 실제로 무슨 일이 일어나는지 알게 해줄 너무나도 중요한 출발점이다. 그럼 하나씩 간단히 알아보자.

정보기반 거래자

정보기반 거래자informed traders는 주식 시장에서 거래할 때, 공개되지 않은 내부 정보나 특별한 분석을 바탕으로 다른 시장 참여자보다 우위를 점해 거래 결정을 내리는 사람들을 의미한다. 이들은 시장에 영향을 미칠 수 있는 중요한 정보에 접근할 수 있는 능력이나 자원을 보유하고 있으며 이를 활용하여 수익을 창출하려 한다.

최근 금융 환경에서는 회사 내부 정보를 이용한 부정 거래를 법적으로 금지하고 있다. 따라서 정보기반 거래자는 불법 내부 정보를 이용하는 사람을 의미하지 않는다. 공개된 정보라 할지라도 특별한 분석 능력을 통해 다른 사람들이 발견하지 못하는 주가 관련 정보를 추출하는 경우 정보기반 거래자에 해당한다.

주로 투자에 관한 전문적인 지식과 경험을 보유한 펀드 매니저, 애널리스트, 기관 투자자 등이 여기에 속한다. 이론적으로 이들의 거래는 시장 가격이 기본적 가치를 반영하도록 돕는 긍정적인 역할을 한다고 해석된다.

정보기반 거래자는 주가 방향에 연관된 유의미한 정보를 바탕으로 특정한 의도를 가지고 거래를 수행한다. 이들에 의해 주가는 단기적으로 특정 방향으로 움직이게 된다. 따라서 정보기반 거래자의 거래를 감지하는 것은 투자자에게 매우 중요한 정보가 된다. 시장 미시구조 이론 관점에서 이러한 정보를 분석하여 단기적 주가 방향을 예측하는 투자 전략도 존재한다.

정보기반 거래자는 학계에서 정의된 추상적 개념으로, 시장의 작동에 관한 많은 이상적 가정을 전제한다. 하지만 단기적 주가 변화에 주목하는 실무자들은 이를 더 유연하게 해석하기도 한다. 예를 들어, 유의미한 정보가 아닌 주관적 판단에 따라 특정 주식을 대량 매수하려는 자산가가 그 결정을 실행에 옮기면 단기적으로 가격 상승을 유발할 수 있다. 이런 맥락에서는 해당 자산가를 정보기반 거래자로 간주하기도 하는 셈이다.

노이즈 거래자

정보기반 거래자와 달리, 유의미한 정보나 분석 없이 감정이나 루머, 기술적 분석 등에 기반하여 거래하는 유형의 시장 참여자를 **노이즈 거래자**noise traders라고 한다. 이들은 주관적으로 올바른 정보와 분석에 근거해 거래한다고 믿지만, 실제로는 잘못된 정보와 분석에 기반해 거래하는 경우가 많다.

그 결과 주가가 상승할 가능성이 높은데 매도하거나, 반대로 하락할 가능성이 높은데 매수하여 논리적이지 않은 행보를 보이게 된다. 심지어 그러다가도 간혹 올바른 방향으로 매매하는 등, 그야말로 일관성 없이 무작위적인 거래를 하는 것이다. 이는 노이즈처럼 판단될 수 있다. 주로 개인 투자자들이 이 범주에 속하며, 이들의 거래는 종종 시장의 비효율성을 증가시키는 것으로 평가된다.

주가가 결국 (기업의 정확한 가치를 반영하는) 적정가에서 균형을 이루게 될 것이란 가정하에서는, 시장의 비효율성이 누군가에게는 수익의 기회가 될 수 있다. 예를 들어, 어떤 주식이 현재 저평가되어 있는데 매도하는 노이즈 거래자가 있다면, 저평가 사실을 알고 있는 사람은 매수하여 가격 상승 시 이익을 얻을 수 있다. 그러나 노이즈 거래자가 존재하지 않고 시장의 비효율성이 사라진다면 수익의 기회도 대부분 사라지게 된다.

어떤 시장 참여자가 정보기반 거래자인지 노이즈 거래자인지는 고정되어 있는 것이 아니며 계속 변할 수 있다. 예를 들어, 탁월한 데이터 분석으로 만든 잘 동작하는 모델을 활용해 거래하는 투자자는 정보기반 거래자일 수 있다. 그러나 시장이 변하여 그 모델이 더 이상 유효하지 않음에도 이를 감지하지 못하고 계속 모델에 의존해 거래한다면 그때부터는 노이즈 거래자가 될 것이다. 따라서 모든 시장 참여자는 지속적으로 변화하는 환경에서 자신의 전략을 꾸준히 점검해야 한다.

시장 조성자(마켓 메이커)

앞에서 설명했듯이, 호가창을 보면 시장 참여자들이 현재 주식을 얼마의 가격에 얼마나 팔려고 하는지 얼마의 가격에 얼마나 사려고 하는지 확인할 수 있다. 이제 호가창에 올라와 있는 주문을 누가 제출한 것인지 생각해 보자. 정보기반 거래자이든 노이즈 거래자이든 주가의 상승 또는 하락에 의해 수익을 기대하는 시장 참여자들이 제출한 주문이라고 생각한다면 시장의 작동 원리를 아직 모르고 있는 것이다. 사실 호가창의 주문 대부분은 유동성 공급자 또는 시장 조성자market maker라고 불리는 제3유형의 시장 참여자가 제출한 것이다. 이는 초보 투자자에게는 다소 놀라운 사실일 수 있다.

중고차 시장을 예로 들면 주식 시장에 왜 시장 조성자가 필요한지 쉽게 이해할 수 있다. 차를 팔고자 할 때 직접 매수자를 물색해 직거래할 수도 있지만, 대부분은 중고차 매매상을 통해 빠르고 간편하게 거래한다. 마찬가지로 중고차를 사고자 할 때도 매물을 물색하기보다는 중고차 매매상을 찾아가면 다양한 종류의 매물을 비교하면서 원하는 것을 골라 바로 살 수 있다. 이처럼 중고차 매매상은 사고팔려는 사람들 간의 거래를 원활히 연결하며 시장을 형성한다.

주식 시장도 마찬가지다. 주식을 사고팔려는 사람들이 언제든 즉시 사고팔 수 있도록 시장 조성자는 마치 중고차 매매상처럼 사고자 하는 가격과 수량, 팔고자 하는 가격과 수량을 정해 호가창을 채운다. 이들에 의해 거래 물량이 공급되고 거래가 활발해지기 때문에 시장 조성자 또는 유동성 공급자라고 부르는데, 영어로는 'Market Maker'라고 하며 실무에서는 흔히 영어 그대로 마켓 메이커라고 부른다. 충분한 자본과 전문적 지식을 가진 기관 투자자가 대부분 이 일을 담당한다.

그렇다면 마켓 메이커는 어떻게 수익을 내는 것일까? 마켓 메이커의 수익 구조는 중고차 매매상과 유사하다. 중고차 매매상은 자기가 차를 타기 위해 매수하는 것이 아니라 재고로 보유했다가 중고차를 사려고 하는 사람에게 팔고자 매수하는 것이다. 여기서 수익을 내려면 적당히 싸게 사서 적당히 비싸게 팔면 된다. 너무 싸게 사려고 하면 매도자가 팔지 않을 것이고 너무 비싸게 팔려고 해도 매수자가 사지 않을 것이다. 재고가 없으면 수요가 많아도 팔 수 없고 재고가 너무 많으면 유지 비용이 많이 들어가기 때문에 중고차 매매상은 노하우가 필요하다.

마찬가지로 마켓 메이커는 매도 주문과 매수 주문을 동시에 제출한다. 매도 호가는 당연히 매수 호가보다 적당히 높게 설정하며, 두 주문이 모두 체결될 때 두 호가의 차이, 즉 스프레드만큼 수익을 얻는다. 마켓 메이커는 시장 상황에 맞춰 매우 빠르게 주문을 제출하고 취소, 변경해야 하기 때문에 소위 고빈도 매매high frequency trading, HFT 기술이 활용되는 대표적인 영역이다.

내가 참여하고자 하는 시장에서 거래 상대방이 실수요자인지 아니면 거래를 중개하는 마켓 메이커인지 이해하는 것은 매우 중요하다. 주식 시장에서 마켓 메이커의 존재를 모르고 있었다면 이제부터는 호가창을 통해 나타나는 시장 움직임의 실체를 새로운 관점에서 바라볼 수 있을 것이다.

표 3-1 시장 참여자의 종류

정보기반 거래자	• 유의미한 정보에 기반해서 우월한 거래 결정 • 시장가가 적정가로 수렴하게 만듦 • 주로 펀드 매니저, 애널리스트, 기관 투자자
노이즈 거래자	• 유의미한 정보 없이 일관성 없는 거래 결정 • 시장의 비효율성을 발생시킴 • 주로 개인 투자자
마켓 메이커	• 매수·매도 주문을 동시에 제출하여 유동성 공급 • 거래를 활성화시키고 스프레드에서 이익을 얻음 • 주로 HFT를 사용하는 전문적인 기관 투자자

파이썬 기초

데이터 분석을 위해 사용할 툴인 파이썬python은, 아마도 요즈음 가장 인기 있고 널리 사용되는 프로그래밍 언어라 할 수 있을 것이다. 1991년 네덜란드의 귀도 반 로섬Guido van Rossum에 의해 처음 발표된 고수준high-level 프로그래밍 언어로, 인간의 언어에 매우 가까워 배우기 쉽고, 가독성 높은 구문을 제공하는 동시에 다양한 프로그래밍 기법(객체 지향, 절차적, 함수형)을 지원한다. 다른 프로그래밍 언어처럼 기계어로 된 실행 파일을 만드는 컴파일 과정이 없고 인터프리터에 의해 한 줄씩 해석하여 즉시 실행한다. 무엇보다도 파이썬은 무료로 누구나 다운로드하여 사용할 수 있다. 그런 만큼 매우 활발한 사용자 커뮤니티를 보유하고 있어서 문제가 발생했을 때 이를 해결할 수 있는 다양한 자료와 지원을 얻기 쉽다.

파이썬의 또 다른 특징으로 '라이브러리'가 존재한다. 라이브러리란 "파이썬 프로그램에 포함시킬 수 있는 자주 사용되는 코드/함수/메서드 모음"이다. 앞서 언급한 전 세계의 파이썬 사용자들이 유용한 파이썬 프로그램을 만들어 누구나 사용할 수 있게 널리 공유하며, 이 역시 파이썬이 인기 있는 프로그래밍 언어가 된 이유 중 하나다. 파이썬은 현재 데이터 분석과 머신러닝 분야에서 거의 표준 언어로 사용되다시피 하면서, 인공지능 시대의 필수 프로그래밍 언어가 되었다.

이번 장에서는 파이썬을 여러분의 컴퓨터에 어떻게 설치하는지 배우고, 설치한 파이썬을 실행하여 파이썬의 기본 문법을 익히도록 하겠다. 또 파이썬 데이터 분석에 필수 도구로 여겨지는 주요 라이브러리 Numpy, Pandas, Matplotlib 세 가지 역시 미리 설치하고, 간단히 알아보도록 하겠다.

가이드

이번 장은 파이썬을 처음 접하는 독자를 가정하고 쉽고 자세하게 기술할 것이다. 이미 파이썬을 설치하였고 사용법을 알고 있는 독자라면 빠르게 훑어보거나 건너뛰어도 좋다. 다만,

이 책의 예제를 그대로 따라 하려면 파이썬 버전 등의 환경에 따른 오류를 방지하고자 4.1.1 절에서 안내하는 대로 별도의 파이썬 가상 환경을 만들어 실행해야 한다.

4.1 파이썬과 기초 환경 설정

파이썬을 컴퓨터에 설치하는 방법은 여러 가지가 있지만 우리는 비교적 간단한 아나콘다Anaconda를 다운로드해서 설치하는 것으로 하겠다. 아나콘다는 파이썬을 설치하고 'conda'라는 패키지 관리자를 통해 필요한 라이브러리를 설치하거나 제거하는 등 관리할 수 있는 파이썬 패키지이다.

파이썬을 설치한 후 프로그램을 작성하고 실행하는 환경도 여러 가지가 있는데, 여기서는 주피터 노트북Jupyter Notebook을 사용하도록 하겠다. 운영체제는 Windows를 가정하지만 macOS인 경우에도 대동소이하고, 잘 모르겠는 경우에는 인터넷 검색이나 챗GPT를 통해 쉽게 해결할 수 있을 것이다.

4.1.1 기본 라이브러리 설치

그럼 아나콘다를 이미 설치했다고 가정하고, 데이터 분석에 필요한 기본 라이브러리 설치부터 시작하겠다. (잘 모르겠다면 장 마지막 [실행 과제]를 참고하기 바란다.)

① 바탕화면 하단 작업 표시줄의 검색 상자에 'cmd'를 입력하면 [Anaconda Prompt]가 보일 것이다. 클릭하면 검은 색 배경의 창이 열린다.

② 그림에서 보듯 경로 앞에 (base)가 보이면 잘 작동하고 있는 것이다. 이대로 명령을 입력하고 [Enter] 키를 누르면 명령이 실행된다.

③ 가장 먼저 주피터 노트북을 base 환경에 설치하도록 하자. 아나콘다의 버전에 따라 이미 주피터 노트북이 설치되어 있는 경우도 있다.

```
conda install jupyter
```

Anaconda Prompt(cmd)는 진행에 앞서 사용자의 확인을 재차 구하는 경우가 있다. Proceed ([y]/n)? 질문이 출력되면, 키보드 [Y] 키(대소문자 무관)를 눌러주자. 자동 진행된다.

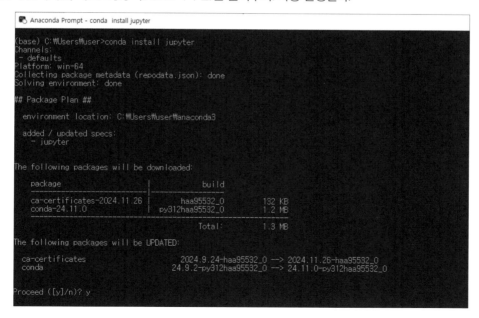

④ 다음으로 라이브러리를 설치할 새로운 환경을 만들도록 하자. python 3.12 버전의 quant라는 이름의 환경을 만들기 위해 다음 명령을 실행한다. 프로젝트마다 파이썬 버전이 다를 수 있고 필요한 라이브러리와 그 버전이 다를 수 있어서 이와 같이 별도의 환경을 만들면 편리한데 이를 파이썬 가상 환경이라고 부른다.

```
conda create -n quant python=3.12
```

⑤ 만들어진 가상 환경으로 이동하기 위해 다음 명령을 실행한다. 이제 경로의 앞에 (base)가 (quant)로 바뀌면서 quant라는 가상 환경에 있음을 알려줄 것이다.

```
conda activate quant
```

⑥ 이 상태로 다음 명령을 실행하여 5개의 기본 라이브러리(Numpy, Pandas, Matplotlib, Statsmodels, Scipy)를 설치한다.

```
pip install numpy pandas matplotlib statsmodels scipy
```

⑦ 이어서 주식 데이터를 다루기 위해 다음 명령을 실행하여 2개의 라이브러리를 추가로 설치한다. 버전 충돌을 막기 위해 yfinance는 0.2.40 버전을 설치한다.

```
pip install ta yfinance==0.2.40
```

⑧ 이제 가상 환경 quant에 필요한 라이브러리의 설치가 끝났다. 남은 일은 주피터 노트북에서 quant 환경을 사용할 수 있도록 커널로 등록하는 일이다. 먼저 ipykernel을 설치한다.

```
pip install ipykernel
```

⑨ 설치가 끝나면 다음 명령을 실행하여 quant 환경을 커널로 등록한다. 이 작업을 수행해야 주피터 노트북을 실행시켰을 때 선택할 수 있는 커널 리스트에 quant가 나타난다.

```
python -m ipykernel install --user --name quant --display-name "quant"
```

⑩ 이제 필요한 모든 설치가 끝났다. Anaconda Prompt 창을 닫는다.

4.1.2 주피터 노트북 살펴보기

설치가 다 마무리되었으니, 본격 실습 환경인 주피터 노트북을 다뤄볼 때가 되었다. 주피터 노트북은 Anaconda Prompt에서 실행하면 된다. 바로 해보자.

주피터 노트북 실행 및 코드 입력하기

① 앞 절에서 한 것처럼 작업 표시줄 검색 상자에 cmd를 입력하고 Anaconda Prompt를 클릭하면 검은색 배경 창이 열린다. 주피터 노트북을 시작하려면 다음 명령을 입력하고 실행한다.

```
jupyter notebook
```

② 다음처럼 기본 브라우저가 자동으로 열리면서 현재 디렉터리에 있는 폴더와 파일이 나타난다. 기본 브라우저가 엣지Edge로 되어 있으면 엣지가 열렸을 것이다. 주피터 노트북은 크롬Chrome에서 더 잘 작동한다고 하니 크롬을 기본 브라우저로 지정하기 바란다. 방법을 모르는 경우에는 구글에서 '크롬을 기본 브라우저로 지정하기'를 검색하면 쉽게 따라할 수 있는 안내를 찾을 수 있다.

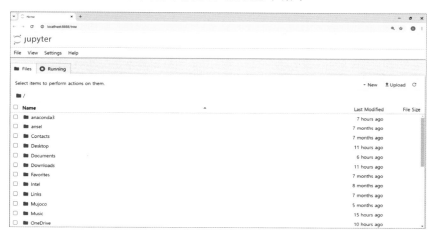

③ File Browser라고 불리는 첫 화면에서 바로 주피터 노트북을 열 수도 있지만 가급적이면 새로운 전용 폴더를 만드는 것이 좋다. 이때 다음 그림처럼 Documents 폴더가 보인다면 Documents를 클릭한다. 오른쪽 위 [New] 버튼(Upload 버튼 왼쪽)을 클릭하고 맨 아래에 [New Folder]폴더를 클릭하여 [quant_study] 폴더를 만든다. 생성된 quant_study 폴더를 클릭한다. 이제 여기가 앞으로 우리가 만들 주피터 노트북 파일들을 저장할 공간이다.

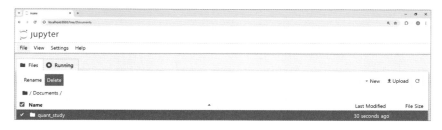

④ 다시 오른쪽 위 [New] 버튼을 클릭하면 앞 절에서 생성한 quant 커널이 보일 것이다. 다음은 저자의 랩탑을 캡처한 것으로 quant 외에도 다른 커널이 보이지만 처음 설치한 상황이라면 커널이 quant와 Python 3(ipykernel) 뿐일 것이다. quant를 클릭하면 코딩을 할 수 있는 새로운 주피터 노트북이 열린다.

⑤ Untitled의 이름으로 열리는데 'Untitled'를 클릭하면 이름을 바꿀 수 있다. Test_01로 이름을 바꾸자. 주피터 노트북 파일의 확장자는 .ipynb이다. 파란색 테두리의 빈 상자를 셀이라고 하고 여기에 파이썬 명령어를 입력한다. 이렇게 상자에 커서가 없는 상태를 '명령 모드'라고 하는데 명령 모드에서는 셀을 삭제하거나 복사할 수 있고 새로운 셀을 추가할 수 있다.

⑥ [Enter] 키를 누르면 상자에서 커서가 깜빡이는데, 이 상태는 '편집 모드'로 명령어를 입력하고 편집할 수 있다. 편집 모드에서 명령 모드로 이동하려면 [Esc] 키를 누르거나 마우스로 셀 왼쪽의 파란색 막대를 클릭하면 된다. 편집 모드에서 다음과 같은 명령어를 입력해 보자.

```
print("Hello World!")
```

참고 **주피터 노트북에서 셀 명령어를 실행하는 여러 가지 방법**

편집 모드에서 셀에 입력한 명령어를 실행하려면 [Run] 메뉴를 클릭할 수도 있고 툴바에서 삼각형을 클릭할 수도 있지만 단축키로 [Ctrl+Enter]를 누르는 것이 가장 편리하다. 실행 결과가 셀 밑에 표시되면서 명령 모드로 진입한다. 그런데 새로운 명령어를 입력하려면 새로운 셀을 생성해야 한다. 명령 모드 상태에서 [B] 키를 누르면 아래에 셀이 생성되고[A] 키를 누르면 위에 셀이 생성된다.

아래에 다른 셀이 없는 경우 작성한 코드를 실행시키면서 동시에 새로운 셀을 생성하면 새로운 셀을 생성하는 절차를 생략할 수 있어서 편리한데, [Alt+Enter]를 누르면 된다. 참고로 [Shift+Enter]를 누르면 아래에 셀이 없는 경우에는 새로운 셀을 생성하고, 셀이 있는 경우에는 그 셀로 이동한다.

⑦ 다음은 [Alt+Enter] 키를 눌러서 실행시켰을 때의 화면이다. 새로 생성된 셀의 오른쪽에 6개의 아이콘이 보일 것이다. 기능은 순서대로 '아래에 셀 복제하기', '셀 위로 이동', '셀 아래로 이동', '위에 셀 삽입', '아래에 셀 삽입', '셀 삭제'이다. 셀 삽입은 앞에서 설명한 명령 모드에서 [A]나 [B] 키를 눌러 더 간단히 할 수 있고, 셀 삭제는 명령 모드에서 [D] 키를 두 번 누르면 된다.

주피터 노트북의 여러 기능 알아보기

① 그럼 노트북에 생긴 두 번째 셀에 다음과 같이 네 줄의 코드를 입력하여 기본 연산을 실행시켜 보자. 금세 결과가 나온다. 이처럼 셀별로 간단한 명령어를 입력하고 실행하여 바로 결과를 볼 수 있기 때문에, 주피터 노트북으로 파이썬을 공부하기가 정말 쉽다는 것을 알았을 것이다.

셀에는 명령어뿐 아니라 코드에 대한 설명도 적을 수 있는데, 명령어와 구분하기 위해서 #으로 시작해야 한다. (다음 코드의 #덧셈 테스트) 이를 주석comment이라고 한다. 실행에는 전혀 영향을 주지 않으며 코드의 가독성을 높이기 위한 것이다.

```
# 덧셈 테스트
a = 1
b = 2
a + b
```

```
3
```

★ 참고 ★ **주피터 노트북의 주석 삽입 방법**

커서가 있는 줄을 주석으로 만들고 싶으면 [Ctrl+/] 키를 이용한다. 다시 [Ctrl+/] 키를 누르면 주석이 해제된다. 셀 전체를 주석 처리하고 싶으면 [Ctrl+A]를 눌러 셀 전체를 선택하고 [Ctrl+/] 키를 누르면 된다.

② 메뉴에서 [Kernel]을 클릭하면 드롭다운 메뉴가 나오는데 이 메뉴들은 종종 사용하게 될 수 있다. 특히 세 번째 "Restart Kernel and Clear Outputs of All Cells…"는 지금까지 여러 셀을 실행한 결과를 지우고 처음 부터 다시 실행시키고 싶을 때 사용한다. 너무 긴 루프를 돌렸거나 무엇인가 잘못되어 실행이 멈추지 않을 때는 첫 번째 "Interrupt Kernel"을 누르거나 툴바에서 사각형 버튼을 클릭하면 된다.

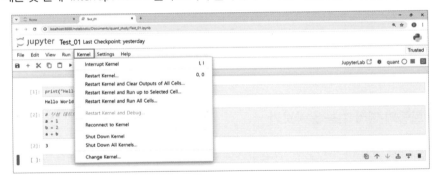

③ 주피터 노트북의 또 하나의 장점은 셀에 명령어뿐 아니라 문서를 입력할 수도 있다는 것이다. 셀을 두 가 지 타입으로 사용할 수 있는데 [Code] 타입에서는 파이썬 명령어를 입력하지만 [Markdown] 타입에서는 문서를 작성할 수 있다. HTML과 LaTex를 지원하기 때문에 코드와 함께 다양한 문서를 작성할 수 있다. 현재 활성화된 셀이 어떤 타입인지는 툴바의 맨 오른쪽에 표시되어 있는데 default 타입은 Code이다. 첫 번째 셀로 가서 맨 왼쪽([1]:의 왼쪽)을 마우스로 클릭하면 파란색 막대가 나오면서 활성화된다. 이 상태 (명령 모드)에서 [A] 키를 누르면 위에 빈 셀이 삽입된다. [Enter] 키를 누르거나 마우스로 입력 상자를 클

릭하면 편집 모드가 된다. 이 셀의 타입을 Markdown으로 바꾸려면 툴바의 맨 오른쪽 [Code]를 클릭하고
[Markdown]을 클릭하면 된다.

이제 다음을 입력하고 [Ctrl+Enter] 키를 눌러 실행시키면 문서로 변한다. Code 셀에서의 #은 주석을 의
미하지만 Markdown 셀에서의 #은 제목을 적을 때 사용되는 태그이다. # 하나일 때가 가장 크고, #의 개
수가 늘어날수록 크기가 작아진다.

```
## Hello World 출력
```

④ 이제 두 번째 셀이 된 종전 첫 번째 셀의 왼쪽을 다시 마우스로 클릭하고 [B] 키를 눌러 아래에 빈 셀을 삽
입한다. 이 셀을 Markdown으로 만드는 또 다른 편리한 방법은 이 상태(명령 모드 상태)에서 [M] 키를 누
르는 것이다. 그러면 툴바의 맨 오른쪽 텍스트가 Markdown으로 변한 것을 볼 수 있다. 이제 [Enter] 키를
누르거나 마우스로 입력 상자를 클릭하여 편집 모드로 바꾸고 다음을 입력하여 실행시킨다.

덧셈 테스트

마크다운 셀의 다양한 기능은 인터넷 검색이나 챗GPT를 통해 쉽게 익힐 수 있으니 주피터 노트북 시작하기는 여기서 마치겠다. 주피터 노트북을 다시 시작하는 것에 익숙해지기 위해 브라우저를 모두 닫고 열려 있는 Anaconda Prompt 창도 닫는다. 참고로 브라우저에서 주피터 노트북을 사용하는 동안에는 Anaconda Prompt 창은 그대로 두어야 한다.

4.2 파이썬 기초

이제 본격적으로 파이썬 공부를 시작하기 위해 앞에서 배운 절차를 따라 주피터 노트북을 열자. 다시 Anaconda Prompt 창을 열고 jupyter notebook 명령을 입력하면 된다. 웹 브라우저에서 주피터 노트북 탭이 열리면, quant_study 디렉터리로 이동한다. 앞에서 만든 Test_01.ipynb 파일이 보일 것이다. 이 파일은 그대로 두고 새 노트북을 만들자.

[New] 버튼을 클릭하고 메뉴에서 [quant] 커널을 클릭하면 또다시 'Untitled' 노트북이 열릴 것이다. 이름을 Python_Study_01로 바꾸자. 이제 파이썬 공부를 시작할 빈 노트북이 생성되었다. 여기에 앞으로 설명되는 코드들을 자유롭게 입력하고 실행시켜 보면서 익히기 바란다.

4.2.1 변수와 자료형 그리고 기초 연산

변수

변수variable는 데이터를 저장하기 위해 컴퓨터 메모리에 공간을 확보하고, 그 공간에 쉽게 접근할 수 있도록 이름을 붙인 것이다. 데이터를 임시로 저장하거나, 연산을 위해 값을 저장하고 불러올 때 사용된다. 이해를 위해 주피터 노트북에 다음 코드를 그대로 입력해 보자.

변수 연습1

```
a = 1
a = a + 1
print(a)
```

2

위 코드는 수학적 등식보다 더 복잡한 의미를 지니고 있다. 첫 줄 a = 1의 의미는 "a라는 이름의 메모리 공간을 확보하고 거기에 정수integer 1을 저장하라."라는 뜻이다. 그래서 수학적으로는 틀린 등식인 a = a + 1이 의미를 지닌다. 이것은 "a에 저장된 값을 가져와서 거기에 1을 더하고 그 결과를 a에 저장하라."는 명령어이다. 이제 a값(정확하게는 a에 저장된 값)은 1에서 2로 변했다. 이때 a가 바로 '변수variable'인 것이다.

변수 연습2

```
b = 4.5
c = a - b
print(c)
```

-2.5

마찬가지로 위 b와 c도 변수인데, b에는 4.5라는 실수float가 저장되고 c에는 a - b의 연산 결과인 -2.5가 저장된 것이다. 여기서 알 수 있듯이, 파이썬은 다른 프래그래밍 언어와 달리 변수의 종류type를 지정할 필요가 없다. a = 1로 초기화하면 a는 정수를 지니는 변수가 되고 b = 4.5로 초기화하면 b는 자동으로 실수를 지니는 변수가 되기 때문이다.

여기서는 간단하게 a, b, c로 작성하였지만, 변수의 이름은 알파벳과 숫자 등을 섞어서 자유롭게 만들 수 있다. 다만, 숫자로 시작하는 것은 금지된다.

자료형

변수에 저장할 수 있는 자료(데이터)의 종류를 자료형data type이라고 한다. 앞에서 본 '정수int,' '실수float'도 자료형이며, 그 외에도 다양한 자료형이 있다. 다음 코드를 실행시켜 보자.

자료형 연습 ▪▪

```
d = "Python is cool."
e = [1, 2, 3, 4]
f = {"Korea":"Seoul", "Japan":"Tokyo"}

print(type(d))
print(type(e))
print(type(f))
```
```
<class 'str'>
<class 'list'>
<class 'dict'>
```

d, e, f 변수 3개를 정의하고 각각 데이터를 저장한 다음, type( )으로 각 변수의 자료형을 알려 달라고 한 결과다. 따옴표로 감싼 문자인 d는 'str', 대괄호로 감싼 목록인 e는 'list', 중괄호로 감싼 쌍들인 f는 'dict'로 출력된다. 각각 문자열str, 리스트list, 딕셔너리dict 자료형이다. 이외에도 여러 자료형이 있는데 자주 사용되는 것부터 개별적으로 좀 더 살펴보자.

문자열

앞서 변수 d에는 문자로 이루어진 데이터 "Python is cool"이 저장되었는데, 이렇게 문자로 이루어진 자료형을 문자열str이라고 한다. 이때 str은 영어 string에서 왔다. 문자(알파벳, 한글 등)나 숫자를 작은따옴표나 큰따옴표로 묶으면 문자열이 된다. 문자열도 연산이 가능하다. 다음 코드처럼 두 문자열을 더해서 새로운 합성 문자열을 만들 수도 있다.

```
str_var1 = "Hello"
str_var2 = 'Python'
str_var3 = str_var1 + " " + str_var2 + "!"    # " " = 공백(띄어쓰기)
print(str_var3)
```

```
Hello Python!
```

문자열은 주로 데이터를 저장할 때 데이터를 기술하는 용도로 사용되거나, 계산 결과를 정리하여 최종 값을 포함하고 있는 변수와 섞어서 읽기 편하도록 출력할 때 많이 사용된다. 그러기 위해 format() 방식이 많이 사용되었으나 f-strings 방식이 나오면서 더 편리한 후자로 대체되고 있다. 다음 코드를 보면 둘 중 어느 방식을 사용하더라도 출력은 똑같은 것을 알 수 있다.

```
period = 2.3
ret = 0.37

print("Total return is {}% after {}years.".format(100*ret, period))
print(f"Total return is {100*ret}% after {period}years.")
```

```
Total return is 37.0% after 2.3years.
Total return is 37.0% after 2.3years.
```

리스트

대괄호 [ ] 안에 여러 원소(데이터)를 적을 수 있는 형태를 리스트list라고 한다. 리스트의 원소는 숫자와 문자는 물론, 다른 리스트까지 모두 가능하다. 다음 코드의 list_var1처럼 숫자, 문자열, 리스트까지 포함할 수 있는 것이다.

각 원소는 고유 숫자인 인덱스를 통해서 접근할 수 있는데, 첫 번째 인덱스는 0부터 시작함에 유의하여야 한다. 0, 1, 2… 순으로 올라간다. 인덱스는 거꾸로 매길 수도 있다. 이 경우 마지막 원소의 인덱스가 -1로 시작해 -2, -3…으로 진행된다. (다음 코드 두 번째 줄 참고)

또 list_var1[1:5]를 통해서도 list_var1의 원소를 출력할 수 있다. [20, 30, 'apple', 'banna'] 가 출력되었으니, [1:5]는 인덱스=1인 2번째 원소부터 인덱스=4인 5번째 원소까지를 가리킨다. 1 이상 5 미만임에 유의해야 한다. 이와 같이 인덱스를 사용해서 일부 원소를 추출해내는 것을 슬라이싱slicing이라고 한다.

```
list_var1 = [10, 20, 30, "apple", "banana", "pear", [1,2,3]]
print(list_var1[0], list_var1[3], list_var1[-1])
print(list_var1[1:5])
```

```
10 apple [1, 2, 3]
[20, 30, 'apple', 'banana']
```

리스트 자료형으로 다른 작업도 수행 가능하다. 리스트끼리 더하면(+) 합쳐진 리스트가 만들어진다. 연습2 코드 첫 줄은 list_var1을 슬라이싱한 뒤 다른 리스트를 더해 새 리스트 list_var2를 생성하는 것이다. list_var1[:3]으로 슬라이싱 왼쪽 인덱스가 생략되어 있는데, 이것은 0(가장 처음)부터 출발함을 의미한다. (만약에 list_var1[2:]이었다면 3번째부터 끝까지 모두 포함한다는 뜻이고, list_var1[2:-1]이면 3번째부터 마지막 바로 전까지라는 뜻이다.)

리스트에 원소를 추가할 때는 append( )를 사용한다. 연습2에서는 리스트의 마지막 원소로 60이 추가되었기에 list_var2는 실행 결과의 첫 줄로 변경되었다. 한편 리스트의 원소가 전부 숫자인 경우 sum( )을 통해 원소의 합계를 구할 수 있고(list_var2 리스트 합계=210)의 원소 개수는 len( )을 통해 구할 수 있다(list_var2 리스트 원소=총 6개).

```
list_var2 = list_var1[:3] + [40, 50]
list_var2.append(60)
print(list_var2)
print(sum(list_var2), len(list_var2))
```

```
[10, 20, 30, 40, 50, 60]
210 6
```

다음 표에서 보듯이 숫자 변수는 곧바로 다른 변수로 초기화해도 문제가 없지만, 리스트 변수를 다른 리스트 변수로 초기화하는 경우는 주의를 요한다. 두 리스트 변수의 저장값이 동일해져, 한 리스트에서 원소 등을 변경하면 다른 리스트의 해당 부분도 자동으로 함께 변경되기 때문이다. 이는 의도치 않은 숨은 에러를 발생시킬 수 있다.

숫자 변수 초기화	리스트 변수 초기화
| ```
a = 10
b = a
a = 20
print(a,b)

20 10
``` | ```
print(list_var2)
list_var3 = list_var2
list_var3[0] = 0
print(list_var2, list_var3)

[10, 20, 30, 40, 50, 60]
[0, 20, 30, 40, 50, 60] [0, 20, 30, 40, 50, 60]
``` |

이 문제는 copy( )를 사용하면 피할 수 있다. 연습3을 보면, copy( )로 list_var2를 복제해 list_var4에 저장했다. list_var2의 첫 번째 원소를 100으로 변경해도 덮어씌워진 것이 아니기 때문에, list_var4의 첫 번째 원소는 변경 전 list_var2와 동일하게 0인 것을 알 수 있다.

리스트 연습3

```
list_var4 = list_var2.copy()
list_var2[0] = 100
print(list_var2, list_var3, list_var4)
```

```
[100, 20, 30, 40, 50, 60] [100, 20, 30, 40, 50, 60] [0, 20, 30, 40, 50, 60]
```

딕셔너리

딕셔너리dictionary는 중괄호 { }로 감싸인 쌍을 이룬 데이터 형태의 자료형이다. 리스트처럼 원소를 적어서 생성하는데, 차이점은 중괄호 { }를 사용한다는 것이다. 딕셔너리의 원소는 콜론(:)으로 구분된 키key와 값value의 쌍으로 이루어지며, 이를 아이템item이라고 부른다. 값은 숫자나 문자열 외에 리스트, 딕셔너리 등 거의 모든 것이 될 수 있다.

딕셔너리의 아이템은 인덱스로 접근하는 것이 아니고 키로 접근해야 한다. 연습1을 통해 딕셔너리 2개를 생성하고, 각 원소를 키로써 불러보자.

딕셔너리 연습1

```
dict_var1 = {'name':'Gildong Hong', 'gender':'male', 'age':25}
dict_var2 = {'Date':['2024-05-21', '2024-05-22'], 'Price':[34200, 35100]}

print(dict_var1['name'], dict_var1['gender'], dict_var1['age'])
print(dict_var2['Date'], dict_var2['Price'])
```

```
Gildong Hong male 25
['2024-05-21', '2024-05-22'] [34200, 35100]
```

또 딕셔너리는 원소의 쌍을 이용해서 다양하게 접근할 수 있다. 아이템 전체를 보려면 items( ), 키만 보려면 keys( ), 값만 보려면 values( )를 사용하면 된다. 딕셔너리에 len( )을 적용하면 아이템의 개수(dict_var1=3, dict_var2=2)를 반환한다.

딕셔너리 연습2

```
print(dict_var1.items())
print(dict_var1.keys())
print(dict_var2.values())
len(dict_var1), len(dict_var2)
```

```
dict_items([('name', 'Gildong Hong'), ('gender', 'male'), ('age', 25)])
dict_keys(['name', 'gender', 'age'])
dict_values([['2024-05-21', '2024-05-22'], [34200, 35100]])
(3, 2)
```

튜플

튜플tuple은 소괄호 ( ) 안에 원소를 적어서 생성한다. 리스트처럼 인덱스를 통해 원소에 접근할 수 있고 len( )을 적용하면 원소의 개수를 반환한다. 원소가 전부 숫자인 경우 합계를 구하는 sum( )도 사용할 수 있다.

또한 변수 = 튜플 이름의 형태로 튜플의 원소를 바로 변수에 저장할 수 있다. 연습 코드 4번째 줄을 보면, tuple_var1의 세 원소를 순서대로 변수 x, y, z에 저장하고 있으며, x, y, z를 출력하면 튜플 원소가 그대로 반환됨을 알 수 있다.

튜플 연습

```
tuple_var1 = (10, 20, 30)
print(tuple_var1[1])
print(sum(tuple_var1), len(tuple_var1))
x, y, z = tuple_var1
print(x, y, z)
```

```
20
60 3
10 20 30
```

리스트나 딕셔너리와의 차이점은, 일단 생성된 튜플은 변경할 수 없다는 점이다. 변경할 수 있는 것을 mutable object, 변경할 수 없는 것을 immutable object라고 하는데, 리스트와 딕셔너리는 mutable objects, 튜플은 immutable object인 것이다.

기초 연산

앞서 변수와 자료형을 이야기하면서, 몇 차례 연산에 대해 언급한바 있다. 일반 사칙연산을 파이썬에서도 진행할 수 있다. 다만 산술 연산과 기호는 조금 다르다. 쭉 알아보자면, 덧셈(+)과 뺄셈(-)은 이미 사용한 적이 있다. 곱셈은 *, 나눗셈은 /를 사용한다. 추가로 //는 몫만, %는 나머지만 반환하는 연산이다. 거듭제곱은 **을 사용한다.

계산 순서는 '거듭제곱→곱셈과 나눗셈→덧셈과 뺄셈' 순이며, 순서가 동일한 경우에는 왼쪽부터 순서대로 연산한다. 혼동 우려가 있는 경우에는 순서를 명확히 하기 위해서 괄호 ( )를 사용하는 것이 좋다. 변수 3개의 값을 지정하고, 간단한 계산들을 해보며 감을 익혀보자.

기초 연산 연습1

```
a = 8
b = 5
c = 2

print(a*b, a/b, a//b, a%b)
print(b**3)
print(5 + 3*c**2/4 - 2)
```
```
40 1.6 1 3
125
6.0
```

(앞서 설명하진 않았지만) 자료형 중에는 값으로 True나 False를 가지는 논리형Boolean type이 있다. 논리형 변수끼리는 and, or, not 등의 논리 연산이 가능하다. 또 덧셈도 가능한데, True는 1, False는 0으로 간주하고 연산한다.

기초 연산 연습2

```
a = True
b = False
c = 10 > 5
print(a, b, c, a+b+c)
print(a and b, a or b, not a)
```
```
True False True 2
False True False
```

표 4-1 기초 및 논리 연산자들

구분	연산자	연산	의미
산술 연산자	+	A + B	A에 B를 더한다
	-	A - B	A에서 B를 뺀다
	*	A × B	A와 B를 곱한다
	/	A ÷ B	A를 B로 나눈다
	//	A // B	A를 B로 나누되, 몫만 반환한다
	%	A % B	A를 B로 나누되, 나머지만 반환한다
	**	A ** B	A를 B만큼 거듭제곱한다
논리 연산자	and	A and B	A와 B가 모두 True일 때만 True
	or	A or B	A 와 B가 모두 False일 때만 False
	not	not A	A가 True이면 False, False이면 True

4.2.2 제어문

지금까지 살펴본 간단한 프로그램들은 프로그램에 포함된 명령어들을 행의 순서에 따라 위에서 아래로 차례차례 처리하는 구조다. 이런 코드를 '순차문'이라고도 부른다. 그런데 때로는 더 복잡한 작업을 수행하는 명령이 필요하다. 데이터를 분석하다 보면 같은 작업을 여러 차례 반복해야 하는 경우가 자주 발생한다. 특정 조건의 충족 여부에 따라 서로 다른 작업을 수행해야 하는 경우도 많다. 이러한 작업을 위해 파이썬에서는 제어문을 사용할 수 있다.

조건문

조건문은 특정 조건이 충족될 때에만 작업을 수행하고자 하는 경우에 사용된다. "만일 ~하다면 ~하라"로 생각하면 쉽다. 파이썬에서는 보통 if 문으로 표현된다.

if 문

가장 간단한 if 문부터 살펴보며 구조를 파악해 보자. 우선 if 다음에 조건을 적고 콜론 :을 붙인다. 다음 줄에 [Tab] 키를 눌러 들여쓰기를 하고, 조건이 충족될 때 수행할 명령어를 적는다. 같은지를 판단하는 조건은 등호를 두 번 적은 ==를 사용함에 유의해야 한다. 조건이 충족되지 않으면 아무 작업도 하지 않고 다음으로 넘어간다.

```
a = 15
if a%2 == 0:
    print("짝수입니다.")
if a%3 == 0:
    print("3의 배수입니다.")
if a > 20:
    print("20보다 큽니다.")
if a < 20:
    print("20보다 작습니다.")
```

```
3의 배수입니다.
20보다 작습니다.
```

위 if 문은 변수 a에 대해 네 번의 독립된 조건 판단을 하게 되어 있다. 첫 번째 판단은 짝수/홀수 판단이다. a를 2로 나누어 나머지가 0이면 "짝수입니다."를 출력한다. 첫 번째 판단을 마치면 무조건 두 번째 판단으로 넘어가 3으로 나누어 나머지가 0인지 확인한다. 0이면 "3의 배수입니다."를 출력한다. 세 번째와 네 번째에서는 정수 20을 기준으로 큰지 작은지를 확인하여 맞는 조건의 텍스트를 출력한다. 연습1에서는 a=15이므로, 각각 "3의 배수입니다/20보다 작습니다"란 결과를 얻게 되었다.

if - else 문

앞선 if 문에서는 조건이 충족되지 않는 경우 그냥 작업을 패스하고 다른 조건을 확인했다. 그러지 말고 해야 할 작업을 지정할 수도 있는데, 이때는 else를 추가로 사용한다. if - else 문이라고 한다. 예시를 보자.

```
price_A = 25000
price_B = 77000
if price_A < 27000:
    print("Buy A")
else:
    print("Sell A")
if price_B < 70000:
    print("Buy B")
else:
    print("Sell B")
```

```
Buy A
Sell B
```

연습2는 두 종목의 가격을 지정된 값과 비교해 더 싸면 사고Buy 아니면(더 비싸면) 파는Sell 코드다. if 조건을 충족하면(연습2에서는 25000<27000) 그 조건에 해당하는 작업을 수행하고, 충족하지 않으면(연습2에서는 77000<70000) 자동으로 else 문의 작업을 수행하는 것을 볼 수 있다.

if – else – elif 문

더 나아가 조건을 a or b보다 세분화해 차례로 검토해야 하는 경우에는 elif를 추가로 사용할 수 있다. 이를 if – elif – else 문이라고 한다. 연습3 코드를 통해 살펴보자.

조건문 연습3 – if - elif - else 문 ┈┈┈┈┈┈┈┈┈┈┈┈┈┈┈┈┈┈┈┈┈┈┈┈┈┈┈┈┈┈┈┈┈┈┈┈

```
num = 77
if num > 100:
    print("greater than 100")
elif 90 < num <= 100:
    print("greater than 90 and less than or equal to 100")
elif 80 < num <= 90:
    print("greater than 80 and less than or equal to 90")
elif 70 < num <= 80:
    print("greater than 70 and less than or equal to 70")
else:
    print("less than or equal to 70")
```

```
greater than 70 and less than or equal to 70
```

주어진 숫자num를 100부터 10단위로 비교하여 해당되는 답변을 출력하는 코드다. 앞에서부터 차례로 조건 충족 여부를 판단하며(num > 100, 90 < num <= 100, 80 < num <= 90, …) 조건이 충족되면 그때의 작업을 수행한다. 일단 수행했다면 이미 조건이 충족된 것이므로, 뒤에 남은 조건은 판단하지 않고 종료된다.

반복문

컴퓨터가 특히 잘하는 일은 여러 번 반복되는 작업을 빠르게 수행하는 것이다. 반복문을 사용함으로써 반복 수행해야 할 작업을 간단하게 처리할 수 있다. 반복문은 크게 for 문과 while 문으로 나뉜다. 각 문의 특징과 차이점을 함께 알아보자.

for 문

for 문은 반복 횟수가 정해져 있거나 반복할 대상이 명확한 경우 사용한다. 예를 들어 0부터 9까지 숫자를 출력해야 하는 작업이 있다고 하자. print(0), print(1), …, print(9) 식으로 print( )를 10번 반복해 적는 대신, 다음과 같이 간단히 처리한다.

반복문 연습1 - for i in range( )

```
for i in range(10):
    print(i)
```

```
0
1
2
3
4
5
6
7
8
9
```

for 문의 기본형은 for i in range(n)이다. 첫째 줄 끝에 콜론 :을 붙이는 것, 반복 작업 부분은 [Tab] 키를 눌러 들여써야 함에 유의하자. for 문에 사용되는 변수 i는 무엇을 사용해도 좋지만, 관습적으로 i, j, k 등이 많이 사용된다. range( )는 반복 횟수 지정이다. 0부터 99까지 출력하려면 range(100)으로 바꾸면 된다. 1부터 10까지 출력해야 한다면 range(1, 11)로 바꾸면 된다.

이 기본 구문은 다양하게 활용된다. 예를 들어 1부터 100까지 더하는 작업을 다음과 같이 간단히 처리할 수 있다. 연습2에서 보듯 for 아래 들여쓰기한 부분(세 번째 줄 s = s + i)만 for 문에 의해 반복되고, 들여쓰기를 하지 않으면(마지막 줄 print( ) 문) 별개의 명령어로 처리되는 점에 주목하자.

반복문 연습2 - 다른 코드와 함께 쓰기

```
s = 0
for i in range(1, 101):
    s = s + i
print("1 + 2 + ... + 100 =", s)
```

```
1 + 2 + ... + 100 = 5050
```

여러 원소를 포함하고 있는 리스트의 모든 원소를 차례로 사용해야 하는 경우에도 for 문을 쓰면 쉽다. 연습3 코드에서는 list_var의 모든 원소에 대해 10을 곱하는 작업을 반복 수행하고 있다. 이때 for 문은 반복 작업이 있는 어디라도 사용 가능하기에, 리스트(list_var)의 원소 자체도 for 문을 사용하여 만들 수 있음에 주목하기 바란다.

```
list_var = [i for i in range(1,5+1)]
for i in list_var:
    j = i*10
    print(i,j)
```

```
1 10
2 20
3 30
4 40
5 50
```

딕셔너리를 for 문으로 순회하는 경우 key를 순회하는 점에 주목해야 한다. 연습4에서 j는 키이기 때문에, 대응하는 값을 구하기 위해 dict_var[j]를 사용하였다.

```
dict_var = {'key1': 10, 'key2': 20, 'key3': 30}
for j in dict_var:
    print(j, dict_var[j])
```

```
key1 10
key2 20
key3 30
```

리스트의 원소를 for 문을 통해 순회하는 경우 원소의 인덱스가 함께 필요한 경우가 있다. 이때는 enumerate( )를 사용한다. enumerate( )는 기본적으로 인덱스와 원소로 이루어진 튜플을 반환하기 때문에, f-strings를 이용해 인덱스와 원소를 따로 출력하는 연습5에서는 for i 뒤에 ,(쉼표)를 추가해 미리 튜플을 풀어주고(언패킹) 있음에 유의하자.

```
fruits = ["peach", "water melon", "apple", "lemon", "pear"]
for i, fruit in enumerate(fruits):
    print(f"{i+1}번 과일은 {fruit}입니다.")
```

```
1번 과일은 peach입니다.
2번 과일은 water melon입니다.
3번 과일은 apple입니다.
4번 과일은 lemon입니다.
5번 과일은 pear입니다.
```

for 문 안에 다시 for 문이 사용되는 중첩 반복문nested for loop도 종종 사용된다. 구구단을 출력하는 다음 연습6 코드를 통해 중첩 반복문이 어떻게 작동하는지 이해하기 바란다.

반복문 연습6 - 중첩 반복문

```python
for i in range(2, 10):
    print(f"=== {i}단 ===")  # 2단~9단까지 제목 출력
    for j in range(1, 10):
        print(f"{i}x{j}={i*j}")  # 각 단의 *1부터 *9까지 결과 나열
    print()  # 구분용 빈줄 출력
```

```
=== 2단 ===
2x1=2
2x2=4
2x3=6
2x4=8
2x5=10
2x6=12
2x7=14
2x8=16
2x9=18

=== 3단 ===
```

때로는 작업을 반복하다가 특정 조건이 충족되면 건너뛰고 다음 작업을 하거나, 아예 작업을 멈춰야 하는 경우가 있다. 이럴 때는 continue와 break를 사용한다.

반복문 연습7 - continue/break

```python
nums = [i for i in range(1,11)]
for k in nums:
    if k%3 == 0:
        continue
    print(k)
    if k > 7:
        break
```

```
1
2
4
5
7
8
```

연습7에서 nums는 1부터 10까지의 정수로 이루어진 리스트다. 이 리스트를 출력하되(print(k)), 3의 배

수(if k%3 == 0:)는 제외하고 8까지만(if k > 7:) 출력하는 작업을 구현했다. continue는 특정 조건을 건너뛰는 기능(여기서는 3의 배수 생략하기)을, break는 for 문을 멈추는 기능(여기서는 8보다 k가 커지면 출력 중단하기)을 수행한다.

while 문

반복해야 할 작업의 횟수가 정해져 있거나 순회해야 할 대상이 존재하는 경우에는 for 문을 사용할 수 있다. 그러나 어떤 조건이 충족되면 계속 반복하고, 조건이 충족되지 않게 되면 멈춰야 하는 경우에는 while 문을 사용해야 한다.

연습8을 보자. 1부터 100까지 더하는 작업을 while 문으로 구현했다. 조건 i < 100이 충족되는 동안 들여쓰기한 부분이 반복된다.

반복문 연습8 - while 문

```
s = 0
i = 0
while i < 100:
    i = i + 1
    s = s + i
print("1 + 2 + ... + 100 =", s)
```

```
1 + 2 + ... + 100 = 5050
```

추가로 조건 부분을 True로 정해 while 문을 무한 루프로 작동하게 하고, 내부에서 일정한 조건이 충족되는지 반복 확인하다가 조건이 충족되면 멈추는 방법도 많이 사용된다.

반복문 연습9 - while True 무한 루프

```
epsilon = 1.0
decay_factor = 0.9
i = 1
while True:
    epsilon = epsilon*decay_factor
    if epsilon < 1e-7:
        break
    i = i + 1
print(i, epsilon)
```

```
153 9.979388823371132e-08
```

이를 사용한 연습9의 코드는 1.0으로 초기화된 epsilon의 값에 0.9를 반복하여 곱해 감소시키다가, 10^{-7}(1e-7)보다 작아지면 멈추는(break) 구조이다. 153번 곱하면 조건이 충족됨을 알 수 있다.

4.2.3 함수

일반적으로 자주 사용되는 작업이나 특히 나의 프로젝트에 자주 반복되는 작업은 간단하게 사용할 수 있도록 이름을 붙여놓고 이름만 호출하여 사용할 수 있다면 매우 편리할 것이다. 이때 함수function 를 사용할 수 있다.

앞에서 여러 번 사용한 print( )도 함수다. 모니터에 출력할 내용을 입력으로 받고 그 내용을 화면에 출력하는 일을 한다. 합계나 개수를 확인하는 sum( ), len( )도 마찬가지로 함수다. 이처럼 파이썬에서 미리 만들어둔 기본적인 함수를 '내장 함수built-in function'라고 한다.

함수 정의하기

프로그래밍에서의 함수는 수학에서의 함수와 비슷하지만 동일한 것은 아니다. 입력값을 받아 정해진 작업을 하고 결괏값을 반환하는 경우에는 수학적 함수와 거의 같지만 입력값이 없을 수도 있고 반환값이 없을 수도 있다는 점에서 차이가 있다. 사용자가 원하는 함수를 어떻게 만드는지 간단한 예를 보자.

함수 연습1 - 함수 정의하기 ....

```python
# 입력값, 반환값 모두 없는 함수
def greeting():
    print("How are you dong?")

# 반환값이 없는 함수
def even_odd(a):
    if a%2 == 0:
        print("Even number")
    else:
        print("Odd number")

# 입력값, 반환값 모두 있는 함수
def square_sum(a,b):
    return a**2 + b**2
```

함수 정의는 def 다음에 함수 이름을 적고 콜론 :을 붙이는 것으로 시작된다. 함수 이름 뒤 괄호 안에는 입력 파라미터를 적는다. 그러나 연습1의 greeting() 함수처럼 입력값이 없을 수도 있다.

두 번째 줄부터는 들여쓰고, 함수가 호출될 때 해야 할 작업을 적는다. greeting()은 호출되면 화면에 "How are you dong?"을 출력하는 작업을 한다. even_odd() 함수는 숫자 하나를 입력받고 짝수even인지 홀수odd인지 판단하고 결과를 출력하는 작업을 한다. square_sum() 함수는 두 개의 입력값을 갖는다. 각각을 제곱한 다음 더한 값을 반환한다. 전형적인 함수라고 할 수 있다.

이렇게 정의했으면, 같은 노트북 안에서 언제든 호출해 사용할 수 있다. 연습1에서 정의한 함수들을 호출하여 사용해 보자.

함수 연습2 -함수 호출하기

```
greeting()
even_odd(10)
result = square_sum(3,4)
print(result)
```

```
How are you dong?
Even number
25
```

함수의 입력 파라미터는 미리 기본값default을 정해둘 수 있다. 기본값이 정해져 있어도 사용자가 함수를 호출하면서 다른 값을 입력하면 입력된 값으로 처리된다.

함수 연습3 -함수의 입력 파라미터

```
def bonus(a, b, c=10):
    res = a + b + c
    return res

res1 = bonus(10, 20)
res2 = bonus(10, 20, c=15)
print(res1, res2)
```

```
40 45
```

연습3을 보면, 입력 파라미터 3개 중 c는 기본값으로 10이 주어졌다. 여기서 주의할 것은 파리미터의 기본값은 뒤에서부터 주어져야 한다는 것이다. def bonus(a=10, b, c):로 정의하는 것은 허용되지 않고 Error로 처리된다. def bonus(a, b=3, c=5):로 정의하는 것은 가능하다.

순서만 지키면 파라미터 이름을 생략하고 값만 입력할 수 있다. 그러므로 bonus(a=10, b=20, c=15)와 bonus(10, 20, 15)는 동일하다. 반대로 파라미터만 명시하면 순서는 상관없기 때문에, bonus(c=15, a=10, b=20)도 동일한 결과를 반환한다.

함수의 지역 변수와 전역 변수

함수를 사용할 때에는, 함수 내부에서 정의한 변수는 내부에서만 유효함에 유의해야 한다. 이와 같이 일정한 범위에서만 유효한 변수를 '지역 변수local variable'라고 한다. 함수 외부에서 정의된 변수는 함수 내부에서도 사용할 수 있다.

함수 연습4 -지역 변수

```
a = 10
def my_func(x):
    y = 20
    res = x + y + a
    return res
res = my_func(3)
print(res)
```
33

연습4에서 a는 함수 외에서 정의되었지만 함수 내부에서도 접근할 수 있다. 그러나 y는 함수 내부에서 정의된 지역 변수이므로 함수 외부에서는 접근할 수 없다. 연습5에서처럼 외부에서 y를 접근하려고 하면, 정의되어 있지 않다면서 NameError가 발생한다.

함수 연습5 - 함수의 지역 변수는 함수 외부에서 접근할 수 없음

```
print(f"a={a}")
print(f"y={y}")
```
a=10

```
---------------------------------------------------------------
NameError                                 Traceback (most recent call last)
Cell In[2], line 2
      1 print(f"a={a}")
----> 2 print(f"y={y}")

NameError: name 'y' is not defined
```

함수 외부에서 정의된 변수는 함수 내부에서 접근하는 것은 가능하지만 변경할 수는 없다. 변경하려면 global을 붙여 '전역 변수global variable'로 선언해 주어야 한다. 함수 내부에서 선언한 변수도 global을 붙이면 전역 변수가 되어 함수 외부에서도 접근이 가능해진다.

함수 연습5 - 전역 변수 선언 ||||||||||||||||||||||||||||||||||||||||||||||||||||||||||||||||||||||||||||||||||||||||||||||||

```
a = 10
def my_func(x):
    global a
    global y
    y = 20
    a = a + 1
    res = x + y + a
    return res
res = my_func(3)
print(res)
print(f"y={y}")
```

```
34
y=20
```

4.3 파이썬 데이터 분석 라이브러리

파이썬을 복잡한 과학 계산과 데이터 분석에 사용하려면 강력한 계산 능력과 효율적인 데이터 처리 기능을 가진 라이브러리가 필요하다. 파이썬에는 수치 계산에 특화된 넘파이Numpy와 데이터 분석을 위한 판다스Pandas라는 훌륭한 표준 라이브러리가 존재한다. 또한 처리 결과를 한눈에 알아볼 수 있도록 시각화하는 것이 필요한데, 이는 맷플롯립Matplotlib이라는 라이브러리를 사용하면 멋지게 처리할 수 있다. 이 삼총사는 파이썬으로 데이터 분석 작업을 한다고 하면 무조건 처음에 등장하는 'Usual Suspect'들이다. 그만큼 이들의 사용법을 숙지하는 것이 필수라는 뜻이다.

이전에 4.1절에서 파이썬을 설치하면서 이미 이 라이브러리들을 설치했다. 다음 장에서 본격적인 데이터 분석에 들어가기 앞서, 간단히 무엇인지 알아보며 워밍업을 해보고자 한다.

파이썬에서 라이브러리를 사용하기 위해서는 우선 라이브러리를 가져와야 한다. 파이썬 라이브러리는 `import`라는 명령어를 써서 가져온다. `import` 뒤에 원하는 라이브러리의 이름을 그대로 입력하면 된다.

```
import numpy as np
```

위와 같이 셀에 입력하고 실행시켰을 때 에러가 발생하지 않으면 라이브러리가 불러들여진 것이다.

이때 단순히 `import numpy`로만 해도 되지만, 그러면 넘파이를 사용할 때마다 numpy 다섯 글자를 적어야 한다. 불러올 때 `as np`를 덧붙이면 np로 줄여 사용하겠다는 뜻이 된다. 앞으로 다양한 라이브러리를 불러올 때에도 동일한 방법이 적용된다.

4.3.1 넘파이

넘파이Numpy는 "Numerical Python(숫자의 파이썬)"에서 따온 것이다. 그 이름에서 알 수 있듯이 넘파이는 복잡한 수치 계산을 전담하는 파이썬의 핵심 라이브러리다. 다차원 배열 객체와 다양한 수학 함수를 제공하여 효율적인 수치 계산을 가능하게 한다. 리스트보다 메모리 사용량이 적고 연산 속도가 빠르며, 넘파이 배열을 이용하면 벡터 및 행렬 연산을 손쉽게 수행할 수 있다.

배열 생성과 기본 연산

이제 본격적으로 넘파이 배열을 어떻게 만들고, 어떻게 연산하는지 배워보자. 더 복잡한 배열들이 있지만, 여기에서는 1차원 배열에 한정해서 기본 개념만 미리 알아두고자 한다.

리스트로 1차원 배열 생성하기

넘파이 배열은 numpy 함수인 `np.array( )`의 괄호 안에 숫자로 이루어진 리스트를 적어서 생성할 수 있다. 직접 해보자. 넘파이 라이브러리를 불러온 상태여야 정상 동작한다(여기서는 앞에서 불러왔으므로 생략). 비교를 위해 동일한 원소로 이루어진 리스트도 하나 생성했다.

출력해 보면 리스트와 별 차이 없어 보이지만, 전혀 다른 객체이다. `list_var1`과 `arr1`의 `type( )`을 각각 알아보면, 둘이 전혀 다른 클래스의 객체임을 확인할 수 있다.

```
list_var1 = [1,2,3,4]
arr1 = np.array([1,2,3,4])
print(list_var1, type(list_var1))
print(arr1, type(arr1))
print(arr1.shape, len(arr1))
```

```
[1, 2, 3, 4] <class 'list'>
[1 2 3 4] <class 'numpy.ndarray'>
(4,) 4
```

리스트와 마찬가지로 넘파이 배열 역시 len( )을 통해 원소의 개수를 구할 수 있다. 여기에 추가로 .shape라는 메서드method가 있어 원소의 개수와 형태까지 알 수 있다. (4,)는 원소가 4개인 1차원 배열이라는 뜻이다.

1차원 배열의 기본 연산

배열도 다른 자료형과 마찬가지로 연산이 가능하다. 형태가 같은 리스트와 비교하여 배열 연산의 특징을 알아보겠다.

배열에 숫자를 곱하면, 그 숫자가 배열의 모든 원소에 각각 곱해진다. 배열과 구분하기 위해 배열이 아닌 단순한 숫자는 스칼라라고도 부른다. 반면 리스트의 경우에는 자연수만 곱할 수 있고, 그 숫자만큼 리스트가 복제되면서 원소가 늘어난다.

```
# 스칼라 곱하기
print(3*list_var1)
print(3*arr1)
```

```
[1, 2, 3, 4, 1, 2, 3, 4, 1, 2, 3, 4]
[ 3  6  9 12]
```

배열에 스칼라를 더하면, 스칼라가 배열의 각 원소에 더해진다.

```
# 배열에 스칼라 더하기
print(arr1 + 10)
```

```
[11 12 13 14]
```

비슷하게 길이가 같은 배열끼리 더하면 동일 자리의 원소끼리 더해진 같은 길이의 배열이 만들어진다. 반면, 리스트끼리 더하면 두 리스트가 이어지면서 길어진 리스트가 생성된다.

배열 연습4 - 배열끼리 더하기

```
# 배열끼리 더하기
list_var2 = [5,6,7,8]
arr2 = np.array([5,6,7,8])

print(list_var1 + list_var2)
print(arr1 + arr2)
```

```
[1, 2, 3, 4, 5, 6, 7, 8]
[ 6  8 10 12]
```

길이가 같은 배열은 서로 곱할 수도 있는데, 이때는 대응하는 원소끼리 곱한 같은 길이의 배열이 생성된다. 리스트끼리의 곱은 허용되지 않고 TypeError를 발생시킨다.

배열 연습5 - 배열끼리 곱하기

```
# 배열끼리 곱하기
print(arr1 * arr2)
print(list_var1 * list_var2)
```

```
[ 5 12 21 32]
---------------------------------------------------------------------------
TypeError                                 Traceback (most recent call last)
Cell In[80], line 3
      1 # 배열끼리 곱기기
      2 print(arr1 * arr2)
----> 3 print(list_var1 * list_var2)

TypeError: can't multiply sequence by non-int of type 'list'
```

★★★ **참고** ★ **초깃값 있는 1차원 배열 생성** ─────────

배열 생성 시, 필요한 원소를 일일이 적은 리스트 대신 길이만 정하고 0이나 1로 채워서 생성하는 방법도 있다. 0 배열은 np.zeros()를, 1 배열은 np.ones()를 사용한다.

```
print(np.zeros(5))
print(np.ones(5))
```

```
[0. 0. 0. 0. 0.]
[1. 1. 1. 1. 1.]
```

4.3.2 판다스

판다스Pandas는 데이터 분석에 사용되는 파이썬의 핵심 라이브러리이다. 파이썬이 데이터 분석 특히 금융 데이터 분석에 활발하게 사용되는 이유 중에 가장 큰 비중을 차지하는 것이 판다스라 해도 과언이 아닐 것이다. 판다스를 개발한 웨스 맥키니Wes McKinney는 처음부터 금융 데이터에 대한 계량적 분석을 수행하기 위한 고성능 툴로서 판다스를 만들었으며, 그 이름도 계량 경제학에서 사용되는 용어인 'Panel Data'에서 따왔다고 한다. 퀀트 투자를 다루는 이 책에서도 당연히 판다스는 가장 중요한 도구다. 그 핵심 기능을 익혀보도록 하자.

시리즈(Series)

판다스 라이브러리에서는 추후 5장에서 알아볼 데이터프레임을 주로 다루지만, 더 간단한 형태인 시리즈도 알아 둘 필요가 있다. 여러 개의 시리즈로 데이터프레임을 생성할 수도 있고, 데이터프레임의 행이나 열을 따로 떼어내면 시리즈가 되기 때문이다. 시리즈는 1차원 배열과 유사하지만 인덱스가 있다는 것이 큰 차이점이다. 그럼 직접 다뤄보며 더 자세히 알아보자.

시리즈 생성하기

가장 먼저, import를 이용해 pandas 라이브러리를 pd라는 약칭으로 불러오자. 넘파이에서 1차원 배열을 만들듯이, 리스트를 이용해 판다스 시리즈 s를 생성한다. 생성에는 pd.Series() 메서드를 이용한다. 시리즈는 리스트뿐 아니라 넘파이 배열을 사용해서도 생성할 수 있다.

시리즈 연습1 - 시리즈 생성 ||||||||||||||||||||||||||||||||||||||||||||||||||||||||||||||||||||||||||||||||||||||||||||||||||||||||

```
import pandas as pd
s = pd.Series([10, 4, 3, 26, 12, 9])
print(type(s))
print(s)
```

```
<class 'pandas.core.series.Series'>
0    10
1     4
2     3
3    26
4    12
5     9
dtype: int64
```

type( )과 print( )를 이용해 시리즈 s를 출력해 보니, s의 자료형은 시리즈며 인덱스가 자동으로 부여된 것을 볼 수 있다. 인덱스와 데이터 값을 매칭해서 보여주기 위해 출력은 2열로 이뤄진 듯하지만, 시리즈는 인덱스가 붙은 1차원 데이터로 이해해야 한다.

이 인덱스는 사용자가 원하는 대로 변경할 수 있다. 또 시리즈의 인덱스와 값에는 이름이 붙지 않지만 시리즈 자체에는 이름을 붙일 수 있다. 그 방법은 아래 연습2를 보면 쉽게 이해할 수 있다.

시리즈 연습2 - 시리즈에 이름 붙이기

```
s.index = ['a', 'b', 'c', 'd', 'e', 'f']
s.name = 'Test'
print(s)
```

```
a    10
b     4
c     3
d    26
e    12
f     9
Name: Test, dtype: int64
```

.index 메서드로 인덱스를 0~5에서 a~f로 변경했고, .name 메서드로 'Test'라는 이름을 붙였다.

시리즈의 인덱싱 & 슬라이싱

시리즈의 인덱싱과 슬라이싱은 원칙적으로 넘파이 배열과는 다르게 loc 또는 iloc 메서드를 이용한다. 간단한 예를 보자.

.loc는 문자든, 숫자든 상관없이 시리즈의 인덱스를 그대로 사용하는 것이고 .iloc는 시리즈의 인덱스와 무관하게 첫 번째 값의 위치는 0, 두 번째 값의 위치는 1… 식으로 숫자로써 접근하는 것이다. s.loc['c']는 인덱스가 c인 값을 나타내는데, s.iloc[2]와 동일하다. 현재 원칙은 .loc나 .iloc를 사용하는 것이지만 구 버전에서는 s['c'] 또는 s[2]도 함께 사용되었다.

```
print(s.loc['c'])
print(s.loc['b':'d'])
print(s.iloc[1:4])
```

```
3
b     4
c     3
d    26
Name: Test, dtype: int64
b     4
c     3
d    26
Name: Test, dtype: int64
```

연습3의 실행 결과에서 s.loc['b':'d']가 s.iloc[1:4]와 동일한 것을 확인할 수 있다. loc['b':'d'] 에서 'd'에 대응하는 값은 포함되지만, iloc[1:4]에서 4에 대응하는 값(다섯 번째 값)은 포함되지 않음에 유의해야 한다.

시리즈를 슬라이싱해서 새로운 시리즈를 만들 때는 각별한 주의가 필요하다. 예를 들어 앞에서 만든 시리즈 s에 대해 t = s.iloc[:3]을 실행하면 첫 번째 값부터 세 번째 값까지 잘라낸 시리즈가 만들어진다. 그런데 이때 t의 값을 수정하면 s의 값도 수정되고 반대도 마찬가지여서, 숨은 에러의 위험이 생긴다. 다음 연습 코드를 보자.

```
t = s.iloc[:3]
t.loc['a'] = 100
print(s)
```

```
a    100
b      4
c      3
d     26
e     12
f      9
Name: Test, dtype: int64
```

t의 인덱스 a에 해당하는 값을 100으로 변경했더니 s의 a에 해당하는 값도 100으로 바뀐 것을 볼 수 있다. 이 현상은 넘파이 배열을 슬라이스할 때나 앞으로 배울 판다스 데이터프레임을 슬라이스할 때에도 동일하게 발생하니, 반드시 숙지하기 바란다. 슬라이스를 통해 원래의 시리즈와 완전히 별개인 시리즈

를 생성하려면 copy( )를 사용해야 한다.

```
s['a'] = 10
t = s.iloc[:3].copy()
t['a'] = 100
print(s)
```

```
a    10
b     4
c     3
d    26
e    12
f     9
Name: Test, dtype: int64
```

연습5에서는 s의 인덱스 a 값을 10으로 되돌리고 슬라이스로 다시 t를 생성할 때 copy( )를 사용했다. 그러자 이번에는 t를 변경해도 s는 변하지 않는 것을 확인할 수 있다.

4.3.3 맷플롯립: 데이터 시각화

데이터 시각화는 데이터 분석에서 중요한 역할을 한다. 시각화는 복잡한 데이터를 직관적으로 이해할 수 있도록 돕고, 패턴이나 경향을 빠르게 파악할 수 있게 해주기 때문이다. 파이썬에서는 맷플롯립Matplotlib 라이브러리를 사용하여 다양한 그래프와 차트를 쉽게 그릴 수 있다.

간단한 선 그래프를 그려보면서 기본적인 기능을 익혀보도록 하자.

선 그래프(Line Plot)

수평축과 수직축을 그리고 두 종류의 데이터를 각 축에 대응시키면 각각의 데이터 포인트는 좌표 평면 상의 점으로 표시되는데, 이 점들을 선으로 연결한 그래프가 가장 기본적인 선 그래프이다.

맷플롯립으로 선 그래프 그리기

맷플롯립 라이브러리로 가장 기본적인 선 그래프를 그리는 코드는 다음과 같다. 하나씩 차근차근 알아보자..

```
import matplotlib.pyplot as plt ←————————————— ❶
import numpy as np

# 데이터 준비 ←————————————————— ❷
x = np.linspace(-3, 3, 60)   # X축 데이터
y = np.exp(x)   # Y축 데이터

# 그래프 그리기 ←————————————————— ❸
plt.figure(figsize=(6, 4))  # 크기 설정
plt.plot(x, y)

# 그래프에 제목, 레이블, 그리드 추가 ←————————— ❹
plt.title("Simple Line Plot", fontsize=14)
plt.xlabel("X")
plt.ylabel("Y")
plt.grid(alpha=0.3)

# 그래프 표시
plt.show()
```

❶ 가장 먼저 import 명령으로 matplotlib.pyplot을 plt라는 약칭으로 불러오며 시작한다. 다른 라이브러리와 도입이 좀 다른데, Matplotlib은 사실 더 큰 라이브러리고 우리는 이 중 일부인 pyplot만 필요하므로 이렇게 불러오는 것이다. 수학 함수를 사용하기 위해 numpy도 추가로 불러온다.

❷ 그래프로 그릴 데이터를 준비한다. 2차원 선 그래프에는 x축과 y축이 있다. np.linspace를 사용해서 x축 데이터를 생성한다. np.linspace(-3, 3, 60)은 -3과 3 사이에 균일한 간격으로 60개의 숫자 배열을 만든다. y축 데이터는 x에 np.exp( )를 적용했는데, 이것은 수학에서 배운 지수 함수이다.

❸ 이제 그래프를 그린다. plt.figure( )는 새로운 피규어(그래프 창)를 생성하는 명령이다. 그래프의 크기는 figsize로 조절하며 단위는 인치다. (6, 4)는 가로width 6인치, 세로height 4인치로 만들라는 뜻이다. plt.plot(x, y)는 x와 y 데이터를 이용해 실제 그래프를 그리는 함수다.

❹ plt.title( )로 그래프 제목을, plt.xlabel( )과 ylabel( )로 각각 x축, y축 레이블 이름을 쓸 수 있다. plt.grid( )에서 alpha는 투명도 조절로서 그리드 선이 너무 강하게 나타나는 것을 방지하기 위해 작게 조절했다.

이 코드를 실행시키면 다음과 같은 그래프가 얻어진다.

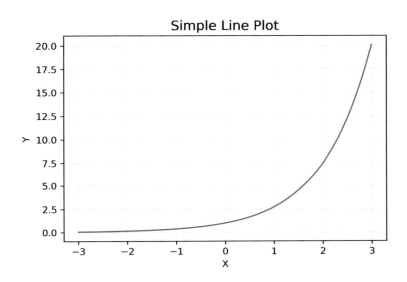

선 그래프 여러 개 동시에 그리기

하나의 좌표평면에 여러 개의 그래프를 그려야 하는 경우가 있다. 이 작업은 단순하게 `plt.plot( )`을 반복해서 원하는 그래프를 추가하면 해결된다. 다음 코드를 보자.

```python
x = np.linspace(0.01, 2, 100)
y1 = np.exp(x)
y2 = np.log(x)

plt.figure(figsize=(6, 4))

plt.plot(x, y1, linewidth=1, label='Exp')
plt.plot(x, y2, linewidth=1, label='Log')
plt.axhline(y=0, color='black', linewidth=1)
```

```
plt.title("Simple Line Plots", fontsize=14)
plt.xlabel("X")
plt.ylabel("Y")
plt.grid(alpha=0.3)
plt.legend() # 범례 표시
plt.show()
```

x축 데이터는 np.linspace()로 동일하고, y축 데이터에는 아까 이용했던 np.exp() 외에 로그함수인
np.log()를 추가했다(변수도 y1, y2로 구분). plt.plot(x, y)를 y1, y2 변수를 달리해 두 번 반복하여 선
그래프 2개를 그린다. 선 굵기는 linewidth 파라미터로 조절한다.

그래프가 2개가 되었으니 구별을 위해 label 파라미터값을 입력하고 plt.legend()를 추가하면 범례
로 각 그래프의 label이 출력된다. x축을 나타내기 위해 plt.axhline()을 사용해서 검은색의 수평선을
추가했다. 이 코드를 실행시키면 다음과 같은 그래프가 얻어진다.

맷플롯립 연습2 실행 결과

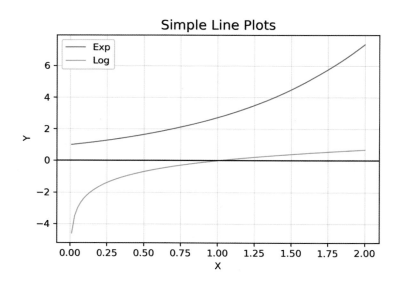

ax 메서드로 선 그래프 그리기

matplotlib.pyplot을 사용하는 또 다른 방식이 있다. fig와 ax라는 subplots 객체를 생성하고 ax의 메서드로 조작하는 방식이다. 이를 "객체지향 API"라고도 한다. 더 정교하게 그래프를 조작할 수 있으며, 추후 많이 활용하게 될 다중 그래프를 그릴 때 편리한 점이 있기 때문에 잘 익혀 두어야 한다.

맷플롯립 연습3 - ax 메서드로 선 그래프 그리기

```python
fig, ax = plt.subplots(figsize=(6, 4))

ax.plot(x, y1, linewidth=1, label='Exp')
ax.plot(x, y2, linewidth=1, label='Log')
ax.axhline(y=0, color='black', linewidth=1)

ax.set_title("Simple Line Plots", fontsize=14)
ax.set_xlabel("X")
ax.set_ylabel("Y")
ax.grid(alpha=0.3)
ax.legend()
plt.show()
```

연습3은 앞선 연습2 코드를 다른 방식으로 구현한 것으로, 코드 자체로 어떤 작업을 수행하는지 명백하기 때문에 쉽게 이해할 수 있을 것이다. 첫 줄에 fig, ax = plt.subplots()로 두 객체를 생성하고, 이후로 기존 plt 자리에 ax가 들어가는 것 외에는 동일하다. ax 메서드의 다양한 활용 방법은 5장에서 본격적으로 알아보도록 하겠다.

① 웹 브라우저를 실행한다. 주소창에 anaconda.com/download를 입력하거나 검색창에 "아나콘다 다
운로드"를 입력하고 첫 번째 검색 결과를 클릭하여 아나콘다를 다운로드할 수 있는 웹페이지로 이동
하자.

웹페이지의 내용은 시기에 따라 조금씩 달라지지만, 다음 그림과 대동소이할 것이다. 등록을 원하면
오른쪽 사각형에 이메일 주소를 입력하고 동의에 체크한 다음 [Submit] 버튼을 클릭하면 된다. 별도
로 등록하지 않아도 진행은 가능하니, 아래 [Skip registration] 텍스트를 클릭하기로 하자.

② 윈도우용이 기본으로 세팅되어 있으므로 녹색 [Download] 사각형을 클릭해도 되고, 세 개의 박스
중 윈도우즈 로고 밑 [64-Bit Graphical Installer] 텍스트를 클릭해도 된다. macOS의 경우는 가운데
Mac 로고 박스를 이용한다. M1 이상은 [Apple silicon Graphical Installer]를, 이전 버전은 [Intel chip
Graphical Installer]를 선택한다.

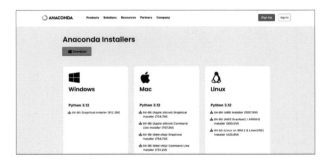

③ 다운로드가 완료되면 설치를 위해 프로그램을 클릭하여 실행시킨다. 이제 설치 프로그램의 안내대로 버튼을 클릭해 진행한다. [Next >]를 클릭하면 설치 과정이 시작된다. 이용 약관 안내창이 나오면 하단 [I Agree]를 클릭한다.

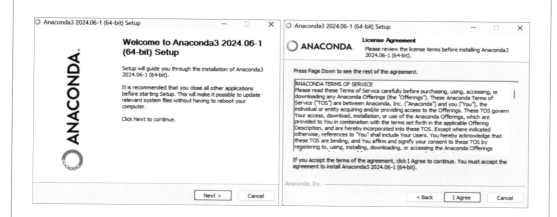

④ 다음 창은 사용 권한을 묻는다. 개인용이므로 [Just Me]를 선택하고 [Next >]를 클릭한다. [Browse...]를 클릭해서 설치 위치를 변경할 수도 있지만 특별한 문제가 없으면 그대로 두고 [Next >]를 클릭한다.

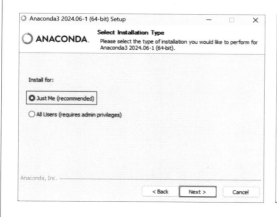

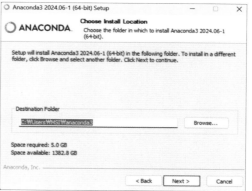

⑤ 그림과 같이 체크 박스에 체크되어 있는지 확인하자. 각각 '바로가기 만들기', 'Python 3.12 기본 프로그램으로 아나콘다3 지정하기'를 요청하는 옵션이다. 다 되었으면 [Install] 버튼을 클릭한다. 이제 아나콘다의 설치가 시작될 것이다. 설치가 끝나면 모든 체크를 해제하고 [Finish]를 클릭하면 된다.

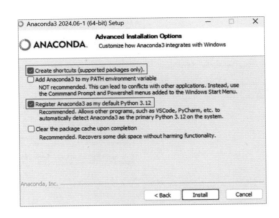

CHAPTER 5

주식 데이터 분석

앞 장에서 파이썬을 설치하고 기본 사용법을 익혔으므로 이번 장에서는 본격적으로 파이썬을 활용해서 어떻게 데이터 분석을 하는지 알아본다. 앞서 짧게 알아보았던 넘파이, 판다스, 맷플롯립의 심화 내용을 마저 공부하고, 바로 이어서 미국 주식 데이터를 다운로드하여 기본적인 분석과 각종 지표 계산에 활용해 보도록 하자.

5.1 넘파이 및 판다스 심화

우선 주피터 노트북을 실행해 새 노트북을 만든 뒤, Python_Study_02로 이름을 붙이자. 원활한 진행을 위해 라이브러리를 모두 불러오고 시작한다.

```
import numpy as np
import pandas as pd
import matplotlib.pyplot as plt
```

5.1.1 넘파이와 고차원 배열 & 함수들

앞서 4장에서 넘파이 1차원 배열은 수학의 벡터와 유사하다는 것을 눈치챘을 것이다. 1차원 배열을 이용해 백터와 관련된 연산을 쉽게 수행할 수 있다.

비슷하게 수학에서 행렬에 해당하는 2차원 배열도 있다. 배열은 3차원, 4차원 등 고차원 배열로 확장될 수 있는데, 수학에서는 텐서가 이에 해당한다. 그래서 배열을 흔히 텐서라고도 부른다.

2차원 배열

그럼 넘파이의 심화 과정으로, 2차원 배열에 대해 알아보겠다.

리스트로 2차원 배열 생성하기

리스트를 사용해서 어떻게 2차원 배열을 만드는지, 간단한 예를 살펴보자.

고차원 배열 연습1 - np.array( )

```python
# 2차원 배열 만들기
arr = np.array( [ [1,2,3,4], [5,6,7,8], [9,10,11,12] ] )
print(arr)
print()
print(arr.shape, len(arr))
```

```
[[ 1  2  3  4]
 [ 5  6  7  8]
 [ 9 10 11 12]]

(3, 4) 3
```

위 예제 코드를 보면 리스트를 원소로 하는 리스트를 사용하여 2차원 배열이 만들어짐을 알 수 있다. 리스트인 각 원소가 행row이 된다. 리스트인 원소의 길이가 열column의 수에 해당한다. print( )를 써서 출력해 보면 우리가 수학에서 보던 행렬 모양으로 출력되는 것을 볼 수 있다.

shape 메서드를 호출하면 행수와 열수가 튜플로 출력된다(여기서는 (3, 4)). len( )을 적용하면 전체 원소의 개수가 아니라 행수(여기서는 3)가 반환된다.

2차원 배열의 인덱싱과 슬라이싱

1차원 배열의 인덱싱과 슬라이싱은 리스트와 동일했다. 그러면 2차원 배열은 어떨까? 2차원 배열의 인덱싱과 슬라이싱을 연습 코드를 통해 살펴보자.

고차원 배열 연습2 - 인덱싱

```python
# 첫 번째(인덱스 0) 행 출력
print(arr[0])
# 두 번째 행(인덱스 1)의 세 번째 원소(인덱스 2) 출력
print(arr[1][2])
# 세 번째 행(인덱스 2) 출력
print(arr[2, :])
# 네 번째 열(인덱스 3) 출력
print(arr[:, 3])
```

```
[1 2 3 4]
7
[ 9 10 11 12]
[ 4  8 12]
```

인덱스는 항상 0부터 시작하기 때문에 n번째 행의 인덱스는 n-1이 된다. 2차원 배열 arr에 대해 인덱스 i인 행은 arr[i]로 쓸 수도 있고, arr[i, :]로 쓸 수도 있다. 인덱스 j인 열은 arr[:, j]로 쓴다. 인덱스 i인 행의 인덱스 j인 원소는 arr[i][j] 또는 arr[i, j]로 쓴다.

```
print(arr[1:3,:2])
```

```
[[ 5  6]
 [ 9 10]]
```

위 코드에서 1:3은 두 번째 행부터 세 번째 행까지 포함한다는 뜻이고, :2는 첫 번째 열부터 두 번째 열까지 포함한다는 뜻이다. 이런 방식으로 2차원 배열의 일부를 잘라낼 수 있다.

2차원 배열의 연산

4장 '1차원 배열의 기본 연산'에서 알아본 내용은 2차원 배열에도 그대로 적용된다. 다만 2차원 배열끼리의 곱은 수학에서 행렬의 곱 규칙을 따라야 하기 때문에 *를 사용할 수 없고 np.dot( )를 사용한다. 우선 간단한 예시를 보기 위해 곱하기가 가능한 2x3 행렬과 3x2 행렬을 만들어보자.

```
arr3 = np.array( [ [1,2,3], [4,5,6] ] )
arr4 = np.array( [ [1,1], [2,2], [3,3] ] )
print(arr3)
print(arr3.shape)
print(arr4)
print(arr4.shape)
```

```
[[1 2 3]
 [4 5 6]]
(2, 3)
[[1 1]
 [2 2]
 [3 3]]
(3, 2)
```

이제 arr3과 arr4의 곱하기를 수행하자.

```
print( np.dot( arr3, arr4 ) )
```

```
[[14 14]
 [32 32]]
```

계산 결과를 보면 수학에서 행렬끼리의 곱의 규칙이 적용된 것을 알 수 있다.

유용한 넘파이 함수들

넘파이는 복잡한 수치 계산을 할 수 있는 많은 함수를 장착하고 있다. 앞으로 사용하게 될 중요한 함수 일부만 살펴보도록 하겠다.

np.sum( )과 np.cumsum( )

np.sum( )은 배열의 원소를 모두 더한 값이 필요할 때 사용한다. arr이 배열일 때 np.sum(arr)로 쓸 수도 있고 arr.sum( )으로 쓸 수도 있다. 그래서 넘파이의 sum( ) 함수라고도 하고 sum( ) 메서드라고도 한다.

np.cumsum( )은 누적해 더할 때 사용한다. arr1 = np.array([1,2,3,4])에 대하여 np.cumsum(arr1)은 np.array([1,3,6,10])을 반환한다는 뜻이다.

```
# 1차원 배열
arr1 = np.array([1,2,3,4])
print( np.sum(arr1), np.cumsum(arr1) )
# 2차원 배열
print( np.sum(arr) )
print( np.sum(arr, axis=0) )
print( np.sum(arr, axis=1) )
```

```
10 [ 1  3  6 10]
78
[15 18 21 24]
[10 26 42]
```

2차원 배열의 경우에는 axis=0 파라미터를 지정하면 열끼리 더하게 되며, axis=1로 하면 행끼리 더해서 배열을 반환해 준다.

np.prod( )와 np.cumprod( )

np.prod( )는 배열의 원소들을 모두 곱한 값을 구할 때 사용한다. np.cumprod( )는 누적해 곱한 배열을 반환한다.

넘파이 함수 연습2 - np.prod( )와 np.cumprod( )

```
# 1차원 배열
print( np.prod(arr1), np.cumprod(arr1) )
# 2차원 배열
print( np.prod(arr) )
print( np.prod(arr, axis=0), np.prod(arr, axis=0) )
print( np.prod(arr, axis=1), np.prod(arr, axis=1) )
```

```
24 [ 1  2  6 24]
479001600
[ 45 120 231 384] [ 45 120 231 384]
[   24  1680 11880] [   24  1680 11880]
```

np.sum( )과 마찬가지로 2차원 배열의 경우 axis=0 파라미터를 지정하면 열에 대해, axis=1로 하면 행에 대해 수행된다. 이 점은 대부분의 함수에 공통적으로 적용된다.

np.mean( )과 np.std( )

배열의 원소들의 평균을 구할 때는 np.mean( ), 표준편차를 구할 때는 np.std( )를 사용한다.

넘파이 함수 연습3 - np.mean( )과 np.std( )

```
# 1차원 배열
print( np.mean(arr1), np.std(arr1) )
# 2차원 배열
print( np.mean(arr), np.std(arr) )
print( np.mean(arr, axis=0), np.std(arr, axis=0) )
print( np.mean(arr, axis=1), np.std(arr, axis=1) )
```

```
2.5 1.118033988749895
6.5 3.452052529534663
[5. 6. 7. 8.] [3.26598632 3.26598632 3.26598632 3.26598632]
[ 2.5  6.5 10.5] [1.11803399 1.11803399 1.11803399]
```

np.max( )와 np.min( )

배열의 원소들 중 최댓값을 구할 때는 np.max( ), 최솟값을 구할 때는 np.min( )을 사용한다.

넘파이 함수 연습4 - np.max( )와 np.min( )

```
# 1차원 배열
print( np.max(arr1), np.min(arr1) )
# 2차원 배열
print( np.max(arr), np.min(arr) )
print( np.max(arr, axis=0), np.max(arr, axis=0) )
print( np.min(arr, axis=1), np.min(arr, axis=1) )
```

```
4 1
12 1
[ 9 10 11 12] [ 9 10 11 12]
[1 5 9] [1 5 9]
```

np.argmax( )와 np.argmin( )

배열의 원소들 중에서 최댓값인 원소의 인덱스를 구할 때는 np.argmax( ), 최솟값인 원소의 인덱스를 구할 때는 np.argmin( )을 사용한다.

넘파이 함수 연습5 - np.argmax( )와 np.argmin( )

```
# 1차원 배열
print( np.argmax(arr1), np.argmin(arr1) )
# 2차원 배열
print( np.argmax(arr), np.argmin(arr) )
print( np.argmax(arr, axis=0), np.argmax(arr, axis=0) )
print( np.argmin(arr, axis=1), np.argmin(arr, axis=1) )
```

```
3 0
11 0
[2 2 2 2] [2 2 2 2]
[0 0 0] [0 0 0]
```

np.where( )

특정한 조건을 만족하는 배열의 원소들의 인덱스를 구할 때 np.where(조건)을 사용한다. 조건을 만족하는 원소는 x로 그렇지 않은 원소는 y로 변환된 배열을 생성해야 할 때는 np.where(조건, x, y)를 사용한다.

```
arr5 = np.array([12, 5, 27, 9, 53, 14])
idx = np.where(arr5 < 10)
print(idx[0])
new_arr5 = np.where(arr5 < 10, 1, 0)
print(new_arr5)
```

```
[1 3]
[0 1 0 1 0 0]
```

np.where(arr5 < 10)은 arr5의 원소 중에서 10보다 작은 원소의 인덱스를 포함한 튜플을 반환한다. 즉, idx는 튜플이고 그중에 첫 번째 원소가 인덱스여서 idx[0]으로 해야 인덱스만 출력할 수 있다. np.where(arr5 < 10, 1, 0)은 arr5의 원소들을 10과 비교하여 작으면 1로, 그렇지 않으면 0으로 변환시킨 배열을 반환한다.

5.1.2 판다스와 데이터프레임

판다스 데이터프레임은 엑셀의 스프레드시트와 같이 행row과 열column로 이루어진 2차원 구조의 데이터이다. 열의 수가 하나일 수도 있지만 여러 개인 경우가 통상적이다. 데이터프레임의 각 열은 시리즈로 구성된다. 행의 위치는 고유한 인덱스로 나타낼 수 있고 각각의 열에는 이름이 붙는다. 간단한 데이터프레임을 생성하고 조작해 보면서 익히도록 하자.

데이터프레임 생성 및 확인

딕셔너리로 데이터프레임 생성하기

판다스 데이터프레임은 DataFrame( )을 선언하면서 괄호 안에 data, columns, index를 순서대로 입력하여 만들어진다. 딕셔너리는 키와 값의 쌍으로 이루어져 있으므로, 2차원 구조인 데이터프레임은 딕셔너리로 만드는 편이 더 쉽다. data 위치에 딕셔너리를 위치시킨다. index는 따로 입력하지 않으면 0부터 시작하는 자연수로 자동으로 부여된다. data가 딕셔너리 형태이면 딕셔너리의 키가 자동으로 칼럼 이름이 되기 때문에, 이 경우 columns는 반드시 생략해야 한다.

직접 연습해 보자. 네 학생의 이름과 각각의 수학과 과학 성적을 담은 딕셔너리 score_data가 있다. 이를 pd.DataFrame(score_data)로 입력하여 데이터프레임을 생성한다.

```
score_data = {'Name': ['Alice', 'Bob', 'Charlie', 'David'],
        'Math': [65, 86, np.nan, 77],
        'Science': [68, 91, 70, 85]}

score_df = pd.DataFrame(score_data)
score_df
```

	Name	Math	Science
0	Alice	65.0	68
1	Bob	86.0	91
2	Charlie	NaN	70
3	David	77.0	85

네 학생의 수학, 과학에 대한 성적 데이터프레임이 만들어졌다. Charlie는 수학 시험을 치르지 않아서 NaN(결측치)으로 나타난다. 데이터프레임에서 데이터가 없는 빈 자리는 NaN으로 보통 채워진다(Not a Number에서 온 명칭으로 np.nan( )으로 생성할 수 있다.)

여기서는 인덱스와 열 이름이 자동으로 생성되었지만 사용자가 지정할 수도 있고 생성 후 변경할 수도 있다. 다음 예를 보자.

```
date = ['2024-05-11', '2024-05-12', '2024-05-13', '2024-05-14']
stock_data = {'Open': [1320, 1360, 1450, 1430 ],
        'Close': [1370, 1400, 1510, 1380],
        'Volume': [15234, 17086, 21149, 16396]}

stock_df = pd.DataFrame(stock_data, index=date)
stock_df
```

	Open	Close	Volume
2024-05-11	1320	1370	15234
2024-05-12	1360	1400	17086
2024-05-13	1450	1510	21149
2024-05-14	1430	1380	16396

4일간의 가상 주가 데이터를 가지고 데이터프레임을 만들었다. 인덱스는 날짜로 지정했다. 칼럼은

Open, Close, Volume이 있는데 시가, 종가, 거래량을 의미한다. 이 데이터프레임을 더 보기 좋게 만들고자 한다. 인덱스에도 명칭을 붙이고 칼럼 이름을 시가, 종가, 거래량으로 바꿔보자.

데이터프레임 연습3 - 인덱스와 칼럼 이름 바꾸기

```
stock_df.index.name = '날짜'
stock_df.columns = ['시가', '종가', '거래량']
stock_df
```

날짜	시가	종가	거래량
2024-05-11	1320	1370	15234
2024-05-12	1360	1400	17086
2024-05-13	1450	1510	21149
2024-05-14	1430	1380	16396

<데이터프레임 이름>.index.name에 문자열을 저장하면 해당 문자열이 인덱스 이름이 된다. 그리고 <데이터프레임 이름>.columns에 리스트를 저장하면, 각 원소가 순서대로 열 이름으로 지정된다.

리스트로 데이터프레임 생성하기

데이터프레임은 data 부분에 리스트를 입력하여 생성할 수도 있다. 이때 리스트는 행 데이터를 원소로 가지고 있어야 한다. data가 딕셔너리인 경우와 달리 columns 인자를 원하는 대로 지정해줄 수 있다. 지정하지 않으면 자동으로 숫자로 붙여진다.

데이터프레임 연습4 - 리스트로 데이터프레임 만들기

```
score_data2 = [ ['Alice', 55, 68], ['Bob', 86, 91],
                ['Charlie', np.nan, 70], ['David', 77, 82] ]
score_df2 = pd.DataFrame(score_data2, columns=['Name', 'Math', 'Science'])
score_df2
```

	Name	Math	Science
0	Alice	55.0	68
1	Bob	86.0	91
2	Charlie	NaN	70
3	David	77.0	82

기본 정보 확인하기

실제로 데이터 분석을 할 때는, 외부에서 주어진 방대한 크기의 데이터프레임을 분석해야 하는 경우가 많다. 주어진 데이터프레임 이름이 df라면 데이터프레임을 자세히 분석하기 전에 df가 어떤 데이터를 담고 있는지 기본 정보를 확인하는 방법이 있다.

가장 많이 사용되는 df.head()는 처음 5개의 행을 반환한다. 3개만 보고 싶으면 df.head(3)으로 지정한다. 끝부분의 행을 보고 싶으면 df.tail()을 사용한다. 데이터 전체에 대한 정리된 정보를 보고 싶은 경우에는 df.info()나 df.describe()를 사용할 수 있고, NaN이 포함되어 있는지 확인하려면 df.isnull()을 사용한다.

데이터프레임 연습5 - 데이터프레임 기본 정보 확인

```
print( score_df.info() )
```
```
<class 'pandas.core.frame.DataFrame'>
RangeIndex: 4 entries, 0 to 3
Data columns (total 3 columns):
 #   Column   Non-Null Count  Dtype
---  ------   --------------  -----
 0   Name     4 non-null      object
 1   Math     3 non-null      float64
 2   Science  4 non-null      int64
dtypes: float64(1), int64(1), object(1)
memory usage: 228.0+ bytes
None
```

데이터프레임 기본 조작

데이터프레임이 어떻게 생성되는지 이제 감을 잡았을 것이다. 이제 실제 데이터프레임을 다루기 위해 진행하는 여러 조작 방법에 대해 알아보도록 하겠다.

행 선택 및 조작

데이터프레임의 특정 행을 선택할 때는 시리즈에서 배운 loc와 iloc가 사용된다. loc는 데이터프레임이 가지고 있는 인덱스, iloc는 0부터 시작하는 숫자 인덱스를 사용한다는 것을 이미 알고 있을 것이다. 슬라이싱의 경우 loc['a':'b']에서 인덱스 b인 행은 포함되지만 iloc[i:j]에서 숫자 인덱스 j인 행은 포함되지 않음에 항상 주의해야 한다. 각각 앞에서 만든 stock_df에 적용해 보자.

데이터프레임 연습6 - 데이터프레임 행 인덱싱

```
stock_df.loc['2024-05-12']
# stock_df.iloc[1]
```

```
시가        1360
종가        1400
거래량      17086
Name: 2024-05-12, dtype: int64
```

데이터프레임 연습7 - 데이터프레임 행 슬라이싱

```
stock_df.loc['2024-05-12':'2024-05-14']
# stock_df.iloc[1:]
```

	시가	종가	거래량
날짜			
2024-05-12	1360	1400	17086
2024-05-13	1450	1510	21149
2024-05-14	1430	1380	16396

선택한 행에서 특정 열에 접근하는 경우 어떻게 하는지 알아보자.

데이터프레임 연습8 - 데이터프레임 행에서 열 선택하기

```
stock_df.loc['2024-05-12','시가']
# stock_df.iloc[1,0]
```

```
1360
```

```
stock_df.loc['2024-05-12':'2024-05-14', ['시가', '거래량']]
# stock_df.iloc[1:,[0,2]]
```

	시가	거래량
날짜		
2024-05-12	1360	17086
2024-05-13	1450	21149
2024-05-14	1430	16396

위 연습 코드의 열에도 원하는 경우에는 슬라이싱을 사용할 수 있다. ['시가', '거래량'] 대신 ['시가' : '거래량']으로 하면 중간의 '종가'까지 포함해서 세 개의 열이 선택될 것이다. 행을 추가할 때는 loc를 사용해서 추가할 인덱스와 내용을 입력하면 된다. 행을 삭제할 때는 drop을 사용할 수 있다.

데이터프레임 연습9 - 데이터프레임 행 추가

```
stock_df.loc['2024-05-15'] = [1360, 1290, 9783]
stock_df
```

날짜	시가	종가	거래량
2024-05-11	1320	1370	15234
2024-05-12	1360	1400	17086
2024-05-13	1450	1510	21149
2024-05-14	1430	1380	16396
2024-05-15	1360	1290	9783

데이터프레임 연습10 - 데이터프레임 행 삭제

```
stock_df.drop('2024-05-15', axis=0, inplace=True)
# stock_df = stock_df.drop('2024-05-15', axis=0)
stock_df
```

날짜	시가	종가	거래량
2024-05-11	1320	1370	15234
2024-05-12	1360	1400	17086
2024-05-13	1450	1510	21149
2024-05-14	1430	1380	16396

열 선택 및 조작

데이터프레임의 특정 열만 선택하려면 loc을 쓸 필요없이 대괄호 [ ] 안에 열의 이름을 적으면 된다.

iloc을 사용해서도 가능한데, 행 부분을 콜론 :으로 처리하면 된다.

데이터프레임 연습11 - 데이터프레임 열 선택 1

```
stock_df['시가']
# stock_df.iloc[:,0]
```

```
날짜
2024-05-11    1320
2024-05-12    1360
2024-05-13    1450
2024-05-14    1430
Name: 시가, dtype: int64
```

데이터프레임 연습12 - 데이터프레임 열 선택 2

```
stock_df[['시가','거래량']]
# stock_df.iloc[:,[0,2]]
```

날짜	시가	거래량
2024-05-11	1320	15234
2024-05-12	1360	17086
2024-05-13	1450	21149
2024-05-14	1430	16396

데이터프레임에 열을 추가할 때는 대괄호 안에 추가하려는 열의 이름을 적고 내용을 입력하면 된다. 특정 열을 삭제하려면 행에서와 같이 drop을 사용하는데, axis=1로 적어야 한다(행은 axis=0).

데이터프레임 연습13 - 데이터프레임 열 추가

```
stock_df['변동성'] = stock_df['종가'] - stock_df['시가']
stock_df
```

날짜	시가	종가	거래량	변동성
2024-05-11	1320	1370	15234	50
2024-05-12	1360	1400	17086	40
2024-05-13	1450	1510	21149	60
2024-05-14	1430	1380	16396	-50

데이터프레임 연습14 - 데이터프레임 열 삭제

```
stock_df.drop('변동성', axis=1, inplace=True)
# stock_df = stock_df.drop('변동성', axis=1)
stock_df
```

날짜	시가	종가	거래량
2024-05-11	1320	1370	15234
2024-05-12	1360	1400	17086
2024-05-13	1450	1510	21149
2024-05-14	1430	1380	16396

결측치 처리

데이터프레임에 NaN이 포함되어 있는 경우에는 `fillna`를 사용하여 그 부분을 적당한 다른 값으로 채울 수도 있고, `dropna`를 사용하여 삭제할 수도 있다. `dropna`에서 디폴트는 `axis=0`으로 NaN이 포함된 행 전체가 삭제된다. 열을 삭제하려면 `axis=1`로 하면 된다.

앞서 생성한 데이터프레임 중, NaN이 있는 `score_df`를 가져와서 연습해 보자.

데이터프레임 연습15 - 결측치 채우기 ....

```
score_df = score_df.fillna(60)
score_df
```

	Name	Math	Science
0	Alice	65.0	68
1	Bob	86.0	91
2	Charlie	60.0	70
3	David	77.0	85

데이터프레임 연습16 - 결측치 삭제하기 ....

```
score_df.iloc[2,1] = np.nan
score_df.dropna(inplace = True)
# score_df = score_df.dropna()
score_df
```

	Name	Math	Science
0	Alice	65.0	68
1	Bob	86.0	91
3	David	77.0	85

데이터 정렬

특정 열의 값을 기준으로 오름차순(ascending=True)이나 내림차순(ascending=False)으로 데이터프레임을 정렬할 수 있다. 앞에서 만든 score_df를 이용하되, 결측치 처리 연습을 하면서 행 삭제로 인해 변경된 인덱스를 리셋한(reset_index(drop=True)) 다음 시작한다.

['Eddy', 50, 71] 행을 하나 추가하고, 수학과 과학 두 과목의 성적을 합산하여 Total 칼럼을 새로 만들었다.

```
score_df = score_df.reset_index(drop=True)
score_df.loc[3] = ['Eddy', 50, 71]
score_df['Total'] = score_df['Math'] + score_df['Science']
score_df
```

	Name	Math	Science	Total
0	Alice	65.0	68	133.0
1	Bob	86.0	91	177.0
2	David	77.0	85	162.0
3	Eddy	50.0	71	121.0

이제 이 칼럼을 기준으로 내림차순으로 정렬해 보도록 하자.

```
score_df_sorted = score_df.sort_values('Total', ascending=False)
score_df_sorted
```

	Name	Math	Science	Total
1	Bob	86.0	91	177.0
2	David	77.0	85	162.0
0	Alice	65.0	68	133.0
3	Eddy	50.0	71	121.0

데이터 필터링

데이터프레임에서는 어떤 조건을 만족하는 열만 뽑아내는 작업도 간단하게 처리할 수 있다. 대괄호 안에 조건식을 적으면 된다. 조건이 여러 개인 경우에는 각각의 조건을 소괄호 안에 적고 and(&), or(|) 등의 논리 연산을 적용할 수 있다.

```
score_df[score_df['Math'] < 70]
```

	Name	Math	Science	Total
0	Alice	65.0	68	133.0
3	Eddy	50.0	70	120.0

```
score_df[(score_df['Math'] < 70) & (score_df['Science'] < 70)]
```

	Name	Math	Science	Total
0	Alice	65.0	68	133.0

5.2 데이터 시각화

4장에서 선 그래프를 그리며 맷플롯립 라이브러리의 사용법을 어느 정도 숙지했을 것이다. 이제 주식 데이터 분석에 필요한 더 다양한 시각화 방법을 함께 알아보자.

5.2.1 산점도

주식 데이터 분석에서 많이 사용하는 그래프 중, 데이터 포인트를 선으로 연결하지 않고 점을 찍어서 표시하는 산점도가 있다. 노이즈가 섞여 있는 데이터 간의 관계를 파악하기 위해 회귀 분석을 적용할 때 근사선과 함께 결과 표시를 위해 자주 사용된다. plt.plot() 대신에 plt.scatter()를 사용하면 된다. 다음 코드로 연습해 보자.

산점도 연습1

```
x = np.linspace(-np.pi, np.pi, 100)
y = np.sin(x) + np.random.random(100)

plt.figure(figsize=(6, 4))

plt.scatter(x, y)

plt.title("Simple Scatter Plot", fontsize=14)
plt.xlabel("X")
plt.ylabel("Y")
plt.grid(alpha=0.3)
plt.show()
```

우선 np.linspace를 사용해서 $-\pi$에서 $+\pi$까지 일정한 간격으로 100개의 숫자 배열을 만들어

x축 데이터로 사용한다. y축 데이터는 x를 np.sin( ) 함수에 대입하고 노이즈를 추가한다. np.random.random( )은 입력하는 숫자만큼 0에서 1 사이의 무작위 수를 생성해 준다. 나머지는 선 그래프에서 살펴본 바와 같다. 이 코드를 실행하면 다음과 같은 그래프가 얻어진다.

산점도 연습1의 실행 결과

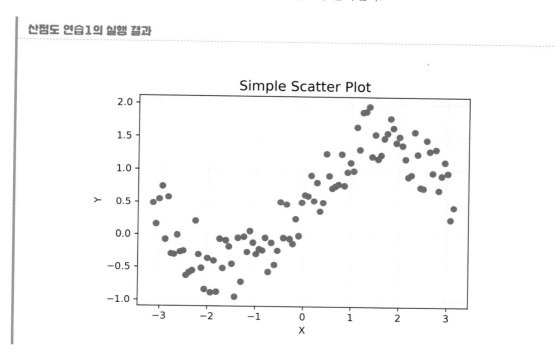

5.2.2 다중 그래프

여러 그래프를 행과 열로 한데 모아 출력해야 하는 경우가 있다. 이때는 plt.subplot( )을 사용할 수 있다. 간단한 예제를 통해 사용법을 익혀보도록 하자.

다중 그래프 연습1 - plt.subplot( ) 사용

```
# 1번째 그래프: 선 그래프
plt.subplot(2, 1, 1)   # 2행 1열 중 첫 번째 위치
x = [1, 2, 3, 4, 5]
y = [1, 4, 9, 16, 25]
plt.plot(x, y)
```

```
plt.title("Line Plot")

# 2번째 그래프: 막대 그래프
plt.subplot(2, 1, 2)    # 2행 1열 중 두 번째 위치
categories = ['A', 'B', 'C', 'D']
values = [4, 7, 1, 8]
plt.bar(categories, values)
plt.title("Bar Chart")

# 그래프 표시
plt.tight_layout()    # 그래프 간 여백 자동 조정
plt.show()
```

plt.subplot(2, 1, 1)은 2행 1열로 2개의 그래프를 세로로 쌓아 출력하는데, 그중에서 위에 놓이는 첫 번째 그래프라는 뜻이다. 여기에는 선 그래프를 그렸다. plt.subplot(2, 1, 2)는 아래에 놓이는 두 번째 그래프를 의미한다. 여기에는 막대 그래프를 만들었다. 위 코드를 실행시키면 다음과 같은 그래프가 얻어진다.

다중 그래프 연습1 실행 결과

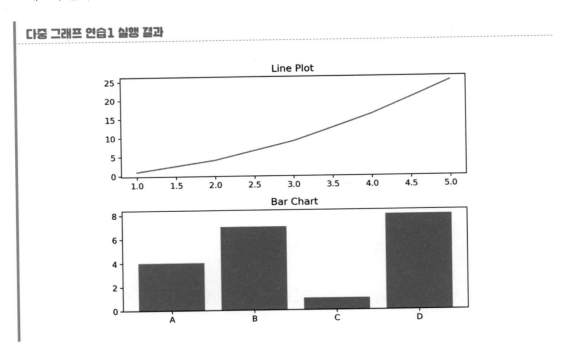

Matplotlib 라이브러리의 또 다른 사용 방법인 객체지향 API로 다중 그래프를 만들어보자.

다중 그래프 연습2 - 객체지향 API 사용

```python
fig, ax = plt.subplots(2, 1, figsize=(6, 4), sharex=True, height_ratios=(2,1))

x = np.linspace(-np.pi, np.pi, 100)
y1 = np.sin(x)
y2 = np.cos(x)

ax[0].plot(x, y1, color='blue')
ax[1].plot(x, y2, color='green')

ax[0].set_ylabel('sin(x)')

ax[1].set_xlabel('X')
ax[1].set_ylabel('cos(x)')

plt.tight_layout()
plt.show()
```

코드를 보면, fig, ax로 plt.subplots( )를 선언하면서(s가 붙는 것에 유의) 괄호 안에 다양한 파라
미터를 입력하여 출력을 조절할 수 있다. 2, 1은 2행 1열로 2개의 그래프를 세로로 쌓아 출력하겠다
는 뜻이다. sharex=True는 x축이 공통이어서 하나만 그린다는 뜻이다. height_ratios=(2,1)은 위에
놓이는 그래프와 아래 놓이는 그래프의 높이를 2대1로 그리라는 뜻이다.

ax[0]은 첫 번째 그래프 객체, ax[1]은 두 번째 그래프 객체다. y1은 np.sin(x), y2는 np.cos(x)이
므로, 위에는 sine 그래프, 아래에는 cosine 그래프를 각각 그리게 된다. color를 이용해 그래프 색을
지정할 수 있다.

이어서 각 레이블 이름을 입력하고 plt.tight_layout( )으로 두 그래프 사이를 적절히 조정했다.
이 코드를 실행하면 다음과 같은 그래프가 얻어진다.

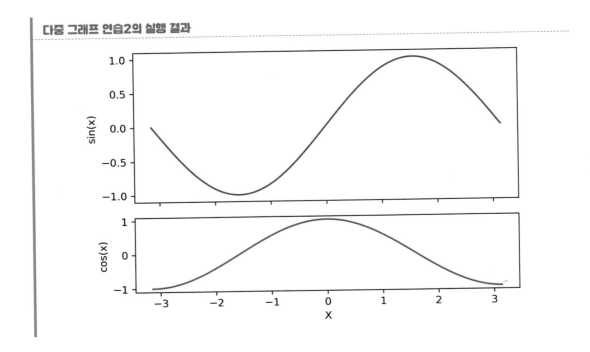

5.3 미국 주식 데이터 구하기

미국 주식에 대한 퀀트 투자 전략을 수립하려면 주식 데이터가 필요하다. 기본적인 주식 데이터는 주가 데이터와 재무제표 데이터이다. 정확성이 높고 세부적인 부분까지 잘 정리된 데이터를 구하려면 유료로 구입해야 하지만 다행히도 퀀트 입문자에게 필요한 정도의 데이터는 야후 파이낸스에서 무료로 제공한다. 먼저 주가 데이터를 구하는 방법을 알아보자.

5.3.1 주가 데이터 구하기

미국 주식 시장에 상장된 회사들은 회사 영문 명칭을 참고해서 만들어진 ticker(티커) 또는 symbol 이라고 부르는 기호를 가지고 있다. 애플APPLE의 ticker는 AAPL, 테슬라TESLA의 ticker는 TSLA이다. 주가지수와 ETF도 모두 ticker가 있다. 미국 주식의 ticker는 인터넷 검색을 통해 쉽게 알 수 있다.

yfinance로 주가 데이터 내려받기

원하는 회사의 ticker를 알면 yfinance 라이브러리를 통해 쉽게 주가 데이터를 다운로드할 수 있다.

다만 일간 데이터에 국한되는데, 이 책에서는 일간 데이터로 충분하다. 애플의 최근 주가를 다운로드 하는 것으로 시작해 보자.

주가 데이터 내려받기 - 애플

```python
import yfinance as yf
import matplotlib.pyplot as plt

ticker = 'AAPL'
start_date = '2024-01-01'
end_date = '2024-10-01'
aapl_df = yf.download(ticker, start_date, end_date)
aapl_df.head()
```

① 우선 yfinance 라이브러리를 yf라는 약칭으로 불러온다. (설치는 4.1에서 이미 완료했다.) 시각화를 위해 matplotlib.pyplot도 불러온다.

② 주가 데이터를 가져오는 함수 yf.download( )는 ticker, start, end 세 개의 파라미터를 입력받는다. 각각 주식의 티커, 일간 데이터 시작일, 일간 데이터 마지막일을 의미한다. ticker에는 'AAPL', start에는 '2024-01-01', end에는 '2024-10-01'을 입력했다.

③ 반환되는 데이터의 형태는 판다스 데이터프레임이다. 따라서 head( )로 앞부분의 형태를 쉽게 확인할 수 있다.

주가 데이터 내려받기 연습의 실행 결과

Date	Open	High	Low	Close	Adj Close	Volume
2024-01-02	187.149994	188.440002	183.889999	185.639999	184.938217	82488700
2024-01-03	184.220001	185.880005	183.429993	184.250000	183.553482	58414500
2024-01-04	182.149994	183.089996	180.880005	181.910004	181.222321	71983600
2024-01-05	181.990005	182.759995	180.169998	181.179993	180.495087	62303300
2024-01-08	182.089996	185.600006	181.500000	185.559998	184.858521	59144500

aapl_df는 날짜가 인덱스이고 6개의 열을 갖는 데이터프레임임을 알 수 있다. 날짜는 미국 기준으

로 영업일만 포함된다. 6개의 열은 각각 '시가, 고가, 저가, 종가, 수정 종가, 거래량'을 의미한다. 수정 종가는 배당이나 액면분할을 고려하여 수정된 가격이다. 이러한 형태의 주가 데이터를 일봉 데이터 라고 하고, 영어로는 daily ohlcv data라고 한다.

ohlcv 데이터는 일간으로 작성할 수도 있고, 시간 단위, 분 단위로 다양하게 만들 수 있다. 이때 시 간 단위를 '시간 틀time frame'이라고 말한다. aapl_df는 daily time frame의 데이터이다. 장중에도 여러 번 거래하는 단기 매매(intraday trading이라고 한다.) 전략을 위해서는 더 짧은 시간 틀을 사용하는 시 간봉, 분봉 데이터가 필요하겠지만, 이 책에서는 하루에 한 번 거래하고 여러 날을 보유하는 중장기 투자 전략에 대해서만 다루기 때문에 daily time frame으로 족하다.

그런데 이런 데이터프레임 형태만으로는 전체적인 이해가 쉽지 않기 때문에 시각화가 반드시 필요 하다. 종가를 거래량과 함께 그래프로 나타내보자.

애플 종가와 거래량 그래프 그리기 ||||||||||||||||||||||||||||||||||||||||||||||||||||||||||||||||||||||||||||||||||||

```python
import matplotlib.dates as mdates

fig, ax = plt.subplots(2, 1, sharex=True, height_ratios=(2,1))

ax[0].plot(aapl_df.index, aapl_df.Close)
ax[1].bar(aapl_df.index, aapl_df.Volume, color='orange')

ax[0].set_title('AAPL')
ax[0].set_ylabel('Price($)')

ax[1].set_xlabel('Date')
ax[1].set_ylabel('Volume')
ax[1].xaxis.set_major_locator(mdates.MonthLocator(interval=2))

plt.subplots_adjust(hspace=0)
plt.show()
```

x축에 날짜를 모두 표시하면 자리가 부족하기 때문에, 이것을 조절할 수 있는 matplotlib.dates에 서 mdates를 불러왔다. 2행 1열의 다중 그래프로 위에는 주가(종가)를 선 그래프로, 아래에는 거래량을

막대 그래프로 표시한다. `plt.subplots_adjust(hspace=0)`은 위 아래 그래프 사이의 간격을 0으로 만드는 것이다. 이 코드를 실행시키면 다음과 같은 그래프가 얻어진다.

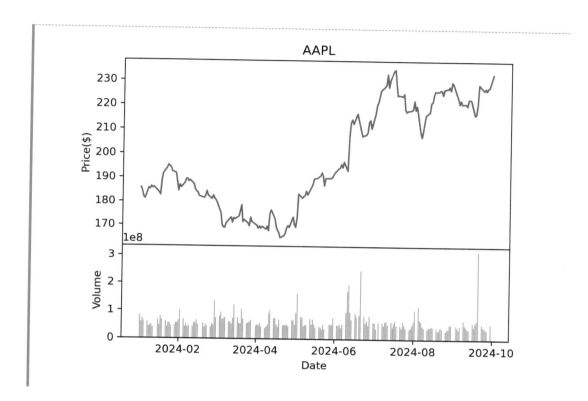

여러 종목의 주가 데이터를 한꺼번에 다운로드할 수도 있다. `yf.download()`의 ticker 파라미터에 여러 종목의 티커를 담은 리스트를 입력하면 된다.

5.3.2 재무제표 데이터 구하기

주식을 위험 자산으로 생각하는 것은 주가가 하락하여 손실이 발생할 수 있기 때문이다. 하지만 주식 투자에서 가장 큰 위험은 주가 하락이 아니라 "상장 폐지delisting"다. 주식이 상장 폐지되면 투자금을 하나도 못 건질 수도 있기 때문이다. 따라서 회사가 가치가 있는지, 돈은 잘 벌고 있는지, 성장하고 있는지 등을 확인하는 것이 필수적이다. 재무제표를 통해서 이러한 점들을 평가할 수 있는데 중요한 개념을 살펴보자.

- PER(Price to Earnings Ratio, 주가수익비율): 시가 총액(주가X발행주식총수)을 영업 이익earning으로 나눈 값으로 낮을수록 가치 대비 저평가된 것으로 판단한다.

- EPS(Earnings Per Share, 주당순이익): 영업 이익을 발행주식총수로 나눈 값으로 높을수록 가치가 높은 것으로 평가된다. PER = 현재가/EPS의 관계가 성립한다.

- PBR(Price to Book value Ratio, 주가순자산비율): 시가 총액을 순자산book value으로 나눈 값으로 낮을수록 우량한 기업으로 판단한다. 순자산은 자산에서 부채를 뺀 값으로 자본equity과 같다고 보면 된다.

- ROE(Return On Equity, 자기자본이익률): 영업 이익을 자기자본equity으로 나눈 값으로 높을수록 우량한 기업으로 판단한다. ROE = PBR/PER의 관계가 성립한다.

- PEG(Price Earnings to Growth ratio, 주가이익증가비율): PER을 EPS의 증가율로 나눈 값으로 낮을수록 성장성이 좋은 것으로 판단한다.

yfinance로 재무제표 데이터 내려받기

미국 상장 기업의 최근 재무제표 데이터는 주가 데이터와 마찬가지로 야후 파이낸스에서 무료로 얻을 수 있다. 애플의 최근 재무제표 데이터를 구해 보자.

재무제표 데이터 내려받기 - 애플 ....

```
# 기업 정보 다운로드
aapl = yf.Ticker('AAPL')
aapl_info = aapl.info

# 재무지표 출력
print(f"PER: {aapl_info['trailingPE']}")
print(f"EPS: {aapl_info['trailingEps']}")
print(f"PBR: {aapl_info['priceToBook']}")
print(f"ROE: {aapl_info['priceToBook']/aapl_info['trailingPE']:3f}")
print(f"PEG: {aapl_info['trailingPegRatio']}")
```

```
PER: 35.06991
EPS: 6.58
PBR: 52.660885
```

```
ROE: 1.501597
PEG: 3.19
```

yf.Ticker( ) 함수는 특정 종목의 티커를 가져온다. 그 상태로 <티커이름>.info를 통해 재무제표 데이터를 일괄 다운로드할 수 있다. 이 데이터를 변수에 저장한 다음 알고 싶은 지표의 yfinance 이름을 예시처럼 대괄호 안에 입력하면 된다. ROE 등 일부 데이터는 계산이 필요할 수 있는데, 간단히 입력해 주면 된다. 지표 숫자의 자리수가 제각각이므로, 보기 편하게 f-문자열을 적용해 출력했다.

5.4 주식 데이터 분석

드디어 원하는 주식의 데이터를 구할 수 있게 되었다. 이번 절에서는 주가 데이터를 가지고 일간 수익률을 계산하고 그 분포를 살펴본다. 이동평균선과 주요 기술적 지표들을 계산하는 방법도 알아본다.

5.4.1 일간 수익률 분석

어제의 종가가 p_1이고 오늘의 종가가 p_2이면 일간 수익률은 $(p_2-p_1)/p_1$으로 정의한다. 판다스 데이터프레임에는 이 값을 계산하는 함수가 내장되어 있는데, pct_change( )가 그것이다. 일간 수익률이 구해지면 두 주식의 일간 수익률 사이의 상관관계나 주식과 지수 수익률 사이의 상관관계 등을 분석할 수 있다.

자세한 내용은 전략 파트에서 필요한 경우 다루는 것으로 하고 여기서는 애플 종목의 좀더 긴 주가 데이터를 다운로드하고, 일간 수익률을 간단히 분석해 보도록 하자.

일간 수익률 구하고 시각화하기

애플 주가 일간 수익률 분석

```
# 주가 데이터 다운로드
ticker = 'AAPL'
start_date = '2021-01-01'
end_date = '2024-10-01'
```

```
aapl_df = yf.download(ticker, start_date, end_date)

# 일간 수익률과 평균, 분산 계산
daily_returns = aapl_df['Close'].pct_change().dropna()
ret_mean = daily_returns.mean()
ret_std = daily_returns.std()
```

```
[*********************100%%**********************]  1 of 1 completed
```

우선 애플의 일봉 데이터를 2021년부터 최근까지 3년 9개월치 다운로드한다. pct_change( )로 일
간 수익률을 계산하고 NaN이 되는 첫 행을 dropna( )로 삭제하여 일간 수익률 변수 daily_returns
를 만든다. daily_returns는 판다스 시리즈가 된다. 이 시리즈와 mean( ), std( )를 이용해 평균과 표
준편차를 각각 계산한다. 완료되면 위와 같이 "1 of 1 completed"라고 알려준다.

이제 종가와 일간 수익률을 1행 2열의 다중 그래프로 시각화해 보자. 1열은 종가 선 그래프, 2열은
일간 수익률의 히스토그램을 배열할 것이다. 객체지향 API 방식으로 코딩한다.

```
# 시각화
fig, ax = plt.subplots(1, 2, figsize=(10,4))

# 종가 선 그래프 그리기
ax[0].plot(aapl_df.index, aapl_df.Close)
ax[0].set_title('Stock Price of AAPL')
ax[0].tick_params(axis='x', labelsize=7)
ax[0].xaxis.set_major_locator(mdates.MonthLocator(interval=6))

# 일간 수익률 히스토그램 그리기
ax[1].hist(daily_returns.values, bins=31, alpha=0.9)
ax[1].axvline(x=0, color='black', linewidth=1)
ax[1].axvline(x=ret_mean, color='red', linewidth=1, linestyle='--')
ax[1].text(0.035, 100, f'Mean:{ret_mean:6f}', color='blue', fontsize=11)
ax[1].text(0.035, 90, f'STD:{ret_std:4f}', color='blue', fontsize=11)
ax[1].set_title('Histogram of Daily Returns')
```

```
plt.show()
```

이 코드를 실행하면 다음과 같은 그래프가 얻어진다.

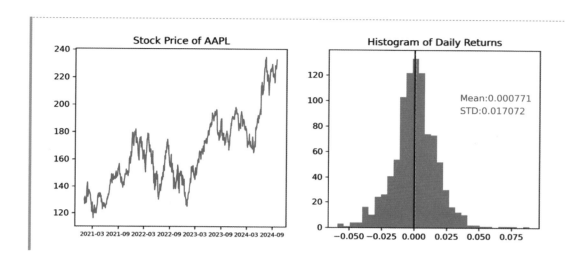

왼쪽 종가 그래프를 보면, 애플이 우상향하기는 하지만 나스닥의 대장주임에도 큰 변동성을 가지는 것을 알 수 있다. 일간 수익률의 히스토그램을 보면 정규분포와는 다른 긴 꼬리를 가지는 형태이고 평균이 거의 0이지만 약간 플러스 쪽으로 치우쳐 있다. 그럼 주가는 우상향하고 일간 수익률 분포가 조금이나마 플러스 쪽으로 치우쳐 있으니, 어제 수익률이 양이면 오늘도 양일 확률이 높다고 할 수 있을까?

일간 수익률 회귀분석하기

이러한 아이디어(가설)는 어제 수익률과 오늘 수익률 데이터를 만들어 회귀분석을 하면 검증할 수 있다. 애플 주가의 일간 수익률을 이용해 연습해 보자.

애플 주가 일간 수익률 회귀분석

```
import statsmodels.api as sm

yesterday_returns = daily_returns.shift().dropna()
```

```
today_returns = daily_returns.iloc[1:].copy()

X = yesterday_returns.values
Y = today_returns.values
X_const = sm.add_constant(X)
model = sm.OLS(Y,X_const).fit()
print(f'R_squared: {model.rsquared:.3f}')
```

① 선형 회귀분석에 사용하기 위해 다양한 통계 모델을 지원하는 statsmodels 라이브러리를 불러온다. (4.1
에서 이미 설치했다.)

② 계산을 위해 어제 수익률과 오늘 수익률 데이터를 만들자. 데이터프레임의 열에 shift( )를 적용하
면 열을 아래로 한 줄 내려준다. 일간 수익률 데이터인 daily_returns에 이 shift( )를 적용하여
yesterday_returns를 만들고, shift( )에 의해 NaN이 된 첫 행을 dropna( )로 제거한다. today_
returns는 yesterday_returns와 인덱스를 맞추기 위해 iloc[1:].copy( )로 daily_returns의 두
번째 행부터 복사해 사용한다.

③ X와 Y에 두 시리즈의 값만을 저장하고, X_const = sm.add_constant(X) 함수로 상수항을 추가한다. 이 상
태로 OLS(선형 회귀) model을 적용하여 둘 사이의 관계를 직선으로 근사해 본다.

이 예제의 경우, R_squared 값이 0이 나올 것이다. 둘 사이에 선형 관계가 없다는 뜻이다. 산점도를
그려보면 원점을 중심으로 거의 원의 형태로 대칭적으로 분포하는데, 이것은 전날(어제) 수익률에 오
늘의 수익률에 대한 예측력이 없음을 의미한다. 직접 확인해 보자.

애플 주가 일간 수익률 산점도 그리기

```
Y_pred = model.predict(X_const)

plt.scatter(X, Y, edgecolors='black', linewidths=0.4)
plt.plot(X, Y_pred, color='red', linewidth=1)
plt.axhline(y=0, color='black', linewidth=1)
plt.axvline(x=0, color='black', linewidth=1)

plt.title('Returns(t) vs Returns(t-1) for AAPL')
```

```
plt.xlabel('Return(t-1)')
plt.ylabel('Return(t)')
plt.grid(alpha=0.3)

plt.show()
```

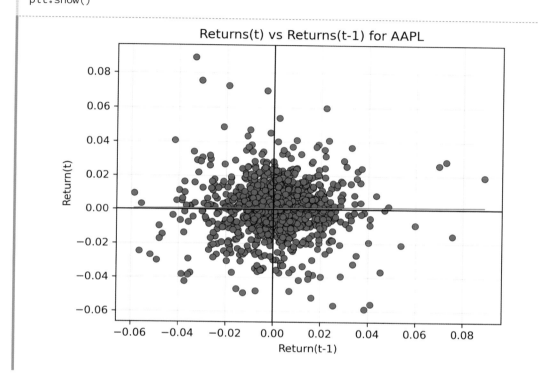

5.4.2 이동평균 계산

이전 주가 그래프에서 보았듯이 주가 데이터에는 노이즈가 많다. 노이즈가 많으면 데이터 분석이 부정확해지기 쉽다. 노이즈를 줄이는 방법 중에 하나가 과거 데이터를 포함한 평균인 이동평균 Moving Average을 구하는 것이다. 단순이동평균과 지수가중이동평균에 대해 알아보자.

단순이동평균(Simple Moving Average)

단순이동평균은 정해진 기간만큼의 과거 데이터를 포함해서 이동하면서 평균을 구하는 것이다. 수식으로 표현하면 다음과 같다.

$$SMA(t) = \frac{P(t) + P(t-1) + P(t-2) + \cdots + P(t-n+1)}{n}$$

여기서 n을 window size(윈도우 크기)라고 한다. $n=10$이면 10일 이동평균이라고 하는데 $t=1$부터 데이터가 시작한다면 이동평균 계산을 위한 과거의 9개 데이터가 확보되는 것이 $t=10$부터이기 때문에 SMA(10)부터 계산이 가능해진다. 판다스 데이터프레임에서는 쉽게 이동평균을 구할 수 있는 함수가 제공된다.

Nasdaq 100 지수를 3배로 추종하는 ETF인 TQQQ의 최근 주가를 다운로드하고 단순이동평균을 계산해 보겠다.

단순이동평균선 구하기 - TQQQ

```python
# 주가 데이터 다운로드
ticker = 'TQQQ'
start_date = '2024-03-01'
end_date = '2024-10-01'
tqqq = yf.download(ticker, start_date, end_date)

# 단순이동평균 계산
tqqq['sma10'] = tqqq['Close'].rolling(window=10, min_periods=10).mean()
tqqq['sma30'] = tqqq['Close'].rolling(window=30, min_periods=30).mean()
```

rolling( ) 함수를 이용해서 단순이동평균을 계산한다. 끝에 mean( )이 평균 계산을 의미한다. window 파라미터에는 window size를 입력한다. 10을 입력하면 10일 이동평균, 30을 입력하면 30일 이동평균이 구해진다.

min_periods 파라미터는 초기에 비는 데이터를 어떻게 처리할지를 정한다. window size와 동일하게 입력하면 이동평균을 계산하기에 데이터 수가 부족한 앞부분은 NaN으로 처리된다.

그럼 TQQQ의 종가와 10일 이동평균, 30일 이동평균을 각각 선 그래프로 시각화해 비교해 보겠다.

```python
# 시각화
plt.figure(figsize=(6,4))

plt.plot(tqqq.Close, label='Close Price', linewidth=1)
```

```
plt.plot(tqqq.sma10, label='SMA10', linewidth=1)
plt.plot(tqqq.sma30, label='SMA30', linewidth=1)

plt.title('Price of TQQQ')
plt.xlabel('Date')
plt.ylabel('Price($)')
plt.tick_params(axis='x', labelsize=9) plt.legend()
plt.show()
```

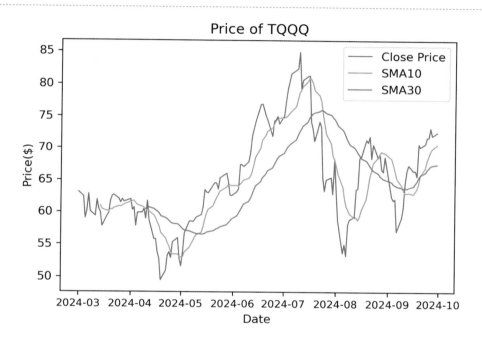

울퉁불퉁하게 노이즈가 많은 종가 그래프(파란색)에 비해 10일 이동평균(주황색), 30일 이동평균(초록색) 그래프로 갈수록 노이즈가 줄어들어 그래프가 매끄럽게 되는 것을 볼 수 있다.

지수가중이동평균(Exponentially Weighted Moving Average)

그런데 앞 그래프에서 볼 수 있듯이 단순이동평균선은 window size가 커질수록 오른쪽으로의 이동이 심해지는 문제가 있다. 이는 가격 변화가 지연되어서 반영된다는 뜻이다.

이 문제를 완화하기 위해 다음과 같이 최근 데이터에 더 큰 가중치를 줄 수 있도록 평균을 구하는 방법을 지수가중이동평균이라고 한다. 식으로 나타내면 다음과 같다.

$$EMA(t) = \alpha P(t) + (1-\alpha)EMA(t-1)$$

여기서 α는 smoothing factor 또는 decay라고 불리는 파라미터로 0에서 1 사이의 값을 갖는다. 1에 가까울수록 최근 값에 더 큰 가중치를 부여하게 된다.

$\alpha = 2/(N+1)$을 만족하는 N을 span이라고 하여, 지수가중이동평균을 계산할 때 α 대신에 N을 지정하는 경우도 흔하다. N을 크게 잡으면 최근 데이터 가중치를 줄이고 더 많은 과거 데이터를 참조한다는 뜻이지만, 단순이동평균의 window size와 같은 것은 아님에 유의해야 한다.

판다스 데이터프레임에서는 지수가중이동평균도 마찬가지로 쉽게 구할 수 있다. 앞에서 사용한 TQQQ 종가 데이터를 가지고 이번에는 N=10, 20인 지수가중이동평균을 계산해 보자.

지수가중이동평균선 구하기 – TQQQ

```
# 지수가중이동평균 계산
tqqq['ema10'] = tqqq['Close'].ewm(span=10, adjust=True).mean()
tqqq['ema30'] = tqqq['Close'].ewm(span=30, adjust=True).mean()

# 시각화
plt.figure(figsize=(6,4))

plt.plot(tqqq.Close, label='Close Price', linewidth=1)
plt.plot(tqqq.ema10, label='EMA10', linewidth=1)
plt.plot(tqqq.ema30, label='EMA30', linewidth=1)

plt.title('Price of TQQQ')
plt.xlabel('Date')
plt.ylabel('Price($)')
plt.tick_params(axis='x', labelsize=9)
plt.legend()
plt.show()
```

rolling( ) 함수 대신에 ewm( ) 함수를 사용한 것을 볼 수 있다. ewm( ) 함수에는 span 파라미터(앞에서 설명함)와 adjust 파라미터가 있는데, adjust는 초깃값을 어떻게 처리할 것인지를 결정하는 것으로 지면 제약상 자세한 설명은 생략한다. 필요에 따라 span 값을 조절해서 사용하면 된다.

이전과 마찬가지로 종가, 10일 지수가중이동평균, 30일 지수가중이동평균 데이터를 구하고, 각각을 3개의 선 그래프로 시각화해 보았다. 단순이동평균 그래프와 비교해 보아도, ewm( )을 사용하면 노이즈를 제거하면서도 지연을 줄이는 효과가 있음을 알 수 있다.

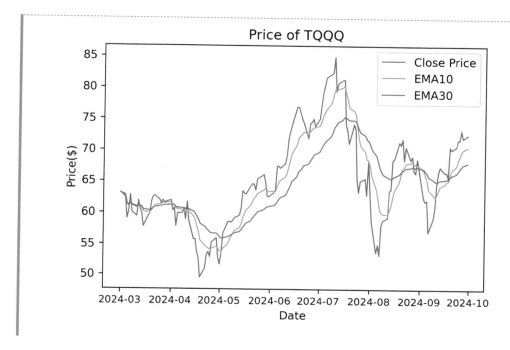

5.4.3 기술적 지표 계산

과거 주식 가격과 거래량을 바탕으로 수학적 계산을 통해 다양한 지표를 구하여 투자 결정을 하는 것을 기술적 분석Technical Analysis이라고 한다. 기술적 분석에 사용되는 지표를 기술적 지표 Technical Indicator라고 한다. 기업의 가치, 우량성, 성장성 등에 대한 평가를 기초로 투자하는 기본적 분석 Fundamental Analysis과 대비되는 개념이다.

수많은 기술적 지표가 존재하지만, 여기서는 샘플로 상대강도지수RSI와 볼린저 밴드Bollinger Bands에 대해 알아보도록 하겠다.

상대강도지수(Relative Strength Index, RSI)

1978년 웰레스 윌더Welles Wilder가 만든 지표로서 과매수/과매도 상태를 판단하는 데 사용된다. 0에서 100 사이의 값을 가지도록 만들어졌으며 통상 RSI>70이면 과매수 상태, RSI<30이면 과매도 상태로 판단한다.

주식 종가의 일간 변화량을 R이라 할 때, $U=\max(R, 0)$, $D=\max(-R, 0)$을 만든다. 예를 들어 어제 주가가 100달러, 오늘 주가가 110달러라면 U에는 10이 기록되고 D에는 0이 기록된다. 다음 날 주가가 90달러라면 U에는 0이 기록되고 D에는 20이 기록된다.

RSI는 다음과 같이 정의된다.

$$\text{RSI} = \frac{UA}{UA+DA} \times 100$$

여기서 UA와 DA는 각각 U와 D의 이동평균이다. 14일간 단순이동평균이라고 하면 14일간 계속 상승했을 때 $UD=0$이므로 RSI=100이 되고, 14일간 계속 하락했을 때는 $UA=0$이므로 RSI=0이 됨을 알 수 있다. 보통은 그 사이 값을 가질 것이다. 웰레스는 변형된 지수가중이동평균을 사용했다.

RSI 계산은 ta 라이브러리를 사용해서 쉽게 할 수 있다. 각종 지표를 계산하는 데 사용하는 함수들을 모아둔 라이브러리로, RSI 계산도 제공한다. 그럼 필라델피아 반도체 지수를 3배로 추종하는 ETF인 SOXL의 최근 6개월간 주가 데이터를 다운로드하고, RSI 계산을 실제로 해보자.

RSI 계산 - SOXL

```python
import ta

# 주가 데이터 다운로드
ticker = 'SOXL'
start_date = '2024-03-01'
end_date = '2024-10-01'
soxl = yf.download(ticker, start_date, end_date)

# RSI 계산
period = 14
soxl['RSI'] = ta.momentum.rsi(soxl.Close, window=period)
print(soxl['RSI'])
```

```
Date
2024-03-01        NaN
2024-03-04        NaN
2024-03-05        NaN
2024-03-06        NaN
```

```
2024-03-07              NaN
                        ...
2024-09-24        51.392522
2024-09-25        52.647236
2024-09-26        59.256918
2024-09-27        55.045589
2024-09-30        53.046226
Name: RSI, Length: 147, dtype: float64
```

ta 라이브러리에서 RSI를 계산해 주는 함수는 바로 ta.momentum.rsi( )다. 보통 window 파라미터값으로 14(일)를 입력하지만 필요에 따라 변경할 수 있다.

비교를 위해 종가와 함께 2행의 다중 그래프로 시각화해 보자. 실행 결과는 다음과 같다.

```python
# 시각화
fig, ax = plt.subplots(2, 1, sharex=True, height_ratios=(3,2), figsize=(8,6))

ax[0].plot(soxl.Close, linewidth=1)
ax[0].grid(alpha=0.3)
ax[0].set_ylabel('Price($)', fontsize=12)

ax[1].plot(soxl.RSI, color='green', linewidth=1)
ax[1].axhline(y=30, color='blue', linewidth=1, linestyle='--')
ax[1].axhline(y=70, color='red', linewidth=1, linestyle='--')
ax[1].grid(alpha=0.3)
ax[1].set_xlabel('Date', fontsize=12)
ax[1].set_ylabel('RSI', fontsize=12)

fig.suptitle('Price with RSI of SOXL', fontsize=14)
plt.tight_layout()
plt.show()
```

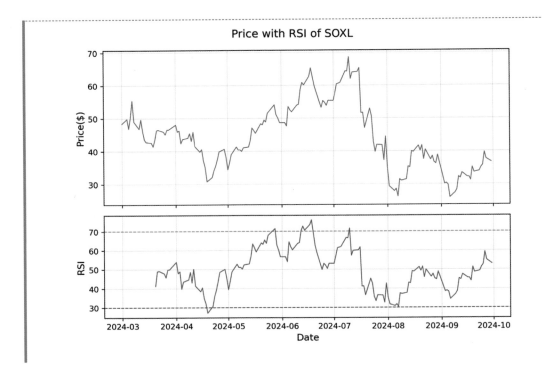

2024년 4월 중순 RSI값이 30 이하로 내려가는 과매도가 발생하였고, 곧 반등하여 줄곧 상승하면서 5월 말에 RSI가 70을 넘어 과매수 상태가 되었음을 볼 수 있다. 과매도 상태나 과매수 상태는 통상 오래 지속되지 않는다. 즉, RSI값이 30 이하로 내려가면 곧 다시 올라오고 70 이상으로 올라가면 곧 다시 내려오는 경향이 있다는 뜻이다. 그러나 예외도 종종 나타나기 때문에 RSI만을 맹신하는 것은 금물이다.

볼린저 밴드(Bollinger Bands)

볼린저 밴드는 1980년대에 존 볼린저John Bollinger에 의해 개발된 지표로 주가가 평균에서 얼마나 벗어나는지를 통해 과매수/과매도를 판단한다. 중심선middle band과 중심선 아래의 하단선lower band, 중심선 위의 상단선upper band 이렇게 3개의 선으로 이루어진다. 구체적으로는 다음과 같이 계산된다.

$$\text{Middle Band}(t) = SMA(t) = \frac{P(t) + P(t-1) + \cdots + P(t-19)}{20}$$

$$\text{Lower Band}(t) = SMA(t) - 2 \times STD(t)$$

$$\text{Upper Band}(t) = SMA(t) + 2 \times STD(t)$$

여기서 STD(t)는 시점 t로부터 과거 20일간 주가의 표준편차이다. window size 20과 STD에 곱해진 곱수 2는 사용자의 전략에 따라 변경할 수 있다.

RSI 계산에 사용한 SOXL의 데이터를 가지고 볼린저 밴드를 계산해 보자.

볼린저 밴드 계산 - SOXL

```python
# 중심선과 표준편차 계산
soxl['SMA20'] = soxl['Close'].rolling(window=20).mean()
soxl['STD20'] = soxl['Close'].rolling(window=20).std()

# 상하단선 계산
soxl['Upper Band'] = soxl['SMA20'] + 2*soxl['STD20']
soxl['Lower Band'] = soxl['SMA20'] - 2*soxl['STD20']
```

찬찬히 살펴보면 새로운 내용은 없고 중심선, 하단선, 상단선 3개 선을 앞에서 배운 방법들을 사용해서 계산하고 있음을 쉽게 이해할 수 있을 것이다. 다만 이동표준편차를 구할 때는 mean( ) 대신 std( )가 사용됨에 유의하자.

```python
# 시각화
plt.figure(figsize=(8,4))

plt.plot(soxl['Close'], label='Close Price', color='blue', linewidth=1)
plt.plot(soxl['SMA20'], label='20-Day SMA', color='orange', linewidth=1)
plt.plot(soxl['Upper Band'], label='Upper Band', color='green', linewidth=1)
plt.plot(soxl['Lower Band'], label='Lower Band', color='red', linewidth=1)

plt.fill_between(soxl.index, soxl['Upper Band'], soxl['Lower Band'], \
                 color='gray', alpha=0.3)

plt.title(f"Bollinger Bands for SOXL")
plt.xlabel('Date')
plt.ylabel('Price')
plt.legend(loc='upper left')
plt.show()
```

볼린저 밴드는 시각화가 꼭 필요하다. 종가, 20일간 단순이동평균(중심선), 상단선, 하단선 4개 선 그래프를 중첩해 그리고, 상단선~하단선 사이를 회색으로 색칠한다. 이 코드를 실행하면 다음 그래프가 얻어진다.

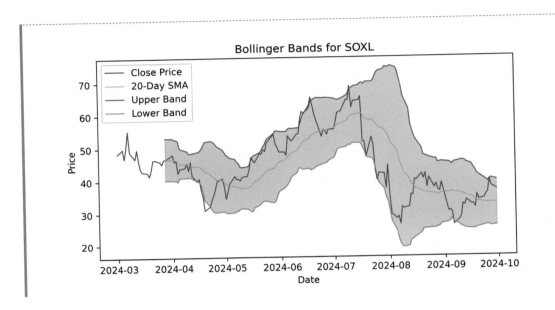

중심선은 추세를 나타내고 주가는 대부분 하단선과 상단선 사이에 존재한다. 주가가 하단선 아래로 내려가는 것은 매우 이례적인 것으로 과매도 상태라고 볼 수 있고, 주가가 상단선 위로 올라가는 것도 매우 이례적인 것으로 과매수 상태라고 판단할 수 있다. 볼린저 밴드는 추세와 과매수/과매도 등을 동시에 판단할 수 있기 때문에 다양한 전략에 활용된다. 우리는 9장 평균 회귀 전략에서 볼린저 밴드를 사용할 것이다.

추세 추종 전략

드디어 모든 준비를 마쳤다. 이제 본격적으로 퀀트 투자 전략을 배우고 이를 파이썬 코드로 구현해 볼 차례다.

첫 번째로 소개할 전략은 추세 추종 전략trend following strategy이다. 주가 차트를 유심히 관찰해 본 사람이라면 주가가 종종 추세를 형성하고 상당한 기간 동안 같은 방향으로 움직이는 현상을 본 적 있을 것이다. 하락 구간도 있지만 하락은 짧고 상승 구간이 대체로 좀 더 길고 잦은 경우가 많다. 'Trend is your friend.'라는 증시 격언이 있듯이 추세에 편승하면 수익을 낼 수 있다는 단순한 아이디어에 바탕을 둔 것이 추세 추종 전략이다.

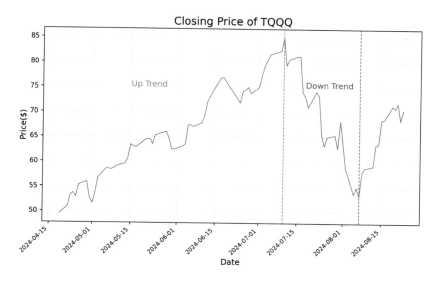

그림 6-1 TQQQ의 가격 차트

과거 데이터를 보면 언제 사서 언제 팔면 수익을 낼 수 있을지 너무나 명확히 보이기 때문에 쉽게 추세에 편승할 수 있을 것 같지만 실제로는 그렇지 않다. 관심 있는 주식의 현재 주가 차트를 열어 보라. 상승 추세에 있다고 해서 내일도 그 추세가 이어질 것이라고 확신하고 투자할 수 있는가?

그림 6-1은 나스닥100 지수 3배 추종 ETF인 TQQQ의 최근 종가 그래프다. 4월 중순부터 약 3개월 간 강한 상승 추세가 있었고 7월 중순부터 약 한 달간 하락 추세가 있었음을 볼 수 있다. 독자 스스로 빨간색 점선으로 표시된 날 투자 결정을 한다고 상상해 보라. 그동안 계속 상승했으니 추세를 믿고 매수했다면 낭패를 보았을 것이다. 녹색 점선으로 표시된 날에 투자 결정을 한다면 어떨까? 하락 추세가 이어져 계속 하락할 것처럼 보이지 않았을까?

약간의 경험이 있는 투자자라면 주가는 언제든 불시에 급락하거나 급등할 수 있다는 점을 알고 있을 것이다. 주가의 예측은 거의 불가능하고 추세의 예측 역시 쉽지 않다.

그러나 실망하기는 이르다. 비교적 쉽게 추세에 편승할 수 있는 잘 알려진 간단한 전략이 있는데, 바로 이동평균선 교차 전략moving average crossover이다. 필요할 때는 MAC 전략이라고 줄여서 표현하도록 하겠다.

주식 시장에는 방대한 과거 데이터가 존재하기 때문에 과거에 특정 투자 전략에 따라 투자했다면 어떤 성과가 났을지 테스트할 수 있다. 이를 백테스트backtest라고 한다. 이 장에서는 이동평균선 교차 전략을 파이썬 코드로 구현해 보고, 투자 전략을 백테스트하는 방법을 상세히 살펴볼 것이다. 백테스트 방법을 이해하고 파이썬 코드로 구현하는 것은 앞으로 새로운 전략을 배울 때마다 반복할 과정이므로 반드시 정확하게 익혀두어야 한다. 또한 전략에 사용되는 파라미터를 최적화하는 방법까지 익히고 나면 좋은 백테스트 결과를 생각보다 쉽게 얻을 수 있음을 알게 될 것이다.

★참고★ **이 책에서 진행하는 퀀트 투자 전략의 실습 흐름**

이 장의 목표는 실제로 수익을 낼 수 있는 투자 전략을 배우는 것이 아니다. 이번 장에서는 MAC 전략을 하나의 예로 삼아 이후 실습할 퀀트 투자 전략을 구현하는 기본 흐름을 익힌다. 어떻게 투자에 대한 아이디어를 구체화해 투자 전략으로 만들고, 과거 데이터를 사용해서 그 전략을 테스트하는지 배우는 것이다.

> **1. 전략의 기본 개념 익히기**
> 각 실습에서 구현할 퀀트 전략의 기초와 이론을 알아본다.

> **2. 퀀트 전략 설계**
> 이론을 바탕으로 실제로 구현할 퀀트 전략을 설계한다.

> **3. 코드 구현과 백테스트, 최적화**
> 설계한 전략을 파이썬 코드로 구현하고 백테스트를 통해 최적화한다.

> **4. 성과 평가, 전략 검증**
> 구현한 전략의 성과를 여러 지표로 평가하고, 샘플 외 데이터를 사용해 전략의 유효성을 검증한다.

그림 6-2 퀀트 투자 전략의 실습 흐름

이동평균선 교차 전략이 널리 알려진 단순한 전략이라고 해서 교과서적 예에 불과하고 실제로는 사용할 수 없는 전략이라고 단정할 수는 없다. 물론 이동평균선 교차 전략을 실제 투자에 적용할 때 백테스트 결과와 같은 결과를 얻는다는 보장은 없다.

그렇지만, 이동평균선 교차 전략을 적절히 활용하면 감에 의존하는 불안정한 손매매보다 더 나은 결과를 얻을 가능성이 충분히 있다. 아이러니하게도 이동평균선 교차 전략의 단순성은 약점이 되기도 한다. '이렇게 단순한 방법으로 이런 수익을 정말 낼 수 있을까?'라는 의문을 품고 신뢰를 유지하지 못하여 중도에 포기함으로써 전략에 따라 수익을 낼 수 있었던 기회를 놓치는 경우도 많다는 뜻이다.

추세 추종 전략은 장기 투자 전략이다. 추세가 지속되는 한 한 달이든 두달이든 최대한 끝까지 기다렸다가 추세가 바뀔 때 익절해야 하기 때문이다. 따라서 상당한 인내심이 필요하다. 인내심이 강하고 통계적 근거를 신뢰하는 투자자라면 이제 살펴볼 전략으로 실제 수익을 낼 가능성도 있으니 기대감을 가지고 자세히 살펴보자. 저가 매수와 고가 매도로 수익을 발생시키는 상승 베팅만 가능하고 하락 베팅은 불가능한 통상적인 경우인 롱 온리long only 전략부터 먼저 알아본다.

6.1 이동평균선 교차 전략

이동평균선 교차 전략은 간단하면서도 널리 사용되는 추세 추종 전략 중 하나로, 앞 장에서 살펴본 이동평균선을 활용해 주가 추세의 시작 신호와 반전 신호를 찾고, 그에 따라 매수와 매도 시점을 정하는 투자 전략이다. 세부적인 내용을 차례로 살펴보자.

6.1.1 투자 전략

이동평균선은 주가 데이터의 노이즈를 제거해 추세를 쉽게 파악할 수 있게 하지만 주가 데이터에 시간적으로 지연되어 반응한다. 이동평균을 계산하는 기간이 길수록 노이즈 필터링 효과와 시간 지연의 정도는 더 커진다. 이러한 특성 때문에 주가가 상승 추세에 있을 때는 주가가 이동평균선 위에서 움직이며, 단기 이동평균선은 장기 이동평균선의 위쪽에 위치한다. 반대로 주가가 하락 추세에서는 주가가 이동평균선 아래에서 움직이고, 단기 이동평균선이 장기 이동평균선의 아래에 위치한다.

추세가 전환될 때는 가격과 이동평균선뿐 아니라 단기 이동평균선과 장기 이동평균선의 교차가 발생한다. 하지만 주가 데이터의 노이즈가 심하기 때문에 주가와 이동평균선의 교차보다는 단기와 장기 2개의 이동평균선 교차에 주목한다.

그림 6-3을 보면 알 수 있듯이 아래에 있던 단기 이동평균선이 위쪽으로 장기 이동평균선을 교차하면 이를 골든 크로스golden cross라고 하며 상승 추세의 시작으로 본다. 반대로, 위에 있던 단기 이동평균선이 장기 이동평균선을 아래로 교차하면 데스 크로스death cross라고 하며 상승 추세가 끝나고 하락 추세가 시작되는 것으로 판단한다.

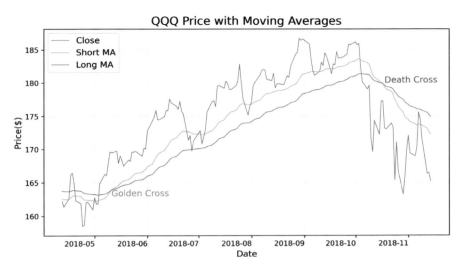

그림 6-3 골든 크로스와 데스 크로스

이러한 관찰에 근거하여 다음과 같은 단순한 전략을 만들 수 있다.

이동평균선 교차 전략

★ 이동평균선의 단기_{short window}와 장기_{long window} 기간 결정

★ 골든 크로스 발생하면 가용 현금 전액 사용하여 매수

★ 데스 크로스 발생하면 보유 주식 전량 매도

투자 전략

6.1.2 백테스트

투자 전략에 대한 아이디어를 구체화해 어떻게 사고팔 것인지 전략 내용이 결정되면, 과거 데이터를 사용해 특정 시점부터 이 전략대로 거래했다면 일정 기간 후 어떤 성과를 얻었을지 테스트해야 한다. 이를 앞서 말했듯이 백테스트라고 한다. 좁은 의미에서 백테스트는 과거 데이터의 일정 기간에 전략을 적용해 매매를 시뮬레이션하고 성과를 확인하는 것을 의미한다. 반면, 넓은 의미의 백테스트 과정에는 다음과 같은 세부 작업들이 포함된다.

1. 전략의 백테스트 코드 작성

2. 과거 데이터 기간 선정과 파라미터 최적화

3. 전략 검증: 파라미터 최적화에 사용하지 않은 그 이후 데이터를 활용한 성능 평가

백테스트 코드를 작성하는 방법에는 두 가지가 있다. 첫째는 Event-Driven Backtesting으로, For loop를 사용해서 처음부터 끝까지 마치 녹화된 영상을 재생하듯이 하루하루 조건을 체크하며 거래 여부를 결정하는 방식이다. 이는 직관적이고 정교한 전략까지도 정확하게 테스트할 수 있으나 속도가 느리다는 단점이 있다.

둘째는 Vectorized Backtesting으로, 미리 조건에 맞는 사고파는 포인트를 찾아 계산에 필요한 데이터를 모두 벡터화해서 넘파이와 판다스의 벡터 연산 기능을 활용해 빠르게 결과를 도출하는 방식이다. 이 방법은 속도가 월등히 빠르지만 오류 위험이 있고 정교한 전략을 구현하기 어렵다.

실제로는 Vectorized Backtesting에서 사용되는 기법을 Event-Driven Backtesting에 최대한 도입하여 두 가지 방법의 장점을 결합함으로써 속도와 가독성, 정확성을 모두 확보하는 방식을 사용할 수 있다.

Event-Driven Backtest

일봉 데이터를 사용하여 매일 장 종료 시점에서 골든 크로스가 발생했는지 체크하고, 발생하면 종가로 매수한다. 실제로는 장후 거래 또는 다음날 장전 거래 또는 시가 거래로 매수하면 될 것이다. 매수 상태에서는 매일 장 종료 시점에서 데스 크로스가 발생했는지 체크하고, 발생하면 종가로 매도한다. 먼저 백테스트를 위해 필요한 모듈을 가져오고 애플AAPL 주식에 대해 최근 약 2년간 일봉 데이터를 다운로드하자.

코드 6-1 애플 주가 다운로드

```python
import pandas as pd
import numpy as np
import yfinance as yf
import matplotlib.pyplot as plt
```

```
ticker = 'AAPL'
start_date = '2022-08-01'
end_date = '2024-08-01'
df = yf.download(ticker, start=start_date, end=end_date)
```

전략에 대한 Event-Driven 방식의 백테스트 코드는 다음과 같다. 첫 백테스트이므로 최대한 단순하게 작성했으며, 거래 수수료는 일단 적용하지 않았다.

코드 6-2 이동평균선 교차 전략의 Event-Driven Backtest1

```
short_window = 10 # 단기 ◀─────────────────────── ❶
long_window = 20 # 장기
data = df.copy()

# 지수가중이동평균선 계산 ◀─────────────────────── ❷
data['Short_MA'] = data['Close'].ewm(span=short_window, adjust=False).mean()
data['Long_MA'] = data['Close'].ewm(span=long_window, adjust=False).mean()
data = data[long_window:].copy() # 초기 데이터 제거


cash_init = 10000 # 초기 현금 ◀─────────────────── ❸
cash = cash_init
asset = [cash] # 보유 자산 가치 기록 리스트
pos = 0 # 포지션(1:매수->주식 보유, 0:현금 보유)


for i in range(1, len(data)): ◀──────────────── ❹
    if pos == 0:
        if data['Short_MA'].iloc[i] > data['Long_MA'].iloc[i] and \
        data['Short_MA'].iloc[i-1] < data['Long_MA'].iloc[i-1]: # 골든 크로스
            pos = 1 # 포지션 갱신
            entry_price = data['Close'].iloc[i] # 매수 가격
            num = int(cash/entry_price) # 매수 수량
            cash -= entry_price*num # 주식 매수 대금 지급에 따른 현금 갱신
    elif pos == 1:
        if data['Short_MA'].iloc[i] < data['Long_MA'].iloc[i] and \
        data['Short_MA'].iloc[i-1] > data['Long_MA'].iloc[i-1]: # 데스 크로스
            pos = 0 # 포지션 갱신
            cash += data['Close'].iloc[i]*num # 주식 매도 대금 유입에 따른 현금 갱신
```

```python
    # 자산 가치 갱신, 기록
    if pos == 0:
        asset.append(cash)
    elif pos == 1:
        asset.append(cash + data['Close'].iloc[i]*num)

# 누적 수익률 계산, 출력  ◀─────────────────────────────  ❺
data['Cumulative_Return'] = np.array(asset)/cash_init
final_cum_return = data['Cumulative_Return'].iloc[-1] - 1
print(f'Final cumulative return of the strategy: {100*final_cum_return:.2f}%')
```

코드는 주석을 읽으면서 흐름을 따라가면 이해하기 어렵지 않을 것이다. 이것이 Event-Driven Backtest의 장점이다. 주요 내용을 살펴보면 다음과 같다.

❶ 이동평균선 계산을 위해 단기(short_window)와 장기(long_window)를 각각 10, 20으로 임의로 정한다. 단순 이동평균선이 아닌 지수가중이동평균선을 사용하기 때문에 정확한 의미는 단순이동평균선에서의 일수와 다소 차이가 있지만 편의상 이를 단기와 장기로 부르겠다.

❷ 종가close를 사용하여 장단기 지수가중이동평균선을 계산하고 각각의 칼럼을 만든다(Short_MA, Long_MA). 이동평균선을 계산할 때 의미가 없는 초기의 장기만큼 부분은 슬라이싱과 copy( )를 사용해 제거한다.

❸ 초기 현금을 10,000달러로 설정하고, 신호에 따라 전액 매수, 전량 매도를 진행하면서 매일 변하는 보유 자산 가치를 리스트 asset에 기록한다. pos=0은 현금만 보유한 상태를, pos=1은 주식만 보유한 상태를 의미한다.

❹ for loop를 통해 매일 골든 크로스와 데스 크로스 발생 여부를 체크하면서 매수, 매도를 결정하고 그에 따른 변수들을 갱신하고 기록한다.

❺ 루프가 끝나면 최종 누적 수익률을 계산하고 출력한다.

실행 결과는 다음과 같다. 최종 투자 자산 가치에서 원금을 제외한 순수익의 초기 현금에 대한 퍼센트 비율인 누적 수익률이 출력된다.

```
Final cumulative return of the strategy: 29.38%
```

단기와 장기의 값은 임의로 설정한 값이므로 다양하게 바꿔가면서 누적 수익률이 최대가 되는 조합을 찾는 최적화 과정이 필요하다. 그러나 전략이 복잡해지고 파라미터 수가 증가하면 이 과정에서 많은 시간이 소요된다. 현재는 파라미터가 단기와 장기 2개뿐이고 한 세트의 파라미터에 대해 실행하기 때문에 속도가 체감되지 않겠지만, 코드 6-2에서처럼 데이터프레임의 원소를 루프 내에서 loc 또는 iloc를 통해 일일이 접근하는 방식은 프로그램을 매우 느리게 만든다. 따라서 이 부분의 속도 개선이 반드시 필요하다.

속도를 개선하려면 우선 for loop를 사용하지 않고 데이터 전체에 대해 포지션을 한꺼번에 계산하고, 매수와 매도 신호가 발생하는 부분도 일괄적으로 찾아내야 한다. 이는 앞으로 살펴볼 Vectorized Backtest에서도 기본적으로 사용되는 기법이므로 반드시 이해해 두어야 한다. 넘파이와 판다스 기능을 활용하면 다음과 같이 쉽게 구현할 수 있다.

코드 6-3 포지션과 시그널 계산

```
data['Position'] = np.where(data['Short_MA'] > data['Long_MA'], 1, 0)
data['Signal'] = data['Position'].diff().fillna(0)
```

이렇게 하면 단기 이동평균선이 장기 이동평균선의 위에 있으면 1값을, 그렇지 않을 때는 0값을 갖는 Position 칼럼이 데이터프레임에 생성된다. 여기에 이전 행과의 차이를 계산하는 diff() 함수를 적용하여 Signal 칼럼을 만들면 이 칼럼에 매수와 매도 시점이 한꺼번에 담긴다. fillna(0)은 diff() 연산으로 생기는 첫 행의 NaN값을 0으로 대체한다.

Signal 값이 1이면 골든 크로스 발생 시점, 즉 매수 시점이고 -1이면 데스 크로스 발생 시점, 즉 매도 시점이 된다. 이는 다음의 가상 데이터프레임을 살펴보면 쉽게 이해할 수 있을 것이다.

	Position	Signal
Date		
2010-03-02	0	NaN
2010-03-03	0	0.0
2010-03-04	0	0.0
2010-03-05	1	1.0
2010-03-06	1	0.0
2010-03-07	1	0.0
2010-03-08	0	-1.0
2010-03-09	0	0.0
2010-03-10	0	0.0

그림 6-4 포지션과 시그널 예시

그림 6-4를 보면 3월 5일부터 3월 7일까지 단기 이동평균선이 장기 이동평균선 위에 있었다는 의미다. diff()가 $x(t) - x(t-1)$ 연산이라는 점을 고려하면, 골든 크로스가 발생한 3월 5일에 어째서 Signal이 1.0이 되고 데스 크로스가 발생한 3월 8일에 -1.0이 되는지 이해할 수 있다. 나머지 시점에는 이동평균선의 교차가 발생하지 않으므로 Signal이 0.0이 된다. 다음은 이를 바탕으로 속도를 개선한 Event-Driven Backtest 코드다.

코드 6-4 이동평균선 교차 전략의 Event-Driven Backtest2

```
short_window = 10 # 단기
long_window = 20 # 장기
data = df.copy()

# 지수가중이동평균선 계산
data['Short_MA'] = data['Close'].ewm(span=short_window, adjust=False).mean()
data['Long_MA'] = data['Close'].ewm(span=long_window, adjust=False).mean()
data = data[long_window:].copy() # 초기 데이터 제거

# 포지션과 시그널 계산 ◄───────────────────────────────────────── ❶
data['Position'] = np.where(data['Short_MA'] > data['Long_MA'], 1, 0)
data['Signal'] = data['Position'].diff().fillna(0) # 1: 매수, -1: 매도
```

```
cash_init = 10000 # 초기 현금
cash = cash_init
asset = np.zeros(len(data)) # 보유 자산 가치 기록 배열  ◀─────────────────── ❷
asset[0] = cash
pos = 0 # 포지션(1:매수->주식 보유, 0:현금 보유)


prices = data['Close'].values # 종가 넘파이 배열  ◀─────────────────── ❸
signals = data['Signal'].values # 시그널 넘파이 배열


for i in range(1, len(data)):
    if pos == 0:
        if signals[i] == 1: # 골든 크로스
            pos = 1 # 포지션 갱신
            entry_price = prices[i] # 매수 가격
            num = int(cash/entry_price) # 매수 수량
            cash -= entry_price*num # 주식 매수 대금 지급에 따른 현금 갱신
    elif pos == 1:
        if signals[i] == -1: # 데스 크로스
            pos = 0 # 포지션 갱신
            cash += prices[i]*num # 주식 매도 대금 유입에 따른 현금 갱신

    # 자산 가치 갱신, 기록
    if pos == 0:
        asset[i] = cash
    elif pos == 1:
        asset[i] = cash + prices[i]*num

# 시각화를 위한 매수, 매도 시점의 가격 칼럼 계산  ◀─────────────────── ❹
data['Buy_Price'] = np.where(data['Signal'] == 1, data['Close'], np.nan)
data['Sell_Price'] = np.where(data['Signal'] == -1, data['Close'], np.nan)

# 누적 수익률 계산, 출력
data['Cumulative_Return'] = np.array(asset)/cash_init
final_cum_return = data['Cumulative_Return'].iloc[-1] - 1
print(f'Final cumulative return of the strategy: {100*final_cum_return:.2f}%')
```

```
Final cumulative return of the strategy: 29.38%
```

속도를 개선한 코드의 주요 내용을 살펴보면 다음과 같다.

❶ 전체 데이터에 대해 포지션과 시그널을 한꺼번에 계산하여 칼럼으로 만들었다.

❷ 보유 자산의 변화를 기록하는 asset을 리스트에서 넘파이 배열로 바꿨다. 리스트 대신 미리 넘파이 배열로 만들어 기록하면 속도가 훨씬 빠르다. 이때 append 대신에 인덱스로 접근해야 함에 유의해야 한다.

❸ for loop에서 반복적으로 접근해야 하는 데이터프레임의 가격과 시그널 칼럼을 values 메서드를 사용해서 미리 넘파이 배열 prices와 signal로 만들어 속도를 개선하고 루프 내부 코드를 단순화했다.

❹ Signal 칼럼이 있으면 쉽게 작성할 수 있는 매매 시점의 가격을 기록한 칼럼 Buy_Price, Sell_Price를 추가했다. 이는 전략에 따라 어떻게 매매가 이루어졌는지 시각화하는 데 유용하다.

개선된 코드 6-4의 실행 결과로 얻는 data를 활용하면, 다음과 같이 전략에 따른 매매와 포지션 변화를 시각화할 수 있다. 백테스트에서 시각화는 전략이 어떻게 작동하는지 한눈에 파악하고, 오류를 체크하며 개선 방안을 모색하는 데 아주 중요한 도구다.

코드 6-5 이동평균선 교차 전략에 따른 매매와 포지션 시각화

```python
fig, ax = plt.subplots(2, 1, sharex=True, height_ratios=(8,2), figsize=(10,8))

data['Close'].plot(ax=ax[0], label='Close')
data['Short_MA'].plot(ax=ax[0], label='Short MA', linewidth=1)
data['Long_MA'].plot(ax=ax[0], label='Long MA', linewidth=1)
data['Buy_Price'].plot(ax=ax[0], label='Buy', marker='^', color='b', markersize=8)
data['Sell_Price'].plot(ax=ax[0], label='Sell', marker='v', color='r',markersize=8)

ax[0].set_title(f'{ticker} Moving Average Crossover Trades', fontsize=18)
ax[0].set_ylabel('Price($)', fontsize=12)
ax[0].legend(fontsize=12)
ax[0].grid(alpha=0.3)

data['Position'].plot(ax=ax[1])
ax[1].set_xlabel('Date', fontsize=12)
ax[1].set_ylabel('Position', fontsize=12)
ax[1].grid(alpha=0.3)

plt.xticks(rotation=0)
```

```
plt.tight_layout()
plt.show()
```

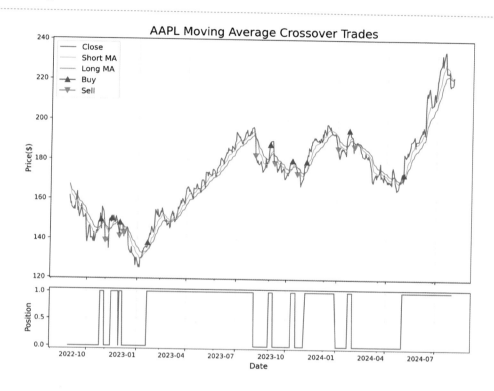

상승 추세가 형성될 때 비교적 추세 형성 초기 단계에서 잘 진입해 추세를 타다가 추세가 반전될 때 적절히 청산하는 모습을 볼 수 있다.

Vectorized Backtest

앞에서 언급했듯이 긴 시간이 소요되는 파라미터 최적화 과정에서 시간을 단축하려면 백테스트 코드의 실행 속도가 빠를수록 좋다. 특히, 아주 긴 과거 데이터를 사용해 백테스트를 수행해야 하는 경우, 속도는 더욱 결정적인 요소가 된다.

Event-Driven 방식에서 속도가 느려지는 주요 원인은 for loop를 사용해 데이터 포인트를 일일이 순회하기 때문이다. 반면, Vectorized Backtest에서는 for loop를 최대한 배제하고 필요한 변숫값을 벡터화된 칼럼 전체를 대상으로 하는 일괄 연산을 통해 빠르게 계산한다.

코드 6-6 이동평균선 교차 전략 Vectorized Backtest

```python
short_window = 10
long_window = 20
data = df.copy()
data['Short_MA'] = data['Close'].ewm(span=short_window, adjust=False).mean()
data['Long_MA'] = data['Close'].ewm(span=long_window, adjust=False).mean()
data = data[long_window:].copy()


# 포지션 및 시그널 계산 ◀━━━━━━━━━━━━━━━━━━━━━━━━ ❶
positions = pd.Series(np.where(data['Short_MA'] > data['Long_MA'], 1, 0), \
                        index=data.index) # 골든 크로스: 1, 데스 크로스: 0
signals = positions.diff().fillna(0) # 포지션 변화 시그널 (1: 매수, -1: 매도)

data['Position'] = np.nan # 포지션 초기화
data.loc[signals == 1, 'Position'] = 1 # 매수 시점 포지션
data.loc[signals == -1, 'Position'] = 0 # 매도 시점 포지션
data['Position'] = data['Position'].ffill() # 이전 포지션 유지
data['Position'] = data['Position'].replace(np.nan, 0) # 결측값 처리

data['Signal'] = data['Position'].diff().fillna(0) # 최종 시그널 계산

# 매수, 매도 시점의 가격 기록
data['Buy_Price'] = np.where(data['Signal'] == 1, data['Close'], np.nan)
data['Sell_Price'] = np.where(data['Signal'] == -1, data['Close'], np.nan)

# 일별 수익률 및 누적 수익률 계산 ◀━━━━━━━━━━━━━━━ ❷
data['Daily_Return'] = np.where(data['Position'].shift()==1, \
                                data['Close'].pct_change(), 0)
data['Cumulative_Return'] = (1+data['Daily_Return']).cumprod()

# 최종 누적 수익률 출력
final_cum_return = data['Cumulative_Return'].iloc[-1] - 1
print(f'Final cumulative return of the strategy: {100*final_cum_return:.2f}%')
```

```
Final cumulative return of the strategy: 29.40%
```

Vectorized Bactest 코드 6-6을 얼핏 보면 Event-Driven 버전과 대부분 비슷해 보이지만, 결정적인 차이는 for loop가 사라졌다는 점이다. 주요 부분을 차례로 설명하면 다음과 같다.

❶ 속도를 개선한 두 번째 Event-Driven Backtest와 달리 `positions`와 `signlas`를 데이터프레임의 칼럼으로 생성하는 대신, 별도의 판다스 시리즈로 생성하고 다시 이를 사용해서 Position과 Signal 칼럼을 만들었다. 또한 맨처음 Position 값이 1이 되는 것을 방지하기 위해 Position 칼럼은 `signals` 시리즈를 바탕으로 따로 초기화한다. 거래는 현금 상태(pos=0)로 시작하기 때문에, 처음에는 Short_MA>Long_MA라 하더라도 Position은 0이어야 하기 때문이다.

❷ `data['Close'].pct_change()`로 전체에 대해 종가의 일일 퍼센트 수익률을 계산하고 `data['Position'].shift()==1`인 조건을 사용해 Position 값이 1인 경우에만 그 값을 Daily_Return 칼럼에 반영한다. 여기서 `shift()`를 사용한 이유는 수익률은 매수한 다음날부터 계산을 시작하고 그 후 처음으로 Position이 0으로 바뀐 날까지 계산해야 하기 때문이다.

동일한 데이터에 대해 코드 6-6을 실행하면 최종 수익률이 소숫점에서 약간 차이가 날 수 있는데 그 이유는 Event-Driven 버전에서는 실제 거래와 같이 현금으로 살 수 있는 주식 수를 계산했기 때문에 약간의 자투리 현금이 매번 남았지만 Vectorcized 버전에서는 현금 전액을 항상 투자할 수 있다고 단순화했기 때문이다. 그러나 그 차이는 미미하여 무시할 수 있다.

데이터를 다운받고 Vectorized Bactest 코드 6-6을 실행한 다음 시각화 코드 6-5를 실행하면 동일한 결과를 얻을 수 있다.

6.1.3 파라미터 최적화

애플 주식의 최근 약 2년치 데이터를 대상으로 임의로 단기 10, 장기 20으로 정해서 이동평균선 교차 전략을 적용한 결과, 백테스트를 통해 약 29%의 수익이 발생함을 확인했다. 이제 수익률을 극대화하는 최적의 단기와 장기 값을 찾을 필요가 있다.

이동평균선 교차 전략은 2개의 파라미터(장기와 단기)를 가지는 전략이라고 할 수 있고, 이때 최적의 파라미터를 찾아야 하는 것이다. 대부분의 퀀트 투자 전략은 여러 개의 파라미터를 포함하기 때문에 백테스트 과정에서 파라미터 최적화는 반드시 거쳐야 할 과정인 경우가 많다. 따라서 파라미터 최적화 방법을 잘 익혀두는 것이 중요하다.

가장 단순한 파라미터 최적화 방법은 파라미터가 취할 수 있는 하한과 상한을 설정하고, 가능한 모든 파라미터 조합에 대해 반복적으로 전략을 적용해 보는 것이다. 그러면서 각각의 수익률을 기록하고 최고의 수익률을 성취하는 파라미터 조합을 찾으면 된다. 이때 파라미터 수와 파라미터가 취할 수 있는 값이 많을수록 최적화에 걸리는 시간은 길어지므로 백테스트 코드의 속도는 매우 중요하다.

우리의 전략은 단순하고 Vectorized 버전의 백테스트 코드를 이미 구현했으므로 어렵지 않게 최적화 프로그램을 작성할 수 있을 것이다. 우선 백테스트 코드를 다음과 같이 함수로 만들고 다음 단계로 나아가자.

코드 6-7 이동평균선 교차 전략 Vectorized Backtest 함수

```python
def mac_strategy1(df, sw, lw):
    short_window = sw
    long_window = lw
    data = df.copy()
    data['Short_MA'] = data['Close'].ewm(span=short_window, \
                                          adjust=False).mean()
    data['Long_MA'] = data['Close'].ewm(span=long_window, \
                                         adjust=False).mean()
    data = data[long_window:].copy()

    positions = pd.Series(np.where(data['Short_MA'] > data['Long_MA'], 1, 0), \
                          index=data.index)
    signals = positions.diff().fillna(0)

    data['Position'] = np.nan
    data.loc[signals == 1, 'Position'] = 1
    data.loc[signals == -1, 'Position'] = 0
    data['Position'] = data['Position'].ffill()
    data['Position'] = data['Position'].replace(np.nan, 0)

    data['Signal'] = data['Position'].diff().fillna(0)

    data['Buy_Price'] = np.where(data['Signal'] == 1, data['Close'], np.nan)
    data['Sell_Price'] = np.where(data['Signal'] == -1, data['Close'], np.nan)
```

```
        data['Daily_Return'] = np.where(data['Position'].shift()==1, \
                                    data['Close'].pct_change(), 0)
        data['Cumulative_Return'] = (1+data['Daily_Return']).cumprod()

        final_cum_return = data['Cumulative_Return'].iloc[-1] - 1
        print(f'Final cumulative return of the strategy:'
              f'{100*final_cum_return:.2f}%')
        return data, final_cum_return
```

코드 6-7은 앞선 Vectorized Backtest 코드 6-6을 함수로 만든 것으로 다운로드 받은 일봉 데이터 df와 이동평균선 단기 sw, 장기 lw를 입력으로 받는다. 이 함수는 필요한 여러 칼럼을 만들고 수익률을 계산한 다음, 가공된 data와 최종 누적 수익률 final_cum_return을 반환한다. 이 함수를 사용하면 파라미터 최적화 프로그램을 다음과 같이 구현할 수 있다.

코드 6-8 이동평균선 교차 전략 파라미터 최적화

```
def parameter_optimizer1(input_df):
    # 단기와 장기 설정 ◀─────────────────────────────────────── ❶
    short_window = [5, 6, 7, 8, 9, 10, 11, 12, 13, 14, 15, 16, 17, \
                    18, 19, 20, 21]
    long_window =[22, 23, 24, 25, 26, 27, 28, 29, 30, 31, 32, 33, 34, \
                  35, 36, 37, 38, 39, 40, 41, 42]
    ret_list = [] # 각 파라미터 조합과 수익률을 저장할 리스트

    # 단기, 장기 모든 조합에 대해 테스트 ◀──────────────────────── ❷
    for x1, x2, in [(a,b) for a in short_window for b in long_window]:
        df = input_df.copy()
        _, ret = mac_strategy1(df, x1, x2)
        ret_list.append((x1, x2, ret))

    # 수익률이 최대인 파라미터 조합을 찾아 출력하고 결과를 반환 ◀──────── ❸
    optimal_params = max(ret_list, key=lambda x:x[2])
    optimal_df = pd.DataFrame(ret_list, \
                              columns=['short_window','long_window','ror'])
    print(f'Optimal Parameters:{optimal_params[0], optimal_params[1]}, '
          f'Optimized Return:{100*optimal_params[2]:.2f}%')
    return optimal_params, optimal_df
```

코드에서 주요 부분을 차례로 설명하면 다음과 같다.

❶ short_window는 5부터 21, long_window는 22부터 42의 정수 범위로 설정했다. 관심 있는 종목에 대해 실행해 보고 경곗값이 최적값으로 나오면 범위를 확대하는 것이 좋다.

❷ [(a,b) for a in short_window for b in long_window]는 정해진 범위 내에서 모든 가능한 파라미터 조합(튜플)을 리스트로 생성한다. 이 리스트를 for loop로 순회하며, 입력받은 일봉 데이터 input_df와 함께 백테스트 함수 mac_strategy1을 실행한다. 이후 함수의 반환값 중 수익률 ret와 파라미터를 튜플로 하여 ret_list에 저장한다.

❸ max(ret_list, key=lambda x:x[2])는 ret_list의 원소가 튜플이므로 튜플의 3번째 원소 x[2]인 ret 를 기준으로 최댓값을 찾으라는 뜻이다. 이렇게 찾은 최적 파라미터와 수익률을 출력하고 최적 파라미터 optimal_params와 데이터프레임 optimal_df(모든 조합의 파라미터와 수익률로 작성된)를 반환한다.

동일한 애플 주식 데이터를 가지고 최적화 코드 6-8을 실행하면 파라미터 조합이 변하면서 수익률이 어떻게 달라지는지 출력되어 진행 상황을 확인할 수 있다. 최종적으로 short_window=19, long_window=41이 최적 파라미터이고, 그때 수익률이 50%로 나타난다. 이는 이전에 임의로 설정한 파라미터 값과 크게 다르며 수익률도 29%에서 대폭 상승했다.

어떤 투자 전략에 대한 아이디어를 정리하고 적당한 파라미터 값을 설정한 뒤 백테스트 프로그램을 완성하는 과정은 수많은 시행착오와 수정을 거치기 때문에 매우 힘든 과정이다. 하지만 일단 그 단계를 넘어서 파라미터 최적화를 시작하면 흥분되고 즐거운 순간을 맞이한다. 특히 생각지도 못한 파라미터 조합에서 예상치도 못한 큰 수익률이 나올 때의 쾌감은 상당하다.

그런데 파라미터 최적화와 관련해서 다음과 같은 두 가지 주의할 점이 있다.

과적합 최소화

어떤 전략의 백테스트 목적으로 선정한 데이터에 파라미터를 최적화하고 얻은 성과가 좋다고 해서 너무 흥분할 일은 아니다. 해당 데이터에 대해 최적의 파라미터를 구해 적용했으니 좋은 성과가 나오는 것이 당연한 일이다.

항상 염두에 두어야 할 것은 만든 전략을 실거래에 사용할 때다. 실거래에서 전략을 적용해야 할 데이터는 백테스트에서 한 번도 접해 보지 못한 미래의 데이터다. 과거 데이터에 최적화한 파라미터가 미래 데이터에도 최적이라는 보장은 전혀 없다.

파라미터가 최적화에 사용된 데이터에서는 잘 작동하지만, 최적화에 사용되지 않은 데이터(unseen data 또는 out of sample이라고 하는데 샘플 외 데이터로 칭하자.)에서는 성능이 안 좋을 때, 이를 과적합 overfitting이 발생했다고 한다. 과적합된 전략은 실거래에서 아무 쓸모가 없기 때문에 반드시 과적합을 피해야 한다.

과적합을 최소화하는 문제는 매우 중요하고 방대한 주제이며 해결하기도 어려운 문제로, 이 책의 범위를 벗어난다. 여기서는 최적 파라미터는 in sample, 즉 샘플 데이터에 대해서만 최적일 뿐이므로 반드시 과적합 여부를 검증해야 한다는 점을 기억하고 넘어가자.

같은 성과를 내는 다른 파라미터 값 처리

앞선 파라미터 최적화 코드 6-8을 실행하여 얻은 optimal_df를 살펴보면 (19, 41) 조합에서 50.04% 로 가장 높은 수익률이 나왔지만 (20, 39)에서도 같은 수익률이 얻어진다. (19, 39)에서는 48.66%의 수익률이 나오는데, 이와 같은 수익률이 (20, 37), (19, 38), (18, 41), (18, 40), (17, 43), (16, 44)에서도 확인된다.

이처럼 수익률이 동일하거나 유사한 여러 파라미터 조합이 존재할 때 최적값은 어떻게 결정해야 할까?

일반적인 가이드라인에 따르면, 파라미터 값에 약간 변화를 주었을 때 수익률이 크게 변하는 조합은 과적합 위험이 크고, 그렇지 않은 조합은 과적합 위험이 상대적으로 적다고 본다. 그림 6-5는 좀더 넓은 범위에서 앞선 최적화 코드 6-8을 실행하고 파라미터 조합에 따라 수익률이 어떻게 변하는지 3차원 그래프로 나타낸 것이다. sw가 2, lw가 14일 때(그림의 optimal point1) 수익률은 55%로 가장 높지만, 이 지점에서 조금만 멀어져도 수익률이 급격히 떨어진다. 이는 해당 파라미터가 과적합되었을 가능성이 높다는 의미다.

반면, sw가 19, lw가 41일 때(그림의 optimal point2) 수익률은 50%지만 주변의 수익률 변화가 상대적으로 완만해 과적합 위험이 적다. 따라서 최적값으로 (19, 41) 조합을 선택하는 것이 더 합리적이다.

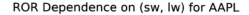

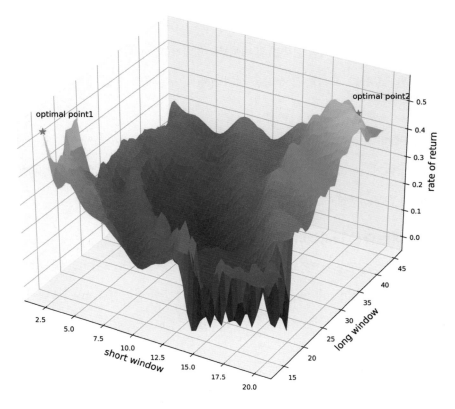

그림 6-5 파라미터 공간에서 수익률 그래프

또한 앞에서는 동일한 수익률을 내는 조합 (19, 41)과 (20, 39) 중에서 임의로 (19, 41)을 최적 파라미터로 선택했지만 (20, 39)를 선택해도 큰 차이는 없다. 평균을 구해야 하지 않을까 하는 생각도 들 수 있지만, 이는 샘플 외 데이터에서 어떤 값이 더 잘 작동할지에 대한 문제로, 결코 단순하지 않다. 여러 방안을 생각할 수 있지만 여기서는 중위값median을 구해 최적값으로 결정하기로 하자.

```python
def parameter_optimizer1b(input_df):
    # 단기와 장기 설정
    short_window = [5, 6, 7, 8, 9, 10, 11, 12, 13, 14, 15, 16, 17, \
                    18, 19, 20, 21]
    long_window =[22, 23, 24, 25, 26, 27, 28, 29, 30, 31, 32, 33, 34, \
                  35, 36, 37, 38, 39, 40, 41, 42]
    ret_list = []

    # 단기, 장기 모든 조합에 대해 테스트
    for x1, x2, in [(a,b) for a in short_window for b in long_window]:
        df = input_df.copy()
        _, ret = mac_strategy1(df, x1, x2)
        ret_list.append((x1, x2, ret))

    # 여러 개의 최적해를 모두 찾고 최적값은 중위값을 선택
    max_ror = max(ret_list, key=lambda x:x[2])[2]
    max_tups = [tup for tup in ret_list if tup[2] == max_ror]
    params1 = [tup[0] for tup in max_tups]
    params2 = [tup[1] for tup in max_tups]
    opt_param1 = int(np.median(params1))
    opt_param2 = int(np.median(params2))

    optimal_df = pd.DataFrame(ret_list, \
                              columns=['short_window','long_window','ror'])
    print(f'Max Tuples:{max_tups}')
    print(f'Optimal Parameters:{opt_param1, opt_param2}, '
          f'Optimized Return:{100*max_ror:.2f}%')

    return (opt_param1, opt_param2), optimal_df
```

이 코드는 여러 개의 최적해가 있을 때 이를 출력하고, 최적값으로 중위값을 정해 출력하도록 코드 6-8을 수정한 것이다. 이러한 방식은 파라미터 최적화 과정에서 상대적으로 과적합 위험을 줄이는 데 도움이 된다.

6.1.4 전략의 성과 지표

어떤 투자 전략이 좋은 전략인지 나쁜 전략인지 또는 실전에 사용할 수 있는지 없는지는 백테스트에서 얻은 최종 누적 수익률만으로는 판단할 수 없다. 투자 전략의 성능을 제대로 평가하려면 다양한 성과 지표performance metrics를 확인해야 한다.

이제 투자 전략의 성능 또는 성과를 평가하는 데 사용되는 주요 지표들이 무엇인지 알아보고, 이를 코드로 구현해 보자. 그런 다음 지금까지 백테스트해 본 이동평균선 교차 전략의 성능을 평가해 보도록 하자.

연평균 성장률 CAGR(Compound Annual Growth Rate)

연이율이 r일 때, 원금 A를 연year 단위로 기간 n 동안 예치하면 복리에 의해 원리금이 $A(1+r)^n$이 된다는 것은 잘 알고 있을 것이다. 주식 투자에서 초기 자금 V_i를 연 단위로 기간 n 동안 운용해서 최종적으로 V_f가 되었다면 원금을 포함한 최종 누적 수익률은 $R_c = V_f / V_i$가 된다. 이때 예금의 복리 이자율과 같이 운용 자산의 연평균 (복리) 성장률을 r이라 하면 다음 관계가 성립한다.

$$V_i(1+r)^n = V_f$$

$$(1+r)^n = \frac{V_f}{V_i} = R_c$$

여기서 다음과 같은 연평균 성장률 공식을 얻는다.

$$r = \left(\frac{V_f}{V_i}\right)^{1/n} - 1 = R_c^{1/n} - 1$$

특히 백테스트 기간의 길이가 다른 두 전략의 수익률을 비교할 때는 CAGR을 사용하는 것이 적절하다. 기간에 관계없이 연평균 수익률로 표준화해 전략 간의 성과를 공정하게 비교할 수 있기 때문이다.

$$\text{CAGR} = \left(\frac{\text{최종 자산}}{\text{초기 자산}}\right)^{\frac{1}{\text{투자 기간}}} - 1 = \left(\text{최종 누적 수익률}\right)^{\frac{1}{\text{투자 기간}}} - 1$$

샤프 지수 Sharpe Ratio

샤프 지수는 윌리엄 샤프William F. Sharpe가 고안한 지표로, 위험 자산에 대한 투자에서 같은 초과 기대 수익을 얻더라도 위험이 큰 경우에는 더 낮은 값을 갖도록 설계되었다. 여기서 초과 기대 수익이란 투자 수익률에서 무위험 자산 수익률(예: 예금 이자율)을 뺀 값의 기댓값을 의미한다. 여기서는 백테스트에서 실제로 계산하는 입장에서 설명하도록 하겠다. 연 단위로 기간 n 동안 연간 순수익률이 다음과 같다고 하자.

$$r_1, r_2, \cdots, r_n$$

이 데이터의 평균을 E_y, 표준편차를 σ_y, 무위험 수익률을 r_f라고 하면 샤프 지수 SR은 다음과 같이 정의된다.

$$SR = \frac{E_y - r_f}{\sigma_y}$$

일봉 데이터로 전략을 백테스트하는 경우에는 일day 단위 순수익률을 계산하는 경우가 많다. n일 동안 일간 순수익률이 다음과 같다고 하자.

$$r_1, r_2, \cdots, r_n$$

이 데이터의 평균을 E_d, 표준편차를 σ_d, 무위험 수익률을 r_f라고 하자. 이때 샤프 지수를 계산하려면 평균과 표준편차를 연간 기준으로 변환해야 한다. 통상 1년의 영업일수를 252로 하여 다음과 같이 샤프 지수 SR을 계산한다.

$$SR = \frac{252E_d - r_f}{\sqrt{252}\sigma_d}$$

투자 이론에서는 수익률의 표준편차를 변동성volatility 또는 위험risk이라고 한다. 평균 수익률이 높아도 수익률이 들쭉날쭉하면 샤프 지수는 낮아지고, 평균 수익률이 높지 않아도 변동성이 작으면 샤프 지수는 증가한다. 위험에 민감한 투자자, 즉 큰 변동 없이 꾸준히 일정한 수익을 내기 원하는 투자자는 샤프 지수에 주목한다. 샤프 지수가 1이 넘으면 통상 아주 훌륭한 전략으로 평가된다.

$$\text{샤프 지수} = \frac{\text{평균 연간 수익률} - \text{연이율}}{\text{연간 수익률의 표준편차}} = \frac{252 \times \text{일간 평균 수익률} - \text{연이율}}{\sqrt{252} \times \text{일간 수익률의 표준편차}}$$

최대 손실률(낙폭) MDD(Maximum Drawdown)

투자 기간 동안 투자 자산의 가치는 수익률에 따라 오르거나 내리며 계속 변한다. 자산 가치가 고점을 찍고 하락하다가 저점을 찍고 상승할 때마다 전고점 대비 하락폭을 기록하여 그 중 최댓값(음수이기 때문에 사실은 최솟값)을 구하면 이 값을 최대 손실률 또는 최대 낙폭이라고 한다. 예를 들어 투자 자산 가치가 1,000달러를 찍고 800달러까지 내려갔다가 다시 오르기 시작했다고 하자. 이때 저점에서의 손실률 drawdown은 다음과 같다.

$$drawdown = \frac{800 - 1000}{1000} = -0.2\,(-20\%)$$

그 후 전고점 1,000달러를 돌파하여 1,200달러가 되면 전고점은 1,200달러로 갱신되고 이 시점의 손실률은 0이 된다. 1,200달러에서 더 이상 오르지 못하고 900달러까지 내려갔다가 다시 오르기 시작했다고 하자. 그러면 저점에서의 손실률은 다음과 같다.

$$drawdown = \frac{900 - 1200}{1200} = -0.25\,(-25\%)$$

이후 자산 가치가 계속 올라 1,500달러에 도달했다고 하더라도, 최대 손실률 MDD는 그 과정에서 기록된 -25%가 되는 것이다.

투자한 주가가 하락하여 투자 자산 가치가 전고점 대비 -40% 하락한 상태라고 하자. 이때 투자자는 심리적으로 매우 견디기 힘든 상황에 놓이게 된다. 더 큰 손해를 보기 전에 손절할 것을 심각하게 고려할 가능성이 높다. 손절하지 않고 버텨서 다행히 수익을 내며 청산했다 하더라도 그 과정은 매우 힘든 과정이었을 것이다.

따라서 전략을 백테스트한 결과에서 최종 누적 수익률이 높더라도 MDD가 -50%와 같이 매우 크다면(음수지만 통상 이렇게 말한다. 절댓값의 의미로 이해하면 된다.) 결코 좋은 전략이라고 평가할 수 없다. 실제로 적용했을 때 변동성(위험)이 매우 클 가능성이 높고 큰 낙폭을 겪을 때 손절로 끝날 가능성이 높기 때문이다. 반면, 적당한 수익을 내면서 MDD가 아주 낮은 전략은 훌륭한 전략으로 평가된다. 이러한 전략에는 레버리지를 사용할 수 있다는 장점도 있다.

이 외에도 전략의 성능을 평가할 수 있는 지표는 매우 많다. 간단한 개념이지만 참고가 되는 승률win rate과 보유 기간holding period, 평균 손익, 손익비 등을 추가하여 tear sheet 코드를 만들어 보자. tear sheet란 용어는 투자 전략의 핵심 성과 지표를 요약해서 적어 놓은 종이로서, 그것만 찢어서 보면 핵심을 알 수 있다는 뜻에서 유래한 말이다.

코드 6-10 전략의 성능 지표를 계산하고 출력하는 함수

```python
def tear_sheet1(data):

    # 투자기간 Trading Period in Years
    trading_period = len(data)/252 # in year
    print(f'Trading Period:{trading_period:.1f} years')

    # 수익률 Rate of Return
    buy_and_hold = data['Close'].iloc[-1]\
    /data['Close'].iloc[0] - 1
    final_cum_return = data['Cumulative_Return'].iloc[-1] - 1
    print(f'Final cumulative return of the strategy:'
          f'{100*final_cum_return:.2f}%, Buy&Hold:{100*buy_and_hold:.2f}%')

    # 연평균 성장률 CAGR
    CAGR_strategy = (data['Cumulative_Return'].iloc[-1])**(1/trading_period)-1
    CAGR_benchmark = (buy_and_hold+1)**(1/trading_period)-1
    print(f'Strategy CAGR:{100*CAGR_strategy:.2f}%, '
          f'Benchmark CAGR:{100*CAGR_benchmark:.2f}%')

    # 샤프 지수 Sharpe Ratio
    risk_free_rate = 0.003
    strategy_daily_return = data['Cumulative_Return'].pct_change().fillna(0)
    mean_return = strategy_daily_return.mean()*252
    std_return = strategy_daily_return.std()*np.sqrt(252)
    sharpe_ratio = (mean_return - risk_free_rate) / std_return
    print(f'Sharpe Ratio: {sharpe_ratio:.2f}')

    # 최대 낙폭 Maximum Drawdown
    data['Cumulative_Max'] = data['Cumulative_Return'].cummax()
    data['Drawdown'] = data['Cumulative_Return'] / data['Cumulative_Max'] - 1
    max_drawdown = data['Drawdown'].min()
    cumulative_returns = (1 + data['Close'].pct_change()).cumprod()
    running_max = cumulative_returns.cummax()
    drawdown = cumulative_returns/running_max - 1
```

```
mdd_benchmark = drawdown.min()
print(f'Strategy MDD: {100*max_drawdown:.2f}%, '
      f'Benchmark MDD: {100*mdd_benchmark:.2f}%')


# 승률 Win Rate
buy_signals = data[data['Signal'] == 1].index
sell_signals = data[data['Signal'] == -1].index
returns = []
holding_periods = []
for buy_date in buy_signals:
    sell_dates = sell_signals[sell_signals > buy_date]
    if not sell_dates.empty:
        sell_date = sell_dates[0]
        buy_price = data.loc[buy_date, 'Close']
        sell_price = data.loc[sell_date, 'Close']
        return_pct = sell_price/buy_price - 1
        returns.append(return_pct)
        holding_period = np.busday_count(buy_date.date(), sell_date.date())
        holding_periods.append(holding_period)
profitable_trades = len([r for r in returns if r > 0])
loss_trades = len([r for r in returns if r <= 0])
total_trades = len(returns)
win_rate = profitable_trades / total_trades if total_trades > 0 else 0
print(f'Number of Profitable Trades:{profitable_trades}, '
      f'Number of Loss Trades:{loss_trades}, Win Rate:{100*win_rate:.2f}%')


# 평균 보유 기간 Average Holding Period
if holding_periods:
    average_holding_period = np.mean(holding_periods)
else:
    average_holding_period = 0
print(f'Average Holding Period:{average_holding_period:.1f}days')


# 평균 이익과 손실 Average Profit and Loss
if profitable_trades > 0:
    average_profit = np.mean([r for r in returns if r > 0])
else:
    average_profit = 0
```

```
        if loss_trades > 0:
            average_loss = np.mean([r for r in returns if r <= 0])
        else:
            average_loss = 0
    print(f'Avg ROR/trade in profitable trades:{average_profit:.3f}%, '
          f'Avg ROR/trade in loss trades:{average_loss:.3f}%')


    # 손익비 Profit/Loss Ratio
    if average_loss != 0:
        profit_loss_ratio = average_profit / abs(average_loss)
    else:
        profit_loss_ratio = np.inf


    print(f'Profit/Loss Ratio: {profit_loss_ratio:.2f}')
```

코드의 흐름과 주요 내용을 살펴보자.

① 먼저 일봉 주가 데이터를 다운로드하고 앞에서 만든 전략 mac_strategy1에 입력하여 실행한다. 반환된 데이터프레임 data를 여기 작성한 tear_sheet1에 입력하고 실행하는 구조다. data의 Cumulative_Return 칼럼과 Signal 칼럼을 가지고 모든 필요한 지표를 계산한다.

② 최종 누적 수익률과 함께 처음에 주식을 매수해 그대로 보유했을 때Buy and Hold의 수익률을 벤치마크 수익률로 비교하기 위해 함께 출력한다.

③ 샤프 지수 계산에는 일간 수익률이 필요하다. 백테스트 과정에서 별도의 칼럼으로 작성할 수도 있으나 data['Cumulative_Return'].pct_change() 코드로 계산할 수 있다.

④ 승률과 보유 기간 계산은 다소 복잡하다. 그 이유는 백테스트 속도를 높이기 위해 해당 계산에 필요한 값들을 백테스트 과정에서 기록하지 않았기 때문이다. 따라서 tear_sheet1 함수 내에서 Signal 칼럼을 이용하여 매매 시점과 매매가를 다시 추출해서 계산해야 한다.

동일한 애플 주식 데이터와 최적 파라미터를 사용해 백테스트를 실행한 후 코드 6-10을 실행하면, 다음과 같이 전략의 성능을 한눈에 평가할 수 있는 간결한 결과를 얻을 수 있다. 애플 주식은 꾸준히 우상향하는 대표적인 우량주인데, 전략의 성과가 Buy and Hold의 수익률을 능가했다는 점은 상당히 고무적인 결과다. 또한 다른 지표들도 매우 좋아 보인다.

```
Trading Period:1.8 years
Final cumulative return of the strategy:48.65%, Buy&Hold:46.34%
Strategy CAGR:24.08%, Benchmark CAGR:23.03%
Sharpe Ratio: 1.45
Strategy MDD: -12.27%, Benchmark MDD: -19.73%
Number of Profitable Trades:2, Number of Loss Trades:1, Win Rate:66.67%
Average Holding Period:66.7days
Avg ROR/trade in profitable trades:0.131%, Avg ROR/trade in loss trades:-0.035%
Profit/Loss Ratio: 3.78
```

6.2 손절 추가하기

지금까지 애플 주식에 대해 이동평균선 교차 전략이라는 비교적 단순한 추세 추종 전략을 적용하여 성공적으로 백테스트와 파라미터 최적화, 성과 지표 출력을 마쳤고 상당히 고무적인 결과를 얻었다.

그러나 세심한 독자라면 몇 가지 아쉬운 점도 발견했을 것이다. 파라미터 최적화 후 거래를 시각화한 그림 6-6을 보면, 강한 상승 추세가 발생했을 때 진입은 대체로 만족스럽지만 청산이 너무 늦어 수익을 많이 놓치는 것을 볼 수 있다. 이는 애플에만 국한된 문제가 아니라 이동평균선의 지연된 움직임 때문에 발생하는 이 전략의 일반적인 특성이다. 따라서 어느 이상 하락이 발생하면 데스 크로스 이전이라도 매도하도록 손절stop loss을 도입하여 전략을 개선할 필요가 있다.

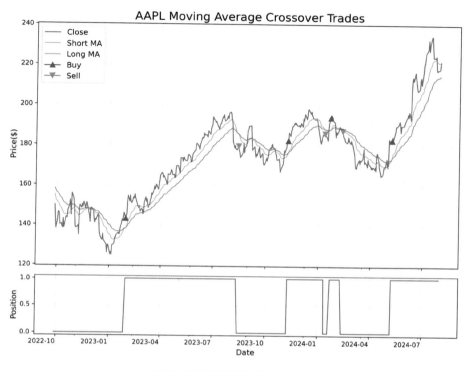

그림 6-6 파라미터 최적화 후의 거래 시각화

그렇다고 단순하게 고정된 손절률을 정하는 것은 매우 경직된 방법이다. 예를 들어 5% 이상 하락하면 무조건 매도하도록 정했을 때, 5.1% 하락했다가 반등하여 계속 상승하는 경우도 존재한다. 고정 손절률은 과적합에 지극히 취약해서 과거 데이터로 최적화한 고정 손절률이 실거래에서 적절하게 작동할 것으로 기대하기는 어렵다. 파라미터 하나로 노이즈가 넘쳐나는 주가 움직임에 일괄적으로 손절 규칙을 정하는 것 자체가 무리이기 때문이다. 이런 문제를 해결하기 위해 고안된 방법이 **추적 손절법**trailing stop이다. 추적 손절법은 특히 추세 추종 전략에 적용하기 적합한 손절법이다.

6.2.1 추적 손절법

추적 손절법에서는 손절률을 정하고 진입가(매수가)에 대해 손절가stop loss price를 정한 다음, 가격이 오르면 그 오른 가격에 다시 손절률을 적용해서 새로운 손절가를 정한다. 그림 6-7에서 볼 수 있듯이 주가가 계속 오르면 손절가도 계속 갱신되면서 올라간다. 반면, 주가가 내리면 손절가는 갱신되지 않고 손절 여부만 판단한다.

처음부터 주가가 하락하면 고정 손절법과 동일하게 작동하지만, 주가가 상승했다가 하락하는 경우에는 상승 부분의 이익을 최대한 확보하는 스마트한 방법이다. 다만, 중간의 작은 하락으로 손절하지 않고 추세 변경 시점까지 최대한 보유하려면 추적 손절법에서는 손절률을 크게 정해야 하는 경우가 대부분이다. 따라서 잘못 진입한 후 주가가 하락했을 때 손실을 제한하는 효과는 다소 약할 수 있다.

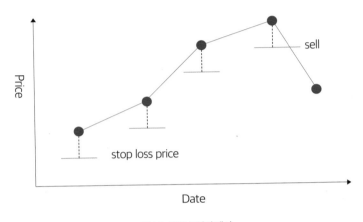

그림 6-7 추적 손절법 예시

추적 손절법을 백테스트에 구현하기 위해 일단 직관적으로 이해하기 쉽고 정확도가 높은 Event-Driven 방식의 코드 6-4를 수정한다. 그리고 수정한 내용을 함수로 만든 것이 코드 6-11이다.

코드 6-11 추적 손절을 적용한 이동평균선 교차 전략의 Event-Driven Backtest

```python
def mac_strategy2a(df, sw, lw, sl, verbose=True):
    stop_loss = sl
    short_window = sw
    long_window = lw
    data = df.copy()
    data['Short_MA'] = data['Close'].ewm(span=short_window, \
                                    adjust=False).mean()
    data['Long_MA'] = data['Close'].ewm(span=long_window, \
                                    adjust=False).mean()
    data = data[long_window:].copy()

    positions = pd.Series(np.where(data['Short_MA'] > data['Long_MA'], 1, 0), \
```

```
                              index=data.index)
signals = positions.diff().fillna(0) # 1: 골든 크로스, -1: 데스 크로스

cash_init = 10000
cash = cash_init
asset = np.zeros(len(data))
asset[0] = cash
pos = 0 # 1: 포지션(1:매수->주식 보유, 0:현금 보유)

prices = data['Close'].values
signals = signals.values
pos_vec = np.zeros(len(data))


for i in range(1, len(data)):
    if pos == 0:
        if signals[i] == 1: # 골든 크로스 발생
            pos_vec[i] = 1
            pos = 1
            entry_price = prices[i]
            num = int(cash/entry_price)
            cash -= entry_price*num
            stop_loss_price = entry_price*(1 - stop_loss) # 손절가
    elif pos == 1:
        if prices[i] < stop_loss_price: # 손절 발생
            pos = 0
            cash += prices[i]*num
        elif signals[i] == -1: # 데스 크로스 발생
            pos = 0
            cash += prices[i]*num
        else: # 포지션 유지 -> 손절가 갱신
            pos_vec[i] = 1
            stop_loss_price = max(stop_loss_price, \
                            prices[i]*(1 - stop_loss))

    if pos == 0:
        asset[i] = cash
    elif pos == 1:
        asset[i] = cash + prices[i]*num
```

```
data['Position'] = pos_vec
data['Signal'] = data['Position'].diff().fillna(0)
data['Buy_Price'] = np.where(data['Signal'] == 1, data['Close'], np.nan)
data['Sell_Price'] = np.where(data['Signal'] == -1, data['Close'], np.nan)

data['Cumulative_Return'] = np.array(asset)/cash_init
final_cum_return = data['Cumulative_Return'].iloc[-1] - 1
if verbose:
    print(f'Final cumulative return of the strategy: '
          f'{100*final_cum_return:.2f}%')
return data, final_cum_return
```

코드의 주요 내용을 살펴보자.

① 손절률 sl을 입력받기 때문에 파라미터가 3개로 늘었다. 손절에 의해 Short_MA가 Long_MA 위에 있어도 Position이 0이 될 수 있기 때문에 이전 버전과는 다르게 일단 positions, signals를 판다스 시리즈로 생성한다. 속도를 위해 pos_vec을 넘파이 배열로 초기화하고, for loop를 통해 순회하면서 정확하게 값을 만든 다음 Positon 칼럼 생성에 사용한다.

② 골든 크로스가 발생하여 새롭게 매수하면 stop_loss_price = entry_price*(1-stop_loss)에 따라 손절가를 결정하고 그 후부터는 손절 발생 여부, 데스 크로스 발생 여부를 계속 체크한다. 손절 조건이 False이면 stop_loss_price = max(stop_loss_price, prices[i]*(1-stop_loss))를 실행해 손절가를 갱신한다.

③ 장중 내내 손절 여부를 체크한다면 손절이 발생했을 때 손절가와 비슷한 가격에서 매도가 이루어지겠지만, 장기 투자 전략이므로 단순화를 위해 매일 종가로 손절 여부를 판단하고 손절 조건이 충족되면 종가로 매도하는 것으로 했다.

④ for loop가 끝나면 Position 칼럼이 확정되고 그에 따라 Signal 칼럼이 생성된다. 그 이후의 과정은 이전 버전과 동일하다.

⑤ 데이터가 커지면 최적화 과정에서 너무 많은 final_cum_return이 출력되기 때문에 verbose 파라미터로 프린트 여부를 결정할 수 있게 하였다. parameter_optimizer 함수 내부에서 mac_strategy2a를 사용할 때 verbose=False로 하면 출력을 끌 수 있다.

최근 약 2년간 애플 일봉 데이터를 사용했을 때 최적 파라미터로 백테스트하면 매도 횟수가 겨우 3회에 불과하다. 따라서 추적 손절법을 적용한 개선 효과를 제대로 확인하려면 더 긴 데이터를 사용해야 한다. 이번에는 한국 개인 투자자들에게 매우 인기 있는 Nasdaq 100 지수 추종 3배 레버리지 ETF인 TQQQ의 최근 5년 데이터로 백테스트를 실시해 보자.

코드 6-12 TQQQ 데이터로 손절 없이 백테스트 실행

```
ticker = 'TQQQ'
start_date = '2019-01-01'
end_date = '2024-01-01'
df = yf.download(ticker, start=start_date, end=end_date)

optimal_params, optimal_df = parameter_optimizer1b(df)
data, ret = mac_strategy1(df, optimal_params[0], optimal_params[1])
tear_sheet1(data)
```

```
[*********************100%%**********************]  1 of 1 completed
Final cumulative return of the strategy: 615.99%
Final cumulative return of the strategy: 529.05%
Final cumulative return of the strategy: 582.95%
… <중간 생략> …
Max Tuples:[(5, 22, 6.159917489705051)]
Optimal Parameters:(5, 22), Optimized Return:615.99%
Final cumulative return of the strategy: 615.99%
Trading Period:4.9 years
Final cumulative return of the strategy:615.99%, Buy&Hold:321.53%
Strategy CAGR:49.38%, Benchmark CAGR:34.09%
Sharpe Ratio: 1.15
Strategy MDD: -50.81%, Benchmark MDD: -81.75%
Number of Profitable Trades:11, Number of Loss Trades:11, Win Rate:50.00%
Average Holding Period:32.3days
Avg ROR/trade in profitable trades:0.300%, Avg ROR/trade in loss trades:-0.078%
Profit/Loss Ratio: 3.87
```

코드 6-12를 실행하면 TQQQ의 최근 4.9년에 대해서 손절이 없는 경우 최적 단기는 5, 장기는 22로 나오고 그때의 수익률은 무려 616%에 달한다. 3배 레버리지가 적용되기 때문에 화끈한 결과이며

벤치마크 수익률 321.5%의 거의 2배에 달한다.

tear sheet를 보면 특히 MDD가 -50.8%에 달하는 점도 주목해야 한다. 이 결과는 2020년 코로나 팬데믹에 의한 폭락, 2022년 폭락, 3배 레버리지의 높은 변동성 등을 모두 고려해서 평가해야 한다. 참고로 벤치마크 MDD는 -82%에 달한다. 이번에는 매도 횟수가 22번이나 되므로 추적 손절법으로 성과를 개선할 수 있는지 알아보자.

코드 6-13 TQQQ 데이터로 추적 손절 적용하여 Event-Driven Backtest 실행

```python
import time

def parameter_optimizer2a(input_df):
    short_window = [5, 6, 7, 8, 9, 10, 11, 12, 13, 14, 15, 16]
    long_window =[20, 21, 22, 23, 24, 25, 26, 27, 28, 29, 30, 31, \
                  32, 33, 34, 35, 36, 37]
    stop_loss = [0.11, 0.12, 0.13, 0.14, 0.15, 0.16, 0.17, 0.18, 0.19]
    ret_list = []

    for x1, x2, x3 in [(a,b,c) for a in short_window \
                       for b in long_window for c in stop_loss]:
        df = input_df.copy()
        _, ret = mac_strategy2a(df, x1, x2, x3, verbose=False)
        ret_list.append((x1, x2, x3, ret))

    max_ror = max(ret_list, key=lambda x:x[3])[3]
    max_tups = [tup for tup in ret_list if tup[3] == max_ror]
    params1 = [tup[0] for tup in max_tups]
    params2 = [tup[1] for tup in max_tups]
    params3 = [tup[2] for tup in max_tups]
    opt_param1 = int(np.median(params1))
    opt_param2 = int(np.median(params2))
    opt_param3 = np.median(params3)

    optimal_df = pd.DataFrame(ret_list, \
                 columns=['short_window','long_window','stop_loss', 'ror'])

    print(f'Max Tuples:{max_tups}')
    print(f'Optimal Parameters:'
```

```
            f'{opt_param1, opt_param2, opt_param3}, '
            f'Optimized Return:{100*max_ror:.2f}%')
    return (opt_param1, opt_param2, opt_param3), optimal_df


t1 = time.time()


optimal_params, optimal_df = parameter_optimizer2a(df)


t2 = time.time()
print(f'Elapsed Time: {(t2-t1)/60:.2f}min')


data, ret = mac_strategy2a(df, optimal_params[0], optimal_params[1], \
                           optimal_params[2])
```

추적 손절법을 적용할 때 처음에는 손절률을 얼마로 설정해야 할지 알 수 없으므로 파라미터 최적
화를 우선 실행해야 한다. 이를 구현한 것이 코드 6-13으로, mac_strategy2a 함수에 맞게 parameter_
optimizer1b를 수정하여 parameter_optimizer2a를 만들고 최적 파라미터를 찾는다. 코드 6-13의 실
행 결과는 다음과 같다.

```
Max Tuples:[(6, 21, 0.15, 7.722212976837158)]
Optimal Parameters:(6, 21, 0.15), Optimized Return:772.22%
Elapsed Time: 0.32min
Final cumulative return of the strategy: 772.22%
Trading Period:4.9 years
Final cumulative return of the strategy:772.22%, Buy&Hold:336.97%
Strategy CAGR:55.46%, Benchmark CAGR:35.04%
Sharpe Ratio: 1.28
Strategy MDD: -42.23%, Benchmark MDD: -81.75%
Number of Profitable Trades:12, Number of Loss Trades:10, Win Rate:54.55%
Average Holding Period:31.9days
Avg ROR/trade in profitable trades:0.286%, Avg ROR/trade in loss trades:-0.076%
Profit/Loss Ratio: 3.76
```

저자의 평범한 Windows OS 랩탑에서는 코드 6-13을 실행하는 데 약 20초 소요되었다. 데이터프레임의 loc이나 iloc 사용을 배제하고 최대한 넘파이 배열을 사용했기 때문에 Event-Driven 방식이지만 속도가 나쁘지 않다.

최적 단기와 장기가 6, 21로 조금 바뀌었고 최적 손절률은 0.15(15%)로 나왔다. 수익률은 772%로 손절을 적용하기 전의 616%보다 증가했고 역시 벤치마크를 훨씬 넘어섰다. MDD도 -42.2%로 줄어들어 기대했던 대로 전략의 상당한 개선이 있었음을 확인할 수 있다. 벤치마크 수익률이 약간 달라진 것은 장기가 22에서 21로 변하면서 이동평균선 계산에 따라 데이터 앞부분이 장기 기간만큼 제거되기 때문이다.

6.2.2 손절이 적용된 Vectorized Backtest

앞에서 언급했듯이 전략이 조금만 복잡해져도 Vectorized Backtest 코딩의 난도는 크게 올라가며 오류 가능성도 커진다. 이동평균선 교차 전략에 추적 손절법을 적용하면 Position 칼럼을 일괄 계산할 때 단순히 Short_MA > Long_MA 조건만으로 해결되지 않는다. 골든 크로스 발생 시 매수할 때마다 이후 주가 변화에 따른 손절가를 갱신하고, 언제 손절 조건을 만족하는지 정보가 필요하기 때문이다.

for loop를 사용하지 않고 전체 데이터에 대해 일괄 계산하기란 복잡한 일이지만, 다행히 판다스에는 groupby, cummax와 같은 유용한 메서드가 있다. 또한 초기 칼럼을 NaN으로 설정한 후 중요한 포인트의 값만 변경하고 ffill을 사용해 결측치를 채우는 방식을 적절히 활용하면 코드 6-14와 같이 구현할 수 있다.

코드 6-14 추적 손절 적용한 이동평균선 교차 전략 Vectorized Backtest 함수

```python
def mac_strategy2b(df, sw, lw, sl, verbose=True):
    short_window = sw
    long_window = lw
    stop_loss = sl

    data = df.copy()
    data['Short_MA'] = data['Close'].ewm(span=short_window, \
                                         adjust=False).mean()
```

```python
data['Long_MA'] = data['Close'].ewm(span=long_window, \
                                    adjust=False).mean()
data = data[long_window:].copy()

positions = pd.Series(np.where(data['Short_MA'] > data['Long_MA'], 1, 0), \
                      index=data.index)
signals = positions.diff().fillna(0)
entry_points = (signals == 1).astype(int) # 골든 크로스 지점에서만 1
exit_points = (signals == -1).astype(int) # 데스 크로스 지점에서만 1

# 새로 만들 칼럼의 초기 NaN 세팅
data['Position'] = np.nan
data['HighSinceEntry'] = np.nan

# 골든 크로스, 데스 크로스 포인트에서 값 변경
data.loc[entry_points == 1, 'Position'] = 1
data.loc[exit_points == 1, 'Position'] = 0

# 진입 구간마다 구별 위한 번호 부여
data['TradeGroup'] = entry_points.cumsum()

# 각각의 진입 구간에서 매수가 이후 롤링 최댓값 저장
data['HighSinceEntry'] = data.groupby('TradeGroup')['Close'].cummax()

# 진입 구간마다 모든 시점에서 손절가 일괄 계산
data['TrailingStop'] = data['HighSinceEntry'].shift(1) * (1 - stop_loss)

# 손절 발생 시점 일괄 계산
stop_loss_hit = (data['Close'] < data['TrailingStop']) \
                & (positions == 1) & (entry_points != 1)
data.loc[stop_loss_hit, 'Position'] = 0
data['Position'] = data['Position'].ffill()
data['Position'] = data['Position'].replace(np.nan, 0) # 초기 NaN -> 0

# NaN Forward Fill로 Position 칼럼 완성
data['Position'] = data['Position'].ffill()
data['Signal'] = data['Position'].diff()

data['Buy_Price'] = np.where(data['Signal'] == 1, data['Close'], np.nan)
data['Sell_Price'] = np.where(data['Signal'] == -1, data['Close'], np.nan)
```

```
data['Daily_Return'] = np.where(data['Position'].shift()==1, \
                                data['Close'].pct_change(), 0)
data['Cumulative_Return'] = (1+data['Daily_Return']).cumprod()
final_cum_return = data['Cumulative_Return'].iloc[-1] - 1

if verbose:
    print(f'Final cumulative return of the strategy: '
          f'{100*final_cum_return:.2f}%')
return data, final_cum_return
```

코드 6-14에서는 for loop가 제거되고 판다스 데이터프레임의 칼럼 연산만으로 `mac_strategy2a` 함수와 동일한 결과를 반환한다. 코딩 입문자에게는 다소 복잡하게 보일 수 있지만 for loop를 대체한 칼럼 연산 부분 외에는 이전과 동일하다. 따라서 주석을 참고하며 차례로 살펴보면 계산 흐름을 파악할 수 있을 것이다.

이제 동일한 TQQQ데이터에 대해 파라미터 최적화를 실행해 보고, 같은 결과가 나오는지, 속도에 차이가 있는지 확인해 보자.

코드 6-15 TQQQ 데이터로 추척 손절 적용하여 Vectorized Backtest 실행

```
import time

def parameter_optimizer2b(input_df):
    short_window = [5, 6, 7, 8, 9, 10, 11, 12, 13, 14, 15, 16]
    long_window = [20, 21, 22, 23, 24, 25, 26, 27, 28, 29, 30, 31, \
                   32, 33, 34, 35, 36, 37]
    stop_loss = [0.11, 0.12, 0.13, 0.14, 0.15, 0.16, 0.17, 0.18, 0.19]
    ret_list = []

    for x1, x2, x3 in [(a,b,c) for a in short_window \
                       for b in long_window for c in stop_loss]:
        df = input_df.copy()
        _, ret = mac_strategy2b(df, x1, x2, x3, verbose=False)
        ret_list.append((x1, x2, x3, ret))

    max_ror = max(ret_list, key=lambda x:x[3])[3]
```

```
        max_tups = [tup for tup in ret_list if tup[3] == max_ror]
        params1 = [tup[0] for tup in max_tups]
        params2 = [tup[1] for tup in max_tups]
        params3 = [tup[2] for tup in max_tups]
        opt_param1 = int(np.median(params1))
        opt_param2 = int(np.median(params2))
        opt_param3 = np.median(params3)

        optimal_df = pd.DataFrame(ret_list, \
                columns=['short_window','long_window','stop_loss', 'ror'])

        print(f'Max Tuples:{max_tups}')
        print(f'Optimal Parameters:'
                f'{opt_param1, opt_param2, opt_param3}, '
                f'Optimized Return:{100*max_ror:.2f}%')

        return (opt_param1, opt_param2, opt_param3), optimal_df

t1 = time.time()

optimal_params, optimal_df = parameter_optimizer2b(df)

t2 = time.time()
print(f'Elapsed Time: {(t2-t1)/60:.2f}min')

data, ret = mac_strategy2b(df, optimal_params[0], optimal_params[1], \
                             optimal_params[2])
tear_sheet1(data)
```

코드 6-15를 실행하면 이전과 동일한 결과가 출력되지만 시간은 오히려 조금 더 걸리는 것을 확인할 수 있다. 저자의 Windows OS 랩탑에서는 0.6분 정도 소요되었다. 이는 전략이 단순하고 이미 Event-Driven 버전이 Vecotorized 버전에서 사용하는 일부 기법과 넘파이 배열 사용으로 상당한 속도 개선이 이루어진 상황이기 때문이다. Vectorized 버전에서는 판다스 데이터프레임을 가공하여 모든 계산을 수행한다. 이때 for loop는 제거했지만 파이썬 언어의 한계와 판다스의 성능 제약으로 인해 속도 개선에 한계가 있는 것으로 보인다.

그럼에도 백테스트의 두 가지 서로 다른 구현 방식을 이해하고 모두 구현해 본 점은 상당히 의미 있는 성과이므로 이로써 만족하기로 하자. 소수점에서 발생하는 약간의 차이는 Event-Driven 버전에서는 정수로 주식 매수 수량을 계산하는 반면, Vectorized 버전에서는 전액 매수로 단순화했기 때문이다.

TQQQ의 최근 약 5년치 데이터를 대상으로 이동평균선 교차 전략의 성과가 매우 뛰어나며 추적손절까지 적용하면 더욱 개선된다는 점을 확인했다. 그러나 모든 종목에서 이러한 성과가 나타나지는 않을 것이므로 관심 있는 여러 종목에 대해 적용해 보고 분석할 필요가 있다.

	No_Stop_Loss	Trailing_Stop
AAPL	2.9874	2.9874
GOOG	1.2340	1.0337
NVDA	8.0605	8.6584
TSLA	34.3924	40.2150
SOXL	4.6705	6.5650
QQQ	1.0813	1.0833
SPY	0.7181	0.7181
TQQQ	6.1600	7.7290
UPRO	2.0707	2.4082

그림 6-8 여러 종목에 대한 최종 누적 순수익률 비교

그림 6-8은 4개의 개별 종목과 5개의 인기 ETF에 대해 2019년부터 2023년까지 5년치 일봉 데이터를 대상으로 이동평균선 교차 전략을 적용했을 때 최종 누적 순수익률을 정리한 것이다. 구글GOOG을 제외하고는 모두 추적 손절 적용으로 비슷하거나 증가했다.

한국 개인 투자자들에게 인기 있는 NVDA, TQQQ, SOXL의 수익률도 대단하지만 가장 놀라운 결과는 테슬라TSLA의 수익률이다. 약 5년간 투자해서 원금을 제외하고 40배(4000%)의 수익이 발생했다. 물론 이 기간 동안 테슬라의 Buy&Hold 수익률 자체가 1094%로 매우 높지만, 이는 그 값의 거의 4배

에 달한다.

다만, 이러한 결과는 어디까지나 샘플 내in sample 데이터에 대한 결과에 불과함을 유념하자. 실제 투자에서는 샘플 외out of sample 데이터나 실거래 테스트를 통해 전략의 성과를 검증하는 과정이 필요하다.

6.3 수수료 적용하기

지금까지는 단순화를 위해 수수료를 고려하지 않았지만 실거래에서는 거래 수수료가 발생하므로 수수료를 적용해서 백테스트를 조금 더 현실에 가깝게 만들어 보자.

Event-Driven 백테스트에서는 수수료 적용을 비교적 간단하게 구현할 수 있지만, Vectorized 백테스트에서는 신중하지 않으면 오류를 범하기 쉽다. 여기서는 앞에서 구현한 Event-Driven 방식의 백테스트 코드 6-11의 mac_strategy2a를 수정하여 수수료를 적용하도록 하겠다.

코드 6-16 수수료와 추적 손절 적용한 Event-Driven Backtest 함수

```python
def mac_strategy3(df, sw, lw, sl, verbose=True):
    fee_rate = 0.001

    stop_loss = sl
    stop_loss_price = 0

    short_window = sw
    long_window = lw
    data = df.copy()
    data['Short_MA'] = data['Close'].ewm(span=short_window, \
                                         adjust=False).mean()
    data['Long_MA'] = data['Close'].ewm(span=long_window, \
                                        adjust=False).mean()
    data = data[long_window:].copy()

    positions = pd.Series(np.where(data['Short_MA'] > data['Long_MA'], 1, 0), \
                          index=data.index)
    signals = positions.diff().fillna(0) # 1: 골든 크로스, -1: 데스 크로스

    cash_init = 10000
    cash = cash_init
```

```python
asset = np.zeros(len(data))
asset[0] = cash
pos = 0 # 1: 포지션(1:매수->주식 보유, 0:현금 보유)

prices = data['Close'].values
signals = signals.values
pos_vec = np.zeros(len(data))

for i in range(1, len(data)):
    if pos == 0:
        if signals[i] == 1: # 골든 크로스 발생
            pos_vec[i] = 1
            pos = 1
            entry_price = prices[i]
            num = int(cash/(entry_price*(1+fee_rate)))
            cash -= entry_price*num*(1+fee_rate)
            stop_loss_price = entry_price*(1 - stop_loss) # 손절가
    elif pos == 1:
        if prices[i] < stop_loss_price: # 손절 발생
            pos = 0
            cash += prices[i]*num*(1-fee_rate)
        elif signals[i] == -1: # 데스 크로스 발생
            pos = 0
            cash += prices[i]*num*(1-fee_rate)
        else: # 포지션 유지 -> 손절가 갱신
            pos_vec[i] = 1
            stop_loss_price = max(stop_loss_price, \
                                  prices[i]*(1 - stop_loss))

    if pos == 0:
        asset[i] = cash
    elif pos == 1:
        asset[i] = cash + prices[i]*num

data['Position'] = pos_vec
data['Signal'] = data['Position'].diff().fillna(0)
data['Buy_Price'] = np.where(data['Signal'] == 1, data['Close'], np.nan)
data['Sell_Price'] = np.where(data['Signal'] == -1, data['Close'], np.nan)
```

```
data['Cumulative_Return'] = np.array(asset)/cash_init
final_cum_return = data['Cumulative_Return'].iloc[-1] - 1
if verbose:
    print(f'Final cumulative return of the strategy: '
            f'{100*final_cum_return:.2f}%')
return data, final_cum_return
```

코드 6-16은 매수와 매도 시점에서 수수료를 적용한 점 외에는 코드 6-11과 완전히 동일하기 때문에 이해하는 데 어렵지 않을 것이다. 수수료율은 거래하는 증권사마다 다르고 같은 증권사에서도 어떤 조건으로 계좌를 개설하는지에 따라 다르다. 증권사의 판촉 행사에 따라서도 종종 변하기 때문에 여기서는 거래 시마다 거래 대금의 0.1%를 수수료로 잡았다.

코드 6-15의 parameter_optimizer2b에서 mac_strategy2b를 mac_strategy3으로 교체하기만 하면, mac_strategy3의 파라미터 최적화 함수인 parameter_optimizer3을 만들 수 있다. 그림 6-9는 수수료 적용에 따라 최종 누적 순수익률이 어느 정도 하락하는지 표로 정리한 것이다. 다행히 큰 영향은 없고 여전히 상당한 수익률을 얻는 것을 볼 수 있다.

	No_Fee_Applied	Fee_Applied
AAPL	2.9874	2.8084
GOOG	1.0337	0.9899
NVDA	8.6584	8.2300
TSLA	40.2150	38.3000
SOXL	6.5650	6.2410
QQQ	1.0833	0.9961
SPY	0.7181	0.6461
TQQQ	7.7290	7.3385
UPRO	2.4082	2.2602

그림 6-9 수수료 적용에 따른 최종 누적 순수익률 변화

수수료가 적용되는 경우, 앞서 만들어 둔 성능 지표 출력 함수 tear_sheet1을 약간 수정해야 한다. 벤치마크 수익률과 전략 수익률, 승률 계산에서 수수료가 반영되지 않았기 때문이다.

코드 6-17 수수료가 적용된 전략 성능 지표 출력 함수

```python
def tear_sheet3(data):
    # 거래 수수료율 Transaction Fee Rate
    fee_rate = 0.001

    # 투자기간 Trading Period in Years
    trading_period = len(data)/252 # in year
    print(f'Trading Period:{trading_period:.1f} years')

    # 수익률 Rate of Return
    buy_and_hold = data['Close'].iloc[-1]*(1-fee_rate)\
    /(data['Close'].iloc[0]*(1+fee_rate)) - 1
    final_cum_return = data['Cumulative_Return'].iloc[-1] - 1
    print(f'Final cumulative return of the strategy:'
          f'{100*final_cum_return:.2f}%, Buy&Hold:{100*buy_and_hold:.2f}%')

    # 연평균 성장률 CAGR
    CAGR_strategy = (data['Cumulative_Return'].iloc[-1])**(1/trading_period)-1
    CAGR_benchmark = (buy_and_hold+1)**(1/trading_period)-1
    print(f'Strategy CAGR:{100*CAGR_strategy:.2f}%, '
          f'Benchmark CAGR:{100*CAGR_benchmark:.2f}%')

    # 샤프 지수 Sharpe Ratio
    risk_free_rate = 0.003
    strategy_daily_return = data['Cumulative_Return'].pct_change().fillna(0)
    mean_return = strategy_daily_return.mean()*252
    std_return = strategy_daily_return.std()*np.sqrt(252)
    sharpe_ratio = (mean_return - risk_free_rate) / std_return
    print(f'Sharpe Ratio: {sharpe_ratio:.2f}')

    # 최대 낙폭 Maximum Drawdown
    data['Cumulative_Max'] = data['Cumulative_Return'].cummax()
    data['Drawdown'] = data['Cumulative_Return'] / data['Cumulative_Max'] - 1
    max_drawdown = data['Drawdown'].min()
    cumulative_returns = (1 + data['Close'].pct_change()).cumprod()
```

```python
running_max = cumulative_returns.cummax()
drawdown = cumulative_returns/running_max - 1
mdd_benchmark = drawdown.min()
print(f'Strategy MDD: {100*max_drawdown:.2f}%, '
      f'Benchmark MDD: {100*mdd_benchmark:.2f}%')

# 승률 Win Rate
buy_signals = data[data['Signal'] == 1].index
sell_signals = data[data['Signal'] == -1].index
returns = []
holding_periods = []
for buy_date in buy_signals:
    sell_dates = sell_signals[sell_signals > buy_date]
    if not sell_dates.empty:
        sell_date = sell_dates[0]
        buy_price = data.loc[buy_date, 'Close']
        sell_price = data.loc[sell_date, 'Close']
        return_pct = sell_price*(1-fee_rate)/(buy_price*(1+fee_rate)) - 1
        returns.append(return_pct)
        holding_period = np.busday_count(buy_date.date(), sell_date.date())
        holding_periods.append(holding_period)
profitable_trades = len([r for r in returns if r > 0])
loss_trades = len([r for r in returns if r <= 0])
total_trades = len(returns)
win_rate = profitable_trades / total_trades if total_trades > 0 else 0
print(f'Number of Profitable Trades:{profitable_trades}, '
      f'Number of Loss Trades:{loss_trades}, Win Rate:{100*win_rate:.2f}%')

# 평균 보유 기간 Average Holding Period
if holding_periods:
    average_holding_period = np.mean(holding_periods)
else:
    average_holding_period = 0
print(f'Average Holding Period:{average_holding_period:.1f}days')

# 평균 이익과 손실 Average Profit and Loss
if profitable_trades > 0:
    average_profit = np.mean([r for r in returns if r > 0])
else:
```

```
        average_profit = 0

    if loss_trades > 0:
        average_loss = np.mean([r for r in returns if r <= 0])
    else:
        average_loss = 0
    print(f'Avg ROR/trade in profitable trades:{average_profit:.3f}%, '
        f'Avg ROR/trade in loss trades:{average_loss:.3f}%')

    # 손익비 Profit/Loss Ratio
    if average_loss != 0:
        profit_loss_ratio = average_profit / abs(average_loss)
    else:
        profit_loss_ratio = np.inf
    print(f'Profit/Loss Ratio: {profit_loss_ratio:.2f}')
```

이제 백테스트 함수가 완성되었다. 원하는 종목에 대해 MAC(이동평균선 교차) 전략의 백테스트를 진행하려면, 먼저 과거 일봉 데이터를 df로 다운로드한 뒤 추적 손절과 수수료를 모두 적용한 백테스트 함수 mac_strategy3에 입력하여 실행하면 된다. 이렇게 반환받은 data를 tear_sheet3 함수에 입력하면 핵심적인 전략 성과 지표를 확인할 수 있다. 또한 코드 6-5를 실행하면 투자 기간 동안 어떻게 거래했는지 시각화할 수도 있다.

그림 6-10에서 볼 수 있듯이 인기 종목 9개를 대상으로 백테스트 한 결과, 모두 높은 수익률을 거두었다. 하지만 퀀트 투자를 공부하는 개인 투자자 입장에서 가장 중요한 관심사는 퀀트 투자 전략이 Buy&Hold보다 얼마나 더 좋은 성과를 내느냐일 것이다.

만약 백테스트에서조차 퀀트 투자 전략이 Buy&Hold보다 좋은 성과를 내지 못한다면 단순히 사서 보유하는 것이 더 나은 선택일 수 있다. 이는 우상향하는 미국 주식 시장의 특성 때문이다. 단순히 사서 보유하고, 등락을 견디며 충분한 시간이 지나면 수익이 날 텐데, 굳이 복잡한 퀀트 투자를 공부하고 실행할 필요가 있는지 의문을 가질 수도 있다.

	Buy and Hold		MAC Strategy	
	ROR(%)	MDD(%)	ROR(%)	MDD(%)
AAPL	334.26	-31.43	280.84	-23.38
GOOG	153.56	-44.60	98.99	-35.60
NVDA	1265.94	-66.36	823.00	-40.10
TSLA	1091.43	-73.63	3830.00	-26.10
SOXL	251.24	-90.51	624.10	-33.52
QQQ	142.94	-35.62	99.61	-16.42
SPY	75.60	-34.10	64.61	-13.24
TQQQ	336.10	-81.75	733.85	-43.16
UPRO	142.16	-76.82	226.02	-37.77

그림 6-10 벤치마크와 MAC 전략의 수익률(Rate of Return), 최대 낙폭(Max Drawdown) 비교

그림 6-10에 정리한 표를 보면 TSLA를 제외한 개별 종목 AAPL과 GOOG, NVDA 그리고 지수 추종 1배 레버리지 ETF인 QQQ, SPY에서 모두 벤치마크보다 낮은 수익률을 기록했다. 반면, 개별 종목 TSLA와 3배 레버리지 ETF인 TQQQ, UPRO, SOXL에서는 벤치마크 수익률을 월등하게 능가했다.

특히 주목해야 할 것은 MDD의 개선이다. 모든 종목에서 MDD가 벤치마크보다 상당히 개선되었음을 확인할 수 있다. 재미있게도 한국 개인 투자자들에게 인기 많은 종목인 TSLA, TQQQ, SOXL의 Buy&Hold 전략은 -90% ~ -80%의 MDD를 보였다. 이러한 극단적인 낙폭을 견딜 수 있는 투자자는 극히 드물다. 이 종목들에 대해서 MAC 전략을 적용한 결과를 보면 수익률뿐 아니라 MDD도 크게 개선되었다. 따라서 이동평균선 교차 전략은 변동성이 큰 종목과 궁합이 잘 맞는 것으로 평가할 수 있다.

벤치마크와 비교한 내용을 시각화하면 성과를 직관적으로 이해하는 데 큰 도움이 된다. 전략과 벤치마크의 누적 수익률을 함께 그래프로 그리면 수익률의 차이뿐 아니라 MDD의 차이를 전체 투자 기간에 대하여 시각적으로 파악할 수 있다.

코드 6-18 전략과 벤치마크의 누적 수익률 시각화 코드

```python
buy_and_hold = data['Close']/data['Close'].iloc[0]
buy_price = data['Buy_Price']/data['Close'].iloc[0]
sell_price = data['Sell_Price']/data['Close'].iloc[0]

fig, ax = plt.subplots(figsize=(10, 8))

buy_and_hold.plot(ax=ax, label='Buy&Hold')
data['Cumulative_Return'].plot(ax=ax, label='Strategy Return')
buy_price.plot(ax=ax, label='Buy', marker='^', color='b', markersize=7)
sell_price.plot(ax=ax, label='Sell', marker='v', color='r', markersize=7)

ax.set_title(f'{ticker} Moving Average Crossover Cumulative Return', fontsize=18)
ax.set_xlabel('Date', fontsize=12)
ax.set_ylabel('Cumulative Returns', fontsize=12)
ax.legend(fontsize=12)
ax.grid(alpha=0.3)
plt.xticks(rotation=0)
plt.show()
```

2019년부터 2023년까지 테슬라에 대해 추적 손절법을 적용한 MAC 전략을 수수료율 0.1%로 백테스트했다. 이 결과를 코드 6-18을 사용해 전략 누적 수익률을 벤치마크(Buy&Hold) 누적 수익률과 함께 그래프로 출력하면 그림 6-11을 얻는다. 전략과 벤치마크의 차이가 한눈에 들어올 것이다.

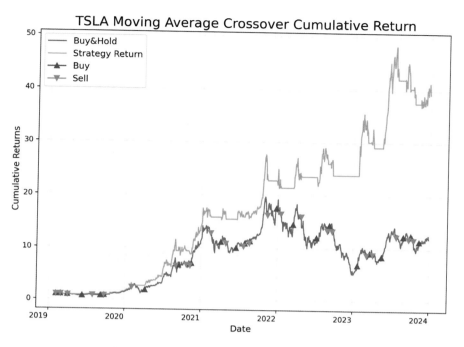

그림 6-11 TSLA에 대한 벤치마크와 MAC 전략의 누적 수익률 그래프

<u>6.4</u> 전략 검증

지금까지 MAC 전략의 백테스트 결과를 보고 혹시 꿈에 부푼 독자가 있을지도 모르겠다. 안타깝지만 세상은 그렇게 단순하지 않다. 지금까지의 결과는 앞에서도 언급했듯이 최적화를 실시한 샘플 내 데이터에 대한 결과일 뿐이다. 여기서는 임의로 2019년부터 2023년이라는 하나의 기간을 정하고, 그 기간에 대해 파라미터를 최적화했기 때문에 그 기간에 대한 결과가 좋게 나올 수밖에 없다. 투자 전략을 백테스트할 때는 항상 과적합 문제에 유의해야 한다.

예를 들어 테슬라의 2019년부터 2023년까지 과거 데이터에 대해 최적화된 파라미터를 가지고, 그 후 2024년에 MAC 전략에 따라 투자했을 때 최적화된 결과를 얻는다는 보장은 없다. 만약 2024년에는 벤치마크에 크게 밑도는 결과가 나온다면, 해당 파라미터는 과거 데이터에 과적합된 것으로 보아야 한다.

과적합 문제 외에도 더 근본적인 문제를 제기할 수 있다. 앞서 일일 주가 수익률의 상관관계를 검토함으로써 과거 데이터로 미래의 주가를 예측하는 것은 사실상 불가능하다는 점을 살펴보았다. 만약 이동평균선으로 추세를 파악하고 이를 기반으로 Buy&Hold를 능가하는 수익을 높은 확률로 얻을 수 있다면, 이는 일종의 미래 주가 예측에 해당한다. 따라서 지금까지의 백테스트 결과에 대해 강한 의구심을 가지고 여러 방식으로 검증test or verification을 수행해야 한다.

첫 번째 테스트(검증)로 2017년 7월부터 2022년 6월까지 테슬라의 5년치 데이터로 백테스트를 실행하고, 거기서 얻은 파라미터로 2022년 7월부터 2024년 6월까지 2년간 투자했을 때의 성과를 벤치마크와 비교해 보자.

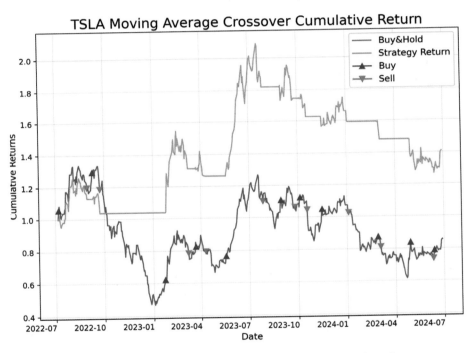

그림 6-12 TSLA의 테스트 데이터에 대한 벤치마크와 MAC 전략의 누적 수익률 그래프

그림 6-12의 테스트 결과를 보면 주가에 많은 등락이 있었고 추세 추종 전략에 가장 불리한 횡보 구간도 있으며 최종적으로 Buy&Hold는 -15%의 손실을 기록했다. 그렇지만 MAC 전략의 누적 수익률 그래프를 보면 큰 골짜기는 잘 피했고 몇 차례 발생한 상승 추세에 잘 편승해서 최종적으로 +40%

의 수익을 거두었다. 이는 추적 손절법을 적용한 이동평균선 교차 전략에서 과적합 문제가 크지 않다는 긍정적인 결과다.

하지만 여기서 만족해서는 안 된다. 철저하게 전략의 성능을 평가하고 과적합 여부를 판단하려면 하나의 기간을 정해 백테스트와 테스트를 진행하는 것으로는 부족하다. 긴 기간 동안 6개월 또는 1년씩 롤링하면서 테스트해야 한다. 이러한 검증 방식을 Walk-Forward Verification이라고 하며, 개념을 그림으로 나타내면 그림 6-13과 같다.

그림 6-13 Walk-Forward Verification

Walk-Forward Verification을 수행하고자 코드 6-19와 같이 rolling_test 함수를 만들었다. 이 함수는 ticker와 date를 입력 변수로 받고 date로부터 5년 이전의 데이터로 MAC 전략의 최적 파라미터를 찾는다. 그런 다음, 해당 파라미터로 date 이후 2년간 MAC 전략의 백테스트를 실행해 CAGR과 MDD를 반환한다.

코드 6-19 MAC 전략의 Rolling Test 함수

```python
from datetime import datetime
def rolling_test(ticker, date):
    # 데이터 다운로드
    middle_date = date
    middle_date_dt = datetime.strptime(middle_date, '%Y-%m-%d')
    start_date_dt = middle_date_dt.replace(year=middle_date_dt.year - 5)
    start_date = start_date_dt.strftime('%Y-%m-%d')
    end_date_dt = middle_date_dt.replace(year=middle_date_dt.year + 2)
    end_date = end_date_dt.strftime('%Y-%m-%d')
    df = yf.download(ticker, start_date, end_date)

    # 파라미터 최적화와 백테스트
```

```
df_train = df.loc[start_date:middle_date].copy()
optimal_params, optimal_df = parameter_optimizer3(df_train)
df_test = df.loc[middle_date:].copy()
data, ret = mac_strategy3(df_test, optimal_params[0], optimal_params[1], \
                          optimal_params[2])
# 연평균 성장률 CAGR
fee_rate = 0.001
trading_period = len(data)/252 # in years
buy_and_hold = data['Close'].iloc[-1]*(1-fee_rate)\
/(data['Close'].iloc[0]*(1+fee_rate))
CAGR_strategy = (data['Cumulative_Return'].iloc[-1])**(1/trading_period)-1
CAGR_benchmark = (buy_and_hold)**(1/trading_period)-1

# 최대 낙폭 MDD
data['Cumulative_Max'] = data['Cumulative_Return'].cummax()
data['Drawdown'] = data['Cumulative_Return'] / data['Cumulative_Max'] - 1
mdd_strategy = data['Drawdown'].min()

cumulative_returns = (1 + data['Close'].pct_change()).cumprod()
running_max = cumulative_returns.cummax()
drawdown = cumulative_returns/running_max - 1
mdd_benchmark = drawdown.min()

return CAGR_strategy, mdd_strategy, CAGR_benchmark, mdd_benchmark
```

코드 6-20은 TSLA 종목에 대해서 2018년 1월 1일부터 2022년 7월 1일까지 6개월 단위로 롤링하면서 rolling_test 함수를 실행하는 코드다. dates의 각 날짜에 대해 실행하여 전략과 벤치마크의 CAGR, MDD를 반환받고 10번의 테스트 결과를 데이터프레임으로 반환한다. 데이터프레임을 보면 전략의 수익률과 MDD가 항상 Buy&Hold를 능가하는지 한눈에 확인할 수 있다.

코드 6-20 과거 5년간 6개월 단위 Rolling Test

```
dates = ['2018-01-01','2018-07-01','2019-01-01','2019-07-01','2020-01-01',\
         '2020-07-01','2021-01-01','2021-07-01','2022-01-01','2022-07-01']
results = {('Strategy','CAGR'):[],('Strategy','MDD'):[], \
           ('Benchmark','CAGR'):[],('Benchmark','MDD'):[]}
ticker = 'TSLA'
```

```
for date in dates:
    CAGR_strategy, mdd_strategy, CAGR_benchmark, mdd_benchmark = \
    rolling_test (ticker, date)
    results[('Strategy','CAGR')].append(CAGR_strategy)
    results[('Strategy','MDD')].append(mdd_strategy)
    results[('Benchmark','CAGR')].append(CAGR_benchmark)
    results[('Benchmark','MDD')].append(mdd_benchmark)
    print(f'Date:{date}, CAGR_Strategy:{100*CAGR_strategy:.2f}%, '
          f'MDD_Strategy:{100*mdd_strategy:.2f}% CAGR_Benchmark:'
          f'{100*CAGR_benchmark:.2f}%, MDD_Benchmark:{100*mdd_benchmark:.2f}%')
results_df = pd.DataFrame(results, index=dates)
results_df
```

	Strategy		Benchmark	
	CAGR	MDD	CAGR	MDD
Date				
2018-01-01	0.040665	-0.432091	0.089388	-0.528493
2018-07-01	0.641313	-0.289841	0.801062	-0.606265
2019-01-01	1.174842	-0.257206	2.599176	-0.606265
2019-07-01	1.016941	-0.244779	3.036363	-0.606265
2020-01-01	0.578185	-0.232313	1.754760	-0.536184
2020-07-01	0.423210	-0.288967	0.304891	-0.489263
2021-01-01	0.099110	-0.288033	-0.313705	-0.733883
2021-07-01	0.239392	-0.285950	0.053335	-0.736322
2022-01-01	0.209981	-0.287530	-0.090604	-0.716880
2022-07-01	0.118502	-0.392455	-0.192878	-0.650524

실행 결과로 출력된 results_df에서 첫 번째 줄을 먼저 살펴보자. 2018-01-01은 그 날짜 이전 5년 데이터로 파라미터 최적화를 실행하고, 이후 2년간 백테스트를 진행했음을 의미한다. 그 결과 전략의 누적 수익률은 4%, MDD는 -43%이고, 벤치마크인 Buy&Hold의 누적 수익률은 약 9%, MDD는 -53%다.

전체를 종합해 보면 6번은 전략 수익률이 벤치마크 수익률보다 높았고 4번은 낮았다. MDD는 항상 전략이 우수했다. 최적화 수익률을 보고 기대를 품었던 사람이라면 수익률 면에서 다소 실망스러운 결과로 생각할 수도 있겠다. 그러나 효율적 시장 가설에 따라 과거 데이터를 기반으로 미래 주가를 예측하는 것이 불가능하다는 점을 고려하면, 이는 자연스러운 결과로 볼 수 있다.

벤치마크가 강한 상승 추세를 보이며 큰 수익을 낸 경우 그에 버금가는 수익을 냈다는 점, 벤치마크가 손실을 기록했음에도 전략은 수익을 낼 수 있었다는 점, MDD에서 항상 이점이 있다는 점은 전략의 단순성을 고려할 때 만족스러운 검증 결과라고 할 수 있다.

그림 6-14는 코드 6-20의 실행 결과로 얻은 데이터프레임을 한눈에 파악할 수 있도록 CAGR과 MDD를 막대 그래프로 나타낸 것이다. 다른 종목들에 대해서도 동일한 Rolling Test를 실시하면 재미있게도 10번의 테스트에서 전략의 수익률이 벤치마크의 수익률을 이기는 것은 4번에서 6번 정도에 그침을 보게 된다.

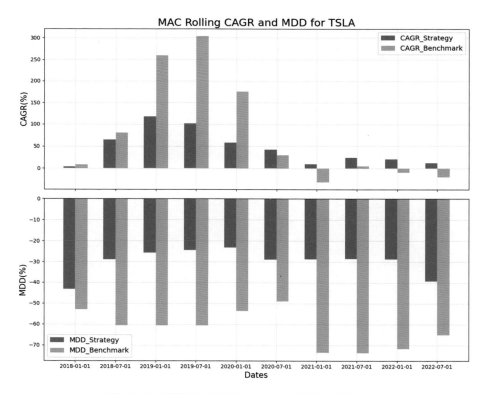

그림 6-14 TSLA에 대한 MAC 전략의 Rolling Test 결과로 그린 막대 그래프

그림 6-15는 TQQQ에 대한 Rolling Test 결과를 막대 그래프로 나타낸 것이다. 여기서도 전략이 수익률에서 벤치마크를 6번 이기는 반면, MDD에서는 항상 우수한 결과를 얻는다는 것을 볼 수 있다. MAC 전략이 Buy&Hold보다 초과 수익을 달성할 확률은 약50% 정도에 그치지만 MDD는 항상 개선된다는 점은 주목할 만하다.

벤치마크가 큰 수익을 낼 때 그에 버금가는 수익을 내고, 벤치마크가 하락할 때는 손실을 피할 수 있다는 검증 결과는 MAC 전략이 추세 추종 전략으로서 가치가 있음을 보여준다.

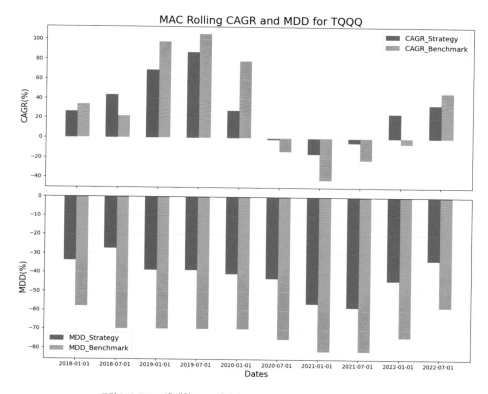

그림 6-15 TQQQ에 대한 MAC 전략의 Rolling Test 결과로 그린 막대 그래프

CHAPTER 7

QUANT

양방향 추세 추종 전략

앞 장에서는 이 책의 첫 번째 퀀트 투자 전략으로 추세 추종 전략의 기본 전략인 이동평균선 교차 전략을 알아보았다. 어떻게 백테스트를 코드로 구현하고 전략의 성능을 평가하고 검증하는지 이해했다면 이 책의 절반을 이미 마스터한 것이라 해도 과언이 아니다. 전략 자체를 평가해 보면, 대표적인 미국 주식 몇 종목에 적용해 봄으로써 비교적 긍정적인 결과를 얻었다. 하지만 롱 온리 추세 추종 전략의 근본적인 한계를 눈치챈 독자도 있을 것이다.

내가 투자한 종목이 오랜 기간 하락한다면, 롱 온리 이동평균선 교차 전략으로 수익을 내기는 매우 어렵다. 이 전략은 등락을 거치면서도 기본적으로 우상향하는 경우에 좋은 성과를 내지만, 주가가 횡보하면 잘못된 매수 신호가 반복되면서 손실이 누적된다. 또한 주가가 하락하면 매수 기회를 얻지 못한다.

이번 장에서는 하락장에서도 수익을 낼 수 있는 투자 방법들에 대해 알아보고, 앞에서 개발한 롱 온리 이동평균선 교차 전략을 양방향 투자가 가능하도록 수정하여 성능 개선을 시도해 보자.

7.1 하락장에서도 수익 내는 방법

투자가 보편화된 요즘은 이미 많은 개인 투자자들도 잘 알고 있는 바와 같이 하락장에서도 수익을 낼 수 있는 여러 가지 방법이 존재한다. 대표적으로 주식의 공매도, 선물과 옵션 투자, 인버스 ETF 투자가 있다.

7.1.1 공매도

공매도short selling는 어떤 주식의 주가가 하락할 것으로 예상될 때 해당 주식을 빌려 먼저 매도한 뒤, 주가가 하락하면 빌린 만큼 주식을 시장에서 매수하여 상환함으로써 차익을 얻는 거래 방식이다.

예를 들어 어떤 회사의 주식이 현재 100달러이고 주가가 하락할 것으로 예상하여 이 주식 10주를 빌려서 팔았다고 하자. 그러면 일단 매도 대금 1,000달러가 들어온다. 예상대로 주가가 90달러로 하락한다면 시장에서 900달러를 내고 10주를 사서 빌린 주식을 갚으면 100달러의 차익이 생긴다. 물론, 주식을 빌리려면 담보가 있어야 하고 수수료도 지불해야 하므로 차익 100달러가 모두 순수익이 되지는 않는다.

공매도는 적정 가격보다 지나치게 상승한 주식의 가격을 하락시켜 시장 효율성을 높이는 긍정적인 역할을 할 수 있다. 이러한 이유로 대부분의 나라에서 공매도를 허용하고 있다. 다만 종전에는 주식을 빌리지도 않고 일단 매도하는 이른바 무차입 공매도naked short selling까지 허용했으나 많은 문제를 일으키면서 대부분의 나라에서 금지되었다. 현재는 주식을 먼저 빌린 후 매도하는 차입 공매도covered short selling만 인정하는 추세다.

★참고★ 숏 스퀴즈

공매도 세력과 매수 세력이 충돌하는 경우, 매수 세력이 승기를 잡아 주가가 상승하기 시작하면 공매도 투자자들은 큰 손실을 피하기 위해 급히 주식을 매수해 상환하려 한다. 이로 인해 매수 물량이 급격히 증가하여 주가가 더 가파르게 오르는 현상을 숏 스퀴즈short squeeze라고 한다.

한국에서 개인 투자자가 공매도를 하려면 먼저 금융투자교육원에서 개인 공매도 사전의무교육을 받고 수료증을 받아 자신이 거래하는 증권사에 제출해야 한다. 이후 한국거래소에서 1시간 이상 개인 공매도 모의거래 체험을 완료하고 나서 거래하는 증권사에 대주거래 이용신청을 해야 공매도를 할 수 있게 된다. 증권사에서 주식을 빌려서 거래하는 것으로, 초기 투자 한도는 3,000만 원으로 제한된다.

그러나 한국에서는 공매도를 위해 주식을 빌릴 때 담보 비율과 상환 기간이 기관/외국인 투자자와 개인 투자자에게 다르게 적용되면서, 개인 투자자에게 지나치게 불리한 기울어진 운동장이라는 비판이 제기되어 왔다. 심지어 당국 규제가 느슨한 틈을 타서 기관과 외국인 투자자들은 불법적인 무차입 공매도를 일삼는다는 지적도 있었다. 이런 상황에서 공매도는 정당한 주가 상승을 방해하고 개미 투자자들의 손실을 초래하는 공공의 적으로 인식되는 경우가 많았고, 주식 시장 급락 시 정부가 한시적으로 공매도를 금지하는 사례도 있었다.

2023년 11월 5일, 급기야 금융위원회는 한국 주식 시장에서 공매도를 한시적으로 전면 금지했다. 그동안 제기된 비판을 고려하여 불공정과 불법적 요소를 철저히 규제할 수 있는 제도적 개선을 이룬 후 다시 허용하겠다는 입장이다. 2024년 8월 현재, 공매도 금지 조치는 2025년 3월까지 연장된 상태다.

미국에서는 주식의 공매도가 허용되며, 주식을 빌리기 위한 담보 비율과 상환 기간도 모든 투자자에게 동일하게 적용된다. 무차입 공매도는 원칙적으로 허용되지 않는다. 그러나 한국에서 미국 주식을 거래하는 한국 개인 투자자는 한국 증권사를 통해 거래하기 때문에 당국 규제에 따라 안타깝게도 미국 주식의 공매도를 할 수 없게 되어 있다.

- 공매도는 주식을 빌려서 팔고 나중에 시장에서 주식을 사서 갚는 거래 제도
- 주가가 하락할 것으로 예상될 때 사용하여 수익을 꾀할 수 있음
- 현재는 한국 개인 투자자에게 미국 주식 거래에서 공매도는 허용되지 않음

7.1.2 선물

선물Futures은 현물 가격이 상승할 것으로 예상될 때, 현물을 직접 구매하지 않고도 선물 매수 계약을 통해 투자할 수 있는 방법이다. 선물 매수 계약은 현재가로 장래의 만기에 현물을 매수하기로 계약하는 것이다. 이 거래의 상대방은 선물 매도 계약을 체결하는 것으로 체결된 가격으로 만기에 현물을 매도해야 한다.

현물이란 선물의 기초 자산이라고도 하며 상품 선물로는 쌀, 배추, 석유, 구리 등이 있다. 주식에서는 특정 주식이거나 추상화된 주가 지수일 수도 있다. 이때 선물 매수 계약을 체결하는 것을 매수 포지션 또는 롱 포지션long position에 진입한다고 표현하는데, 현물의 매수 또는 매도 개념과 혼동하면 안 된다. 선물 계약이 체결된 것이지 현물의 매수·매도가 이루어진 것이 아니다. 매수라는 단어가 혼동의 우려가 있으므로 여기서는 매수 포지션 대신 롱 포지션으로 지칭하겠다. 선물 매도 계약을 체결하는 것은 매도 포지션 또는 숏 포지션short position에 진입했다고 하는데 마찬가지 이유로 숏 포지션으로 지칭하겠다.

주가 지수 선물은 나중에 설명하기로 하고 이해하기 쉬운 개별 주식 선물을 예를 들어 보겠다. 현물 가격이 100달러일 때 주가 상승이 예상되어 선물 시장에서 10계약 롱 포지션에 진입했다고 하자(1계약당 1주 거래로 가정). 이는 만기에 주가가 어떻게 변했든 상관없이 주식을 100달러에 10주 사기로 약정한 것

이다. 예상대로 만기에 현물 가격이 120달러로 상승하면 100달러에 사서 바로 시장에 팔면 한 주식당 20달러, 즉 10주에 대해 200달러 수익을 얻을 수 있다. 이렇게 만기에 일어나는 과정을 만기 청산이라고 하는데 개념상으로는 복잡해 보이지만 거래소에서 전산으로 자동 처리된다.

반대로 주가 하락이 예상되면 현재가 100달러로 선물 매도 10계약을 체결하여 숏 포지션에 진입할 수 있다. 이는 만기에 주가가 어떻게 변했든 상관없이 100달러에 10주 팔 수 있음을 의미한다. 예상대로 주가가 만기에 80달러로 하락한다면 시장에서 80달러에 10주 사서 100달러에 10주 파는 선물 계약을 이행하면 되고 차액 200달러를 수익으로 챙기게 된다. 이 과정 역시 선물 투자자가 직접 이행할 필요는 없고 거래소에서 전산으로 자동 처리된다.

선물 거래의 가장 큰 특징은 레버리지를 활용할 수 있다는 점이다. 100달러에 10계약 롱 포지션에 진입하는 것은 만기에 매수하기로 계약하는 것이지 현재 매수하는 것이 아니다. 따라서 1,000달러 매수 대금을 당장 지불할 필요가 없어 롱 포지션 진입에는 매수 대금만큼의 현금이 필요하지 않다.

그렇다고 아무런 비용 없이 롱 포지션에 진입할 수 있는 것은 아니고 매수 대금의 일정 비율을 증거금으로 가지고 있어야 하며 해당 금액은 청산할 때까지 사용할 수 없도록 묶이게 된다. 또한 주가가 변함에 따라 증거금 액수도 계속 변하기 때문에 모자라면 채워넣어야 한다. 이때 레버리지 10을 사용한다면 간단히 설명해서 매수 대금 1,000달러의 1/10인 증거금 100달러만 있으면 롱 포지션에 진입할 수 있다는 뜻이다.

앞에서 가정한 상승 시나리오대로 된다면 200달러 이익을 얻는 것이니 200% 수익을 달성하게 된다. 그런데 주가가 예상대로 움직이지 않고 만기 전에 90달러로 하락한다면 어떻게 될까? 90달러인 10주를 100달러에 10주 매수해야 하기 때문에 이미 미실현 손실이 100달러가 되어 제공한 증거금과 같은 수준에 도달한다. 이렇게 되기 직전에 추가 증거금을 요구하는 마진 콜margin call이 발생하며 증거금을 충족시키지 못하면 만기 전이라도 강제 청산forced liquidation되어 주가의 10% 하락만으로도 100% 손실을 보게 된다.

선물 투자에서 높은 레버리지 투자는 이와 같이 양날의 검임을 유념해야 한다. 그렇다고 선물은 무조건 위험한 것이니 절대 해서는 안 된다는 초보 투자자의 흔한 관념도 옳다고 보기 어렵다. 왜냐하면 레버리지는 투자자 자신이 정하는 것이기 때문이다. 투자자가 적절한 레버리지를 활용한다면, 선물 투자는 단순히 주가 상승만을 기다리는 롱 온리 투자와 비교할 수 없는 강력한 투자 도구가 될 수 있다.

만기가 있는 선물 계약에서 반드시 만기까지 포지션을 유지해야 하는 것은 아니다. 앞의 예와 같이 100달러에 10계약 롱 포지션에 진입했는데 만기 전에 이미 120달러가 되었다고 하자. 투자자는 그 시점에서 120달러에 10계약 숏 포지션에 진입해 롱 포지션을 청산할 수 있다. 이를 전매도closing sell라고 하며 롱 포지션을 중간 청산하는 과정이다. 이 경우 만기에 주가가 어떻게 변하건 무조건 200달러의 차익이 확정되므로 만기까지 기다리지 않고도 즉시 200달러 수익을 얻을 수 있다.

숏 포지션에 진입한 경우도 마찬가지로, 중간 청산을 위해 롱 포지션에 진입할 수 있다. 이를 환매수closing buy라고 하며, 숏 포지션을 종료하는 과정이다.

주가 지수 선물이란 주가 지수 자체에 가격을 부여하여 기초 자산으로 삼아 거래하는 선물을 말한다. 주가 지수에 가격을 부여하기 위해 지수에 곱하는 값을 승수multiplier라고 한다. 예를 들어 S&P 500 지수를 기초 자산으로 하는 선물 상품이 S&P 500 지수 선물이고 Nasdaq 100 지수를 기초 자산으로 하는 선물 상품은 Nasdaq 100 지수 선물이다. 각각의 승수는 S&P 500 지수 선물이 250달러, Nasdaq 100 지수 선물이 100달러다.

Nasdaq 100 지수의 전고점은 20,000을 넘었으며, 지수가 20,000이라면 Nasdaq 100 지수 선물 1계약의 가격은 $2,000,000에 달한다. 이러한 규모는 큰 자산을 운용하는 기관이 아니면 거래하기 어려운 것이 현실이다. 이를 보완하기 위해 승수를 낮춘 E-mini 상품이 주로 거래되고 있다. E-mini S&P 500 지수 선물과 E-mini Nasdaq 100 지수 선물의 승수는 각각 $50, $20로, 지수가 20,000일 때 E-mini Nasdaq 100 지수 선물 1계약 가격이 $400,000로 한화로 5억 원이 넘기 때문에 개인 투자자가 거래하기에는 여전히 부담스러운 수준이다. 물론, 레버리지를 사용할 수 있기 때문에 $400,000 전액이 있어야 1계약을 거래할 수 있는 것은 아니다.

그래서 승수를 더 낮춘 Micro E-mini 상품이 등장했다. Micro E-mini S&P 500 지수 선물과 Micro E-mini Nasdaq 100 지수 선물의 승수는 각각 $5, $2로 개인 투자자들에게 인기가 많다. 레버리지는 거래하는 증권사나 거래소마다 요구하는 증거금률에 차이가 있지만 대체로 20 근방으로 알려져 있어서 최대로 레버리지를 사용하면 지수가 20,000이더라도 20,000×$2/20=$2,000 정도 증거금이 있으면 Micro E-mini Nasdaq 100 지수 선물 1계약을 거래할 수 있다.

- 현물 가격이 상승할 것으로 예상되면 선물 매수 계약 체결(롱 포지션 진입)
- 현물 가격이 하락할 것으로 예상되면 선물 매도 계약 체결(숏 포지션 진입)
- 레버리지를 활용할 수 있어 증거금 이상의 큰 액수의 거래도 가능하나 위험 관리 필수

7.1.3 옵션

어떤 기초 자산의 가격이 상승할 것으로 예상할 때 현물을 사서 보유할 수도 있고 선물 롱 포지션에 진입할 수도 있다. 이와는 달리, 만기에 계약으로 정해진 가격(행사가)으로 현물을 살 수 있는 권리를 사는 계약을 체결할 수도 있는데, 이를 콜 옵션call option 매수라고 한다. 선물 롱 포지션은 만기에 반드시 해당 자산을 매수해야 하는 의무가 있지만, 콜 옵션 매수는 자산을 '살 수 있는 권리'를 제공하므로 만기에 이 권리를 행사할 수도 있고 포기할 수도 있다는 차이가 있다.

예를 들어 현물의 현재 가격이 100달러이고 가격이 상승할 것으로 예상하여 행사가 105달러에 콜 옵션 10계약을 매수하고 대금으로 20달러를 지불했다고 하자. 이는 만기에 현물을 105달러에 10단위 살 수 있는 권리를 얻었다는 뜻이다. 이때 지불한 대금은 프리미엄이라고 한다. 만기에 예상대로 현물 가격이 상승하여 110달러가 되었다고 하자. 당연히 권리를 행사하여 105달러에 10단위를 사고 곧바로 110달러에 10단위를 팔면 50달러의 차익을 얻는다. 지불한 프리미엄 20달러를 빼면 30달러의 순수익을 얻는다.

만약 예상과 달리 현물 가격이 폭락하여 만기에 80달러가 되었다면 어떻게 될까? 걱정할 필요가 없다. 콜 옵션은 행사가로 살 수 있는 권리를 보유한 것이기 때문에, 80달러짜리를 105달러에 매수할 필요가 없다. 이 경우 단순히 권리를 행사하지 않고 포기하면 된다. 이로 인한 손실은 지불했던 20달러의 프리미엄에 그친다.

이 개념은 아파트 분양권 매매와 유사하다. 예를 들어, 분양을 받지 못한 사람이 1억 원의 프리미엄을 주고 분양권을 샀다고 하자. 이는 아파트 완공 시점에 분양가로 계약을 체결할 권리를 산 것이다. 만약 완공 시점에 분양가 대비 아파트 가격이 2억 원 올랐다면, 분양권을 행사해 계약을 체결할 것이다. 반대로, 아파트 가격이 분양가보다 2억 원 낮아졌다면, 프리미엄 1억 원을 손실로 감수하고 분양 계약을 포기할 수도 있다.

기초 자산의 가격이 하락할 것으로 예상할 때 현물을 공매도하거나 선물의 숏 포지션에 진입하는 외에

만기에 계약으로 정해진 가격(행사가)으로 매도할 수 있는 권리를 사는 계약을 체결할 수도 있다. 이를 **풋 옵션**put option 매수라고 한다.

예를 들어 현물의 현재 가격이 100달러이고 가격이 하락할 것으로 예상하여 행사가 95달러에 풋 옵션 10계약을 매수하고 대금으로 20달러를 지불했다고 하자. 이는 프리미엄을 지불하고 만기에 현물을 95달러에 10단위를 팔 수 있는 권리를 얻었다는 뜻이다. 만기에 예상대로 현물 가격이 하락하여 90달러가 되었다고 하자. 당연히 권리를 행사하여 90달러에 10단위를 사고 곧바로 95달러에 10단위를 팔아 50달러의 차익을 얻는다. 지불한 프리미엄 20달러를 빼면 30달러의 순수익을 얻는다.

만약 예상과 달리 현물 가격이 급등하여 만기에 110달러가 되었다면 권리를 포기하면 되고 손실은 지불한 프리미엄 20달러로 제한된다.

콜 옵션 매수와 풋 옵션 매수는 모두 수익이 무한대로 증가할 가능성이 있는 반면, 손실은 프리미엄으로 제한되는 특징을 가진다. 그렇다면 콜 옵션 매수 거래의 상대방, 즉 콜 옵션 매도자는 어떤 입장인지 살펴보자.

콜 옵션 매수자가 만기에 행사가로 자산을 매수할 권리를 행사하면, 콜 옵션 매도자는 그 행사가로 자산을 팔아야 할 의무를 진다. 앞의 예에서와 같이 행사가 105달러로 10계약 콜 옵션을 매수한 사람이 있을 때, 만기에 현물 가격이 110달러가 되어 매수자가 권리를 행사하면 매도자는 110달러에 사서 105달러에 팔아야 한다. 이때 매도자는 총 50달러의 손해를 보는데 프리미엄 20달러를 받았으니 순손실은 30달러가 된다.

반대로 현물 가격이 하락하여 매수자가 권리 행사를 포기하면 매도자는 프리미엄만큼 이익을 보게 된다. 즉, 콜 옵션 거래는 매수자의 이익만큼 매도자가 손실을 보고, 매수자의 손실만큼 매도자가 이익을 얻는 **제로 섬**zero sum 게임이다. 풋 옵션 매수 계약의 상대방인 풋 옵션 매도자의 입장도 같은 원리로 이해할 수 있다.

콜 옵션과 풋 옵션의 매도자는 손실이 무제한으로 커질 수 있고 이익은 프리미엄으로 제한되는, 겉보기에 매우 위험한 입장이다. 그런데도 누가 왜 옵션 매도자가 되는 것일까? 이는 옵션 매도자의 역할을 보험사의 입장에 비유하면 쉽게 이해할 수 있다.

보험사는 적당한 보험료를 받고 여러 보험 상품을 판매한다. 보험 사고가 발생해 큰 보험금을 일부 지불하더라도, 충분히 많은 보험료를 통해 전체적으로 이익을 얻는 구조다. 이와 마찬가지로, 대부분의 경우 만기에 권리 행사가 이뤄지지 않을 정도의 행사가와 프리미엄 조건에서 거래를 진행한다면 매도자도 이익을 얻을 수 있다. 다만, 이러한 거래를 수행하려면 전문 지식과 충분한 자본이 필요하므로 대부분 기관 투자자가 담당한다.

옵션도 선물처럼 승수가 있어서 레버리지를 활용할 수 있는 대표적인 파생상품이다. 옵션에는 다양한 거래 기법이 개발되어 있으며, 이를 헤지(위험 회피) 수단으로 전문 투자자들이 활용하고 있다. 미국의 경우 개별 주식 옵션과 주가 지수 옵션 모두 활발하게 거래되며, 만기 전에도 권리 행사가 가능한 방식을 취하는데 이 방식을 미국식 옵션이라고 한다. 반면, 유럽식 옵션은 만기에만 권리를 행사할 수 있도록 제한한다.

이 책은 입문서이므로, 옵션을 활용한 전략은 소개하지 않는다. 따라서 옵션이라는 양방향 거래 제도의 개념을 이해하는 것으로 충분하다.

- 현물 가격이 상승할 것으로 예상되면 싸게 살 수 있는 권리인 콜 옵션 매수
- 현물 가격이 하락할 것으로 예상되면 비싸게 팔 수 있는 권리인 풋 옵션 매수
- 옵션 매수는 수익 무제한에 손실 제한, 옵션 매도는 수익 제한에 손실 무제한
- 레버리지를 활용할 수 있어 증거금 이상의 큰 액수 거래가 가능하나 위험 관리 필수

7.1.4 인버스 ETF

S&P 500 지수는 꾸준히 우상향하는 경향을 보이므로, 그 정도의 수익을 얻고자 하는 투자자가 있다고 가정해 보자. 그러면 500개 종목을 시가 총액 비율에 맞춰 매수하여 포트폴리오를 구성한 뒤, 주식 가격이 변동할 때마다 시가 총액 비율에 맞게 주식을 사고파는 리밸런싱 작업을 실행하며 포트폴리오를 관리해야 한다. 그러나 이러한 작업은 개인 투자자에게는 현실적으로 매우 어려운 일이다.

그렇다면 주가 지수나 특정 섹터 지수, 개별 주식의 가격을 추종하면서 가격이 변하고 주식처럼 시장에서 쉽게 사고팔 수 있는 상품은 없을까? 이런 수요를 충족하기 위해 개발된 것이 요즘 전 세계적으로 폭발적 인기를 끌고 있는 상장지수펀드 ETF_{Exchange Traded Fund}이다. 예를 들어, S&P 500 지수 정도의 수익을 얻고 싶다면 포트폴리오를 직접 구성할 필요 없이 해당 지수를 추종하는 SPY ETF를 사면 된다.

추종 자산의 가격이나 지수가 상승하면 상승률만큼 하락하고, 하락하면 하락률만큼 상승하는 ETF를 인버스 ETF라고 한다. 예를 들어, S&P 500 지수를 역으로 추종하는 인버스 ETF로 SH가 있다. 인버스 ETF를 활용하면 SPY를 사고 지수가 상승하기만을 기다리거나 하락이 명확하면 팔았다가 다시 매수하는 수동적 거래 방식에서 벗어날 수 있다. 하락장에서는 SPY를 팔고 SH를 사게 되면 하락장에도 수익을 낼 수 있는 액티브한 거래가 가능해진다.

추종 자산의 가격이나 지수를 추종하되 그 변동률의 2배 또는 3배로 추종하는 레버리지 ETF도 많은 인기를 얻고 있다. 한국 개인 투자자들에게 특히 인기를 얻고 있는 TQQQ는 Nasdaq 100 지수를 3배로 추종하는 ETF다. 정확하게는 하루 변동성(수익률)의 3배를 매일 추종하는 방식이다.

미국 시장에서 레버리지 ETF는 정말로 화끈한 변동성을 보이며 상승장에서는 엄청난 수익을 낼 수 있어 공격적 성향의 투자자에게 큰 사랑을 받는다. 하지만 하락장에서는 그만큼 감내하기 힘든 큰 손실도 내는데다 수수료도 만만치 않기 때문에 주의를 요하는 고위험 상품이다.

예를 들어, 지수가 3%씩 3번 연속 하락한 후 3%씩 3번 연속 상승한다고 가정해 보자. 이때 지수는 0.75% 하락하는 데 그친다. 그러나 3배수 레버리지 ETF는 9%씩 3번 연속 하락한 후 9%씩 3번 연속 상승하면 가격이 6.6%나 하락하게 된다. 여기에 수수료까지 고려하면 지수가 크게 하락했을 때 레버리지 ETF는 회복할 때까지 지수보다 훨씬 늦을 수 있어 주의를 요한다.

미국 주식 시장에는 개별 종목의 인버스 ETF도 존재한다. 예를 들어, 테슬라TSLA의 주가와 반대로 움직이는 TSLS, 애플AAPL의 주가와 반대로 움직이는 AAPD 등이 있다. 미국 시장에는 정말 다양한 투자 상품이 있어 '없는 게 없는' 느낌이다.

그러나 인버스 ETF는 투자 시 각별한 주의가 필요하다. 일반적으로 하락은 급하게 일어나지만 짧게 끝나고, 상승은 비교적 느리고 오랜 기간에 걸쳐 일어나는 경우가 많다. 이러한 상승과 하락의 비대칭성을 반드시 염두에 두고 투자해야 한다.

개별 종목의 인버스 ETF는 공매도를 할 수 없고 선물이나 옵션 투자를 하기에는 어려움이 있는 한국 개인 투자자에게 양방향 거래 전략을 구현할 수 있는 매우 편리한 도구가 된다.

표 7-1 미국 주요 ETF

티커(Ticker)	ETF 정보(상장일)
QQQ	Nasdaq 100 지수 일변동성 추종 1배수(1999.3.10)
QLD	Nasdaq 100 지수 일변동성 추종 2배수(2006.6.21)
TQQQ	Nasdaq 100 지수 일변동성 추종 3배수(2010.2.11)
SPY	S&P 500 지수 일변동성 추종 1배수(1993.1.29)
SSO	S&P 500 지수 일변동성 추종 2배수(2006.6.21)
UPRO	S&P 500 지수 일변동성 추종 3배수(2009.6.25)
USD	필라델피아 반도체 지수 일변동성 추종 2배수(2007.2.1)
SOXL	필라델피아 반도체 지수 일변동성 추종 3배수(2010.3.11)
AAPU	애플 주가 일변동성 추종 2배수(2022.8.9)
TSLT	테슬라 주가 일변동성 추종 2배수(2023.10.19)
NVDX	엔비디아 주가 일변동성 추종 2배수(2023.10.19)

표 7-2 미국 주요 인버스 ETF

티커(Ticker)	ETF 정보(상장일)
PSQ	Nasdaq 100 지수 일변동성 인버스 추종 1배수(2006.6.21)
QID	Nasdaq 100 지수 일변동성 인버스 추종 2배수(2006.7.13)
SQQQ	Nasdaq 100 지수 일변동성 인버스 추종 3배수(2010.2.11)
SH	S&P 500 지수 일변동성 인버스 추종 1배수(2006.6.21)
SDS	S&P 500 지수 일변동성 인버스 추종 2배수(2006.7.13)
SPXS	S&P 500 지수 일변동성 인버스 추종 3배수(2008.11.19)
SSG	다우존스 반도체 지수 일변동성 인버스 추종 2배수(2007.2.1)
SOXS	필라델피아 반도체 지수 일변동성 인버스 추종 3배수(2010.3.11)
AAPD	애플 주가 일변동성 추종 인버스 1배수(2022.8.10)
TSLS	테슬라 주가 일변동성 추종 인버스 1배수(2022.8.10)
NVDS	엔비디아 주가 일변동성 추종 인버스 1.5배수(2022.7.14)

7.2 공매도를 활용한 양방향 매매 전략

앞 장에서 개발한 롱 온리 이동평균선 교차 전략에서는 골든 크로스에서 매수한 후 데스 크로스가 발생하거나 추적 손절법에 의한 손절 조건이 충족되면 매도하고 다시 골든 크로스가 발생하기까지 기다려야 했다. 이제 이 전략을 양방향 매매로 수정해 보자. 일단 쉽게 구현하기 위해 공매도가 가능하다고 가정하며, 추적 손절법도 나중에 적용하기로 한다.

골든 크로스가 발생하면 보유 현금을 전액 사용해서 주식을 매수한다. 이는 선물 거래가 아니지만 롱 포지션 진입이라고 하겠다. 데스 크로스가 발생하면 주식을 전량 매도하고(롱 포지션 청산) 보유한 현금만큼 공매도한다. 이를 숏 포지션 진입이라고 하겠다. 숏 포지션 보유 상태에서 골든 크로스가 발생하면 숏 포지션을 청산하고 롱 포지션에 진입한다.

이 전략은 데스 크로스 발생이 항상 하락 추세의 시작을 의미하지는 않으므로 지나치게 단순한 측면이 있다. 하지만 우선 이렇게 시작하고 결과를 보면서 개선하기로 하자. 전략 자체보다는 양방향 매매의 경우 어떻게 백테스트를 구현하는지에 더 중점을 두고 읽기 바란다.

투자 전략

양방향 매매 전략
★ 골든 크로스가 발생하면 롱 포지션 진입, 숏 포지션 보유했으면 숏 포지션 청산
★ 데스 크로스가 발생하면 숏 포지션 진입, 롱 포지션 보유했으면 롱 포지션 청산

7.2.1 양방향 MAC 전략 백테스트

손절은 잠시 배제했고 수수료는 적용하기로 했으나, 양방향 매매의 백테스트에서 수수료 적용에는 주의가 필요하다. 특히 공매도의 경우, 실거래에서는 보증금 예치, 대차 수수료, 거래 수수료 등 다양한 비용이 발생하며 경우마다 달라 계산이 복잡하다. 여기서는 최대한 단순화해서 다음과 같은 조건으로 수수료를 적용한다.

- 공매도 진입 시: 레버리지 없이 보유 현금만큼 주식을 빌려 매도하며, 이때 매도 대금에 대한 거래 수수료만 지불한다.
- 공매도 청산 시: 주식을 매수해 공매도를 청산하므로, 매수 대금에 대한 거래 수수료를 지불한다.
- 수익 계산: 공매도 진입가에서 청산가를 뺀 뒤, 수량을 곱해 계산한 금액에서 진입 및 청산 시의 거래 수수료를 뺀 액수를 최종 수익으로 한다.

양방향 매매 전략을 Vectorized 버전으로 백테스트하는 경우 생각만큼 단순하지 않다. 특히 수익률 계산에서 오류를 범하기 쉬우며, 수수료를 적용하면 오류 가능성이 더욱 커진다. 혹시 이 문제로 고민해 봤던 진지한 독자를 위해 어떤 점 때문에 수익률 계산에서 오류가 발생하는지 살펴보겠다. 이 부분은 수식에 약한 독자는 건너뛰어도 상관없다.

Long Only에서 누적 수익률 계산 방법1

- 롱 포지션에서 `df['Position']=1`, 그 외에는 `df['Position']=0`
- `(df['Position'].shift() * df['Close'].pct_chage() + 1).cumprod()`

가격 p_1에 매수하고 가격이 p_2, p_3, p_4로 변하고 p_4에 매도하는 경우를 예로 들어보자. 초기 현금이 c_1이고 매수한 주식 수량이 n일 때 $c_1 = p_1 n$을 만족하고 매도 대금은 $p_4 n$이므로 원금을 포함한 최종 누적 수익률은 다음과 같다.

$$ret1 = \frac{p_4 n - p_1 n}{p_1 n} + 1 = \frac{p_4}{p_1}$$

이제 위 코드는 오류가 없음을 최종값을 계산해서 확인해 보자.

$$\left(\frac{p_2 - p_1}{p_1} + 1 \right)\left(\frac{p_3 - p_2}{p_2} + 1 \right)\left(\frac{p_4 - p_3}{p_3} + 1 \right) = \frac{p_2}{p_1} \frac{p_3}{p_2} \frac{p_4}{p_3} = \frac{p_4}{p_1} = ret1$$

Long Only에서 누적 수익률 계산 방법2

- 롱 포지션에서 `df['Position']=1`, 그 외에는 `df['Position']=0`
- `df['Log_Return'] = np.log(df['Position'].shift()*df['Close'].pct_chage() + 1)`
- `np.exp(df['Log_Return'].cumsum())`

마찬가지로 앞에서와 같은 예에 대해 위 코드도 옳다는 것을 확인해 보자.

$$cumsum(\log ret) = \log \frac{p_2}{p_1} + \log \frac{p_3}{p_2} + \log \frac{p_4}{p_3}$$

$$\exp[cumsum(\log ret)] = \exp\left(\log\frac{p_2}{p_1}\right)\exp\left(\log\frac{p_3}{p_2}\right)\exp\left(\log\frac{p_4}{p_3}\right) = \frac{p_2}{p_1}\frac{p_3}{p_2}\frac{p_4}{p_3} = \frac{p_4}{p_1} = ret1$$

양방향 매매에서 공매도 누적 수익률 계산 오류 예1

- 롱 포지션에서 df['Position']=1, 숏 포지션에서 df['Position']=-1
- ((df['Position'].shift() * df['Close'].pct_chage()) + 1).cumprod()

가격 p_1에 공매도하고 가격이 p_2, p_3, p_4로 변하고 p_4에 숏 포지션 청산하는 경우를 예로 들어보자. 초기 현금이 c_1이고 공매도한 주식 수량이 n일 때 $c_1 = p_1 n$을 만족하고 청산 대금은 $p_4 n$이므로 원금을 포함한 최종 누적 수익률은 다음과 같다.

$$ret2 = \frac{p_1 n - p_4 n}{p_1 n} + 1 = -\frac{p_4 - p_1}{p_1} + 1 = 2 - \frac{p_4}{p_1}$$

이제 위 코드가 맞는지 확인해 보면, 수식과 일치하지 않음을 알 수 있다.

$$\left(-\frac{p_2 - p_1}{p_1} + 1\right)\left(-\frac{p_3 - p_2}{p_2} + 1\right)\left(-\frac{p_4 - p_3}{p_3} + 1\right) = \left(2 - \frac{p_2}{p_1}\right)\left(2 - \frac{p_3}{p_2}\right)\left(2 - \frac{p_4}{p_3}\right) \neq ret2$$

양방향 매매에서 공매도 누적 수익률 계산 오류 예2

- 롱 포지션에서 df['Position']=1, 숏 포지션에서 df['Position']=-1
- df['Log_Return'] = df['Position'].shift() * np.log(df['Close'].pct_chage() + 1)
- np.exp(df['Log_Return'].cumsum())

앞에서와 같은 공매도 예에 대해 위 코드가 맞는지 확인해 보자.

$$cumsum(\log ret) = -\log\frac{p_2}{p_1} - \log\frac{p_3}{p_2} - \log\frac{p_4}{p_3}$$

$$\exp[cumsum(\log ret)] = \exp\left(-\log\frac{p_2}{p_1}\right)\exp\left(-\log\frac{p_3}{p_2}\right)\exp\left(-\log\frac{p_4}{p_3}\right) = \frac{p_1}{p_2}\frac{p_2}{p_3}\frac{p_3}{p_4} = \frac{p_1}{p_4} \neq ret2$$

일치하지 않는다. 다만 $p_4 - p_1 = \Delta$라 하면 최종 누적 수익률을 다음과 같이 쓸 수 있다.

$$ret2 = 1 - \frac{\Delta}{p_1}$$

또한 위 코드로 구한 값은 다음과 같이 쓸 수 있다.

$$\frac{p_1}{p_4} = \frac{p_1}{p_1 + \Delta} = \left(1 + \frac{\Delta}{p_1}\right)^{-1}$$

이때 Δ / p_1이 매우 작으면 다음 식이 성립하므로 이런 경우에는 근사식이 될 수 있다.

$$\left(1 + \frac{\Delta}{p_1}\right)^{-1} \approx 1 - \frac{\Delta}{p_1} = ret2$$

이러한 오류를 피하고 가정한 조건대로 정확히 백테스트하기 위해 속도는 느릴 수 있지만 직관적으로 명쾌한 Event-Driven 방식으로 코딩하도록 하겠다.

코드 7-1 양방향 MAC 전략의 Event-Driven Backtest

```python
def mac_long_short1(df, sw, lw):
    fee_rate = 0.001
    short_window = sw
    long_window = lw
    data = df.copy()
    data['Short_MA'] = data['Close'].ewm(span=short_window, \
                                        adjust=False).mean()
    data['Long_MA'] = data['Close'].ewm(span=long_window, \
                                        adjust=False).mean()
    data = data[long_window:].copy()

    data['Position'] = np.where(data['Short_MA'] > data['Long_MA'], 1, -1)  # ❶
    data['Signal'] = data['Position'].diff().fillna(0)

    cash_init = 10000
    cash = cash_init
    asset = np.zeros(len(data))
    asset[0] = cash

    signals = data['Signal'].values
    price = data['Close'].values
```

```
        pos = 0

    for i in range(1, len(data)):
        if pos == 0:
            if signals[i] == 2: # 골든 크로스 발생 => 롱 진입
                pos = 1
                long_entry_price = price[i]
                long_num = int(cash/(long_entry_price*(1+fee_rate)))
                cash -= long_entry_price*long_num*(1+fee_rate)
            elif signals[i] == -2: # 데스 크로스 발생 => 숏 진입
                pos = -1
                short_entry_price = price[i]
                short_num = -int(cash/(short_entry_price*(1+fee_rate))) # 음수 ⟵ ❷
                cash -= short_entry_price*(-short_num)*fee_rate
        elif pos == 1:
            if signals[i] == -2: # 데스 크로스 발생 => 롱 청산, 숏 진입
                cash += price[i]*long_num*(1-fee_rate)
                pos = -1
                short_entry_price = price[i]
                short_num = -int(cash/(short_entry_price*(1+fee_rate))) # 음수 ⟵ ❷
                cash -= short_entry_price*(-short_num)*fee_rate
        elif pos == -1:
            if signals[i] == 2: # 골든 크로스 발생 => 숏 청산, 롱 진입
                cash += (price[i] - short_entry_price)*short_num + \
                price[i]*short_num*fee_rate
                pos = 1
                long_entry_price = price[i]
                long_num = int(cash/(long_entry_price*(1+fee_rate)))
                cash -= long_entry_price*long_num*(1+fee_rate)

        # asset 갱신
        if pos == 0:
            asset[i] = cash
        elif pos == 1:
            asset[i] = cash + price[i]*long_num
        elif pos == -1:
            asset[i] = cash + (price[i]-short_entry_price)*short_num

data['Long_Entry'] = np.where(data['Signal'] == 2, data['Close'], np.nan)
```

```
data['Long_Exit'] = np.where(data['Signal'] == -2, data['Close'], np.nan)

data['Cumulative_Return'] = asset/cash_init
final_cum_return = data['Cumulative_Return'].iloc[-1] - 1

print(f'Final cumulative return of the strategy: '
      f'{100*final_cum_return:.2f}%')

return data, final_cum_return
```

코드 7-1은 앞 장에서 구현했던 Event-Driven 방식의 롱 온리 MAC 전략의 백테스트와 많은 부분 일치하기 때문에 수정된 부분만 집중해서 살펴보면 흐름을 빨리 이해할 수 있을 것이다.

❶ 롱 포지션은 Position=1, 숏 포지션은 Position=-1이다. 이렇게 하면 Signal=2에서 골든 크로스, Signal=-2에서 데스 크로스임에 유의해야 한다.

❷ 숏 포지션 진입 시에 공매도하는 주식 수량 short_num은 관례에 따라 음수로 하였음에 각별히 주의해야 한다. 이때 빌린 주식을 파는 것이기 때문에 현금에서는 주식을 팔 때 거래 수수료만 차감된다. 숏 포지션 청산 시에는 빌린 주식을 갚기 위해 진입 시 매도한 수량만큼 매수하는 것이므로 현금에서 매수 대금에 대한 거래 수수료가 차감되어야 하고 진입가와 청산가의 차이에 따른 수익이 더해진다.

전략의 성능 지표 출력 함수도 양방향 매매 전략에 맞게 수정해야 한다.

코드 7-2 양방향 MAC 전략의 성능 지표 출력 함수

```
def tear_sheet_ls(data):
    # 거래 수수료율 Transaction Fee Rate
    fee_rate = 0.001

    # 투자기간 Trading Period in Years
    trading_period = len(data)/252 # in year
    print(f'Trading Period:{trading_period:.1f} years')

    # 수익률 Rate of Return
    buy_and_hold = data['Close'].iloc[-1]*(1-fee_rate)\
    /(data['Close'].iloc[0]*(1+fee_rate)) - 1
    final_cum_return = data['Cumulative_Return'].iloc[-1] - 1
```

```python
print(f'Final cumulative return of the strategy:'
      f'{100*final_cum_return:.2f}%, Buy&Hold:{100*buy_and_hold:.2f}%')

# 연평균 성장률 CAGR
CAGR_strategy = (data['Cumulative_Return'].iloc[-1])**(1/trading_period)-1
CAGR_benchmark = (buy_and_hold+1)**(1/trading_period)-1
print(f'Strategy CAGR:{100*CAGR_strategy:.2f}%, '
      f'Benchmark CAGR:{100*CAGR_benchmark:.2f}%')

# 샤프 지수 Sharpe Ratio
risk_free_rate = 0.003
strategy_daily_return = data['Cumulative_Return'].pct_change().fillna(0)
mean_return = strategy_daily_return.mean()*252
std_return = strategy_daily_return.std()*np.sqrt(252)
sharpe_ratio = (mean_return - risk_free_rate) / std_return
print(f'Sharpe Ratio: {sharpe_ratio:.2f}')

# 최대 낙폭 MDD
data['Cumulative_Max'] = data['Cumulative_Return'].cummax()
data['Drawdown'] = data['Cumulative_Return'] / data['Cumulative_Max'] - 1
max_drawdown = data['Drawdown'].min()
cumulative_returns = (1 + data['Close'].pct_change()).cumprod()
running_max = cumulative_returns.cummax()
drawdown = cumulative_returns/running_max - 1
mdd_benchmark = drawdown.min()
print(f'Strategy MDD: {100*max_drawdown:.2f}%, '
      f'Benchmark MDD: {100*mdd_benchmark:.2f}%')

# 승률 Win Rate
buy_signals = data[data['Signal'] == 2].index
sell_signals = data[data['Signal'] == -2].index

long_returns = []
long_holding_periods = []
short_returns = []
short_holding_periods = []

all_signals = sorted(list(buy_signals) + list(sell_signals))
```

```python
    for i, entry_date in enumerate(all_signals[:-1]):
        exit_date = all_signals[i + 1]
        entry_price = data.loc[entry_date, 'Close']
        exit_price = data.loc[exit_date, 'Close']

    if entry_date in buy_signals:  # Long trades
        profit = (exit_price-entry_price) - \
        (exit_price+entry_price)*fee_rate
        long_returns.append(profit)
        long_holding_period = np.busday_count(entry_date.date(), \
                                        exit_date.date())
        long_holding_periods.append(long_holding_period)
    else:  # Short trades
        profit = -(exit_price - entry_price) - \
        (exit_price+entry_price)*fee_rate
        short_returns.append(profit)
        short_holding_period = np.busday_count(entry_date.date(), \
                                        exit_date.date())
        short_holding_periods.append(short_holding_period)

long_profitable_trades = sum(1 for r in long_returns if r > 0)
long_total_trades = len(long_returns)
long_win_rate = long_profitable_trades / long_total_trades \
if long_total_trades > 0 else 0

short_profitable_trades = sum(1 for r in short_returns if r > 0)
short_total_trades = len(short_returns)
short_win_rate = short_profitable_trades / short_total_trades \
if short_total_trades > 0 else 0

print(f'Number of Long Trades:{long_total_trades}, '
      f'Number of Short Trades:{short_total_trades}, '
      f'Long Win Rate:{100*long_win_rate:.2f}%, '
      f'Short Win Rate:{100*short_win_rate:.2f}%')

# 평균 보유 기간 Average Holding Period
if long_holding_periods:
    avg_long_holding_period = np.mean(long_holding_periods)
else:
```

```
        avg_long_holding_period = 0
    if short_holding_periods:
        avg_short_holding_period = np.mean(short_holding_periods)
    else:
        avg_short_holding_period = 0
    print(f'Average Long Holding Period:{avg_long_holding_period:.1f}days, '
          f'Average Short Holding Period:{avg_short_holding_period:.1f}days')
```

코드 7-2를 보면 이전에 구현한 tear_sheet 코드와 다른 부분은 승률과 보유 기간 계산이다. 롱과 숏 두 개의 포지션이 있다 보니 각각 따로 승률과 보유 기간을 계산해야 해서 다소 복잡하다.

핵심은 buy_signals에 롱 포지션 진입 날짜, sell_signals에 숏 포지션 진입 날짜를 저장하고 둘을 합친 다음 날짜 순서대로 정렬_{sorting}해서 all_signals를 만드는 것이다. 그 다음 for loop로 all_signals에 있는 각 날짜에 대해 순회하면서 각 포지션에 대한 손익과 보유 기간을 계산한다.

롱 온리 MAC 전략과 비교하기 위해 2019년부터 2023년까지 5년치 같은 데이터에 대해 양방향 MAC 전략의 백테스트를 진행하자. 우선 가장 전략이 잘 통했던 테슬라에 대해 적용해 본다.

코드 7-3 테슬라에 대한 양방향 MAC 전략 백테스트

```
ticker = 'TSLA'
start_date = '2019-01-01'
end_date = '2024-01-01'
df = yf.download(ticker, start=start_date, end=end_date)

def mac_long_short_optimizer1(input_df):
    short_window = [3, 4, 5, 6, 7, 8, 9, 10, 11, 12, 13, 14, 15, 16]
    long_window =[12, 13, 14, 15, 16, 17, 18, 19, 20, 21, 22, 23, 24, 25, \
                  26, 27, 28, 29, 30, 31, 32, 33, 34, 35, 36, 37, 38]
    ret_list = []

    for x1, x2 in [(a,b) for a in short_window for b in long_window]:
        df = input_df.copy()
        _, ret = mac_long_short1(df, x1, x2)
        ret_list.append((x1, x2, ret))

    max_ror = max(ret_list, key=lambda x:x[2])[2]
```

```
        max_tups = [tup for tup in ret_list if tup[2] == max_ror]
        params1 = [tup[0] for tup in max_tups]
        params2 = [tup[1] for tup in max_tups]
        opt_param1 = int(np.median(params1))
        opt_param2 = int(np.median(params2))

        optimal_df = pd.DataFrame(ret_list, \
                columns=['short_window','long_window','ror'])

        print(f'Max Tuples:{max_tups}')
        print(f'Optimal Parameters:'
              f'{opt_param1, opt_param2}, '
              f'Optimized Return:{100*max_ror:.2f}%')

        return (opt_param1, opt_param2), optimal_df

optimal_params, optimal_df = mac_long_short_optimizer1(df)
data, ret = mac_long_short1(df, optimal_params[0], optimal_params[1])
tear_sheet_ls(data)
```

코드 7-3은 2019년부터 2023년까지 5년치 테슬라TSLA의 일봉 데이터를 다운로드하고 양방향 매매 전략에 맞게 수정된 파라미터 최적화 함수 mac_long_short_optimizer1을 사용해서 최적 파라미터를 찾는다. 그런 다음 최적 파라미터로 백테스트를 진행하고 결과를 tear_sheet_ls에 입력하여 전략 성능 지표를 출력한다.

아직 현재 단계에서는 파라미터가 2개밖에 되지 않기 때문에 10초 이내에 결과가 출력될 것이다.

```
Final cumulative return of the strategy: 1521.12%
. . . <중간 생략> . . .
Final cumulative return of the strategy: 22.51%
Max Tuples:[(8, 19, 90.62818589473359)]
Optimal Parameters:(8, 19), Optimized Return:9062.82%
Final cumulative return of the strategy: 9062.82%
Trading Period:4.9 years
Final cumulative return of the strategy:9062.82%, Buy&Hold:1104.70%
```

```
Strategy CAGR:150.64%, Benchmark CAGR:65.90%
Sharpe Ratio: 1.91
Strategy MDD: -33.73%, Benchmark MDD: -73.63%
Number of Long Trades:18, Number of Short Trades:18, Long Win Rate:55.56%, Short Win
Rate:50.00%
Average Long Holding Period:39.6days, Average Short Holding Period:27.4days
```

4.9년만에 9063% 순수익이라는 놀라운 결과다. MDD도 -33.73%로 나쁘지 않다. 시각화를 통해 전체 거래 상황과 벤치마크와의 차이를 파악해 보자.

코드 7-4 양방향 MAC 전략의 백테스트 결과 시각화 코드

```python
fig, ax = plt.subplots(2, 1, sharex=True, height_ratios=(8,2), figsize=(10,8))

data['Close'].plot(ax=ax[0], label='Close')
data['Short_MA'].plot(ax=ax[0], label='Short MA', linewidth=1)
data['Long_MA'].plot(ax=ax[0], label='Long MA', linewidth=1)
data['Long_Entry'].plot(ax=ax[0], label='Long Entry/Short Exit', marker='^', \
    color='b', markersize=8)
data['Long_Exit'].plot(ax=ax[0], label='Long Exit/Short Entry', marker='v', \
    color='r', markersize=8)

ax[0].set_title(f'{ticker} MAC Long-Short Trades', fontsize=18)
ax[0].set_ylabel('Price($)', fontsize=12)
ax[0].legend(fontsize=12)
ax[0].grid(alpha=0.3)

data['Position'].plot(ax=ax[1])
ax[1].set_xlabel('Date', fontsize=12)
ax[1].set_ylabel('Position', fontsize=12)
ax[1].grid(alpha=0.3)

plt.xticks(rotation=0) plt.tight_layout()
plt.show()
```

코드 7-4에서는 data['Long_Entry']와 data['Long_Exit']만 그래프에 추가했다. 하지만 현재의 단순한 양방향 MAC 전략에서는 롱 포지션 진입은 자동으로 숏 포지션 청산을 의미하고 숏 포지션

진입은 자동으로 롱 포지션 청산을 의미한다. 따라서 숏 포지션의 진입 청산도 동시에 그래프에 표시된 것으로 볼 수 있다.

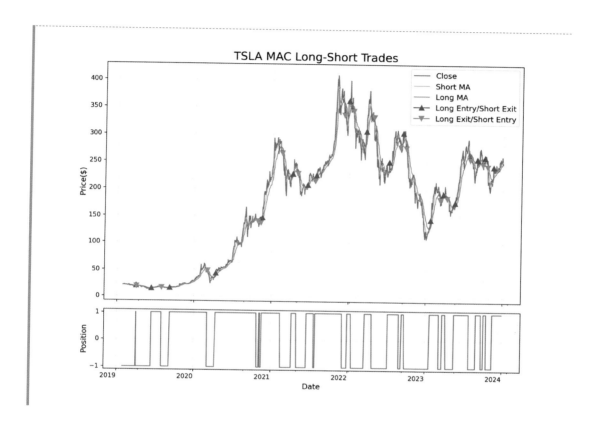

양방향 MAC 전략의 누적 수익률도 벤치마크와 함께 시각화하여 파악해 보자.

코드 7-5 양방향 MAC 전략의 백테스트 결과의 누적 수익률 시각화 코드

```
buy_and_hold = data['Close']/data['Close'].iloc[0]
long_entry = data['Long_Entry']/data['Close'].iloc[0]
long_exit = data['Long_Exit']/data['Close'].iloc[0]

fig, ax = plt.subplots(figsize=(10, 8))

buy_and_hold.plot(ax=ax, label='Buy&Hold')
data['Cumulative_Return'].plot(ax=ax, label='Strategy Return')
```

```
long_entry.plot(ax=ax, label='Long Entry/Short Exit', marker='^', \
    color='b', markersize=7)
long_exit.plot(ax=ax, label='Long Exit/Short Entry', marker='v', \
    color='r', markersize=7)

ax.set_title(f'{ticker} MAC Long-Short Cumulative Return', fontsize=18)
ax.set_xlabel('Date', fontsize=12)
ax.set_ylabel('Cumulative Returns', fontsize=12)
ax.legend(fontsize=12)
ax.grid(alpha=0.3)
plt.xticks(rotation=0)
plt.show()
```

테슬라에 대해서는 롱 온리 전략의 성과도 이미 훌륭했는데 양방향 전략에 의해 놀라운 수익률 개선을 이루어냈다. 다른 종목에 대해서도 양방향 MAC 전략을 적용해서 Buy&Hold 및 MAC 롱 온리 전략의 결과와 비교해 보자.

	Buy and Hold		MAC Long Only		MAC Long-Short	
	ROR(%)	MDD(%)	ROR(%)	MDD(%)	ROR(%)	MDD(%)
AAPL	334.26	-31.43	280.84	-23.38	471.51	-30.01
GOOG	153.56	-44.60	98.99	-35.60	27.56	-54.48
NVDA	1265.94	-66.36	823.00	-40.10	449.50	-51.03
TSLA	1091.43	-73.63	3830.00	-26.10	9062.82	-33.73
SOXL	251.24	-90.51	624.10	-33.52	215.43	-75.42
QQQ	142.94	-35.62	99.61	-16.42	133.49	-23.07
SPY	75.60	-34.10	64.61	-13.24	57.89	-15.64
TQQQ	336.10	-81.75	733.85	-43.16	1027.67	-52.36
UPRO	142.16	-76.82	226.02	-37.77	213.21	-37.47

그림 7-1 순수익률 ROR과 최대 낙폭 MDD 비교

그림 7-1은 세 가지 전략을 9개 종목에 적용한 결과로, 순수익률과 최대 낙폭을 정리한 것이다. 그림의 표에서 양방향 MAC 전략은 MAC Long-Short로 표시했다.

모든 종목에서 수익률 개선이 있는 것은 아니지만 AAPL, TSLA, QQQ, TQQQ에서 괄목할 만한 수익률 개선이 있음을 볼 수 있다. 수익률이 증가한 대신 최대 낙폭은 모두 약간씩 증가했다. 여기서 MAC Long Only의 결과는 추적 손절법을 적용해서 수익률을 최대로 끌어올린 결과다. 이런 점을 감안하면 양방향 전략의 성과는 아직도 더 개선될 여지가 있을 것으로 보인다. 현재의 양방향 전략에 추적 손절법을 적용해서 성능이 개선되는지 알아보자.

7.2.2 추적 손절법 적용하기

롱 온리 MAC 전략에서는 단순하게 데스 크로스만 기다리지 않고 적절한 손절률을 선택한 추적 손절법을 적용함으로써 상승 추세에 편승해서 얻은 이익을 최대한 확보했다. 그로 인해 수익률을 증가시키고 MDD도 개선할 수 있었다. 앞 절에서 개발한 양방향 MAC 기본 전략에도 추적 손절법을 적용해서 같은 효과를 기대할 수 있다.

그런데 양방향 매매인데다 앞에서 언급한 대로 상승 추세와 하락 추세는 비대칭이므로 롱과 숏에

대해 손절률을 다르게 정해야 한다. 따라서 기존 파라미터 2개에 새로운 2개의 파라미터를 추가한
Event-Driven 방식으로 백테스트 함수를 구현해 보자.

코드 7-6 추적 손절 적용한 양방향 MAC 전략 백테스트 함수

```python
def mac_long_short2(df, sw, lw, sll, sls, verbose=True):
    stop_loss_long = sll
    stop_loss_short = sls
    fee_rate = 0.001
    short_window = sw
    long_window = lw
    data = df.copy()
    data['Short_MA'] = data['Close'].ewm(span=short_window, \
                                    adjust=False).mean()
    data['Long_MA'] = data['Close'].ewm(span=long_window, \
                                    adjust=False).mean()

    data = data[long_window:].copy()

    positions = pd.Series(np.where(data['Short_MA']>data['Long_MA'], 1, -1),\
                        index=data.index)
    signals = positions.diff().fillna(0).values

    cash_init = 10000
    cash = cash_init
    asset = np.zeros(len(data))
    asset[0] = cash

    pos_vec = np.zeros(len(data))
    prices = data['Close'].values
    pos = 0

    for i in range(1, len(data)):
        if pos == 0:
            if signals[i] == 2: # 골든 크로스 발생 => 롱 진입
                pos = 1
                pos_vec[i] = 1
                long_entry_price = prices[i]
                long_num = int(cash/(long_entry_price*(1+fee_rate)))
                cash -= long_entry_price*long_num*(1+fee_rate)
```

```
                    stop_loss_price_long = long_entry_price*(1-stop_loss_long)
            elif signals[i] == -2: #데스 크로스 발생 => 숏 진입
                pos = -1
                pos_vec[i] = -1
                short_entry_price = prices[i]
                short_num = -int(cash/(short_entry_price*(1+fee_rate))) #음수
                cash -= short_entry_price*(-short_num)*fee_rate
                stop_loss_price_short = short_entry_price*(1+stop_loss_short)
        elif pos == 1:
            if signals[i] == -2: #데스 크로스 발생 => 롱 청산, 숏 진입
                cash += prices[i]*long_num*(1-fee_rate)
                pos = -1
                pos_vec[i] = -1
                short_entry_price = prices[i]
                short_num = -int(cash/(short_entry_price*(1+fee_rate))) #음수
                cash -= short_entry_price*(-short_num)*fee_rate
                stop_loss_price_short = short_entry_price*(1+stop_loss_short)
            elif prices[i] < stop_loss_price_long: #손절 발생
                cash += prices[i]*long_num*(1-fee_rate)
                pos = 0
            else:  #손절가 갱신
                pos_vec[i] = 1
                stop_loss_price_long = max(stop_loss_price_long, prices[i]*\
                                        (1-stop_loss_long))
        elif pos == -1:
            if signals[i] == 2: #골든 크로스 발생 => 숏 청산, 롱 진입
                cash += (prices[i] - short_entry_price)*short_num + \
                prices[i]*short_num*fee_rate
                pos = 1
                pos_vec[i] = 1
                long_entry_price = prices[i]
                long_num = int(cash/(long_entry_price*(1+fee_rate)))
                cash -= long_entry_price*long_num*(1+fee_rate)
                stop_loss_price_long = long_entry_price*(1-stop_loss_long)
            elif prices[i] > stop_loss_price_short: #손절 발생
                cash += (prices[i] - short_entry_price)*short_num + prices[i]*\
                short_num*fee_rate
                pos = 0
            else: #손절가 갱신
```

```
                    pos_vec[i] = -1
                    stop_loss_price_short = min(stop_loss_price_short, prices[i]*\
                                                (1+stop_loss_short))


        # asset 갱신
        if pos == 0:
            asset[i] = cash
        elif pos == 1:
            asset[i] = cash + prices[i]*long_num
        elif pos == -1:
            asset[i] = cash + (prices[i]-short_entry_price)*short_num

data['Position'] = pos_vec
data['Signal'] = data['Position'].diff().fillna(0)

cond1 = (data['Position']==1)&((data['Signal']==1)|(data['Signal']==2))
data['Long_Entry'] = np.where(cond1, data['Close'], np.nan)

cond2a = (data['Position']==0)&(data['Signal']==-1)
cond2b = (data['Position']==-1)&(data['Signal']==-2)
cond2 = cond2a|cond2b
data['Long_Exit'] = np.where(cond2, data['Close'], np.nan)

cond3 = (data['Position']==-1)&((data['Signal']==-1)|(data['Signal']==-2))
data['Short_Entry'] = np.where(cond3, data['Close'], np.nan)

cond4a = (data['Position']==0)&(data['Signal']==1)
cond4b = (data['Position']==1)&(data['Signal']==2)
cond4 = cond4a|cond4b
data['Short_Exit'] = np.where(cond4, data['Close'], np.nan)

data['Cumulative_Return'] = asset/cash_init
final_cum_return = data['Cumulative_Return'].iloc[-1] - 1
if verbose:
    print(f'Final cumulative return of the strategy: '
          f'{100*final_cum_return:.2f}%')


return data, final_cum_return
```

이미 앞 장에서 추적 손절법 적용을 구현해 보았기 때문에 코드 7-6이 낯설지 않을 것이다. 앞부분은 코드 7-1과 거의 동일하고 추적 손절만 추가되었다. 다만 두 개의 포지션에 대해 각각 Entry와 Exit 칼럼을 생성하는 부분이 다소 복잡하다. 코드의 흐름을 따라 주요 부분을 차례대로 살펴보자.

① 롱과 숏에 대해 각각의 손절률을 저장하는 stop_loss_long, stop_loss_short 두 개의 변수가 있다. short_num은 음수라는 점과 숏 포지션에 대한 손절가의 갱신은 롱 포지션의 경우와는 반대로 주가가 하락함에 따라 낮추기 위해 max 대신 min을 사용하는 점에 주의하자.

② 골든 크로스에서 롱 포지션에 진입한 후, 데스 크로스가 발생하기 전에도 손절에 의해 청산할 수 있고 숏 포지션도 마찬가지다. 따라서 for loop에서 정확한 포지션을 기록해야 하며 pos_vec 넘파이 배열이 그 역할을 한다.

③ for loop가 끝나면 data['Position']=pos_vec에 의해 정확한 포지션 칼럼이 생성된다. 그에 따라 Signal 칼럼이 생성되는데 Position이 취할 수 있는 값이 0, 1, -1이기 때문에 Signal이 취할 수 있는 값도 -2, -1, 0, 1, 2로 다양해진다. 이제 Signal만으로 각 포지션의 진입과 청산을 결정할 수 없으므로 Position도 함께 고려해야 한다. 예를 들어 Position이 0에서 1로 바뀐 시점은 Signal=1이 되고 롱 진입을 의미한다. 그런데 Position이 -1에서 0으로 바뀐 시점에도 Signal=1이지만 숏 청산을 의미한다. 따라서 Signal뿐 아니라 Position도 함께 고려해야 포지션의 진입, 청산 시점을 정확하게 구할 수 있다.

④ 숏 포지션의 손절가는 롱 포지션 손절가와 달리 진입 시에 stop_loss_price_short = short_entry_price*(1+stop_loss_short)로 설정한다. 앞에서 언급했듯이 갱신할 때도 변한 가격을 기준으로 손절가를 더 낮추는 방향으로 갱신되므로 max 대신 min을 사용한다.

추적 손절법의 도입으로 포지션의 진입과 청산 시점이 단순하게 골든 크로스와 데스 크로스만으로 판단하던 경우보다 훨씬 복잡해졌다. 이에 맞게 전략의 성능 지표 출력 함수 tear_sheet_ls도 수정해야 한다. 코드 7-7은 mac_long_short2에 맞게 수정된 성능 지표 출력 함수다.

코드 7-7 추적 손절 적용한 양방향 MAC 전략의 성능 지표 출력 함수

```python
def tear_sheet_ls2(data):
    # 거래 수수료율 Transaction Fee Rate
    fee_rate = 0.001
```

```python
# 투자기간 Trading Period in Years
trading_period = len(data)/252 # in year
print(f'Trading Period:{trading_period:.1f} years')

# 수익률 Rate of Return
buy_and_hold = data['Close'].iloc[-1]*(1-fee_rate)\
/(data['Close'].iloc[0]*(1+fee_rate)) - 1
final_cum_return = data['Cumulative_Return'].iloc[-1] - 1
print(f'Final cumulative return of the strategy:'
f'{100*final_cum_return:.2f}%, Buy&Hold:{100*buy_and_hold:.2f}%')

# 연평균 성장률 CAGR
CAGR_strategy = (data['Cumulative_Return'].iloc[-1])**(1/trading_period)-1
CAGR_benchmark = (buy_and_hold+1)**(1/trading_period)-1
print(f'Strategy CAGR:{100*CAGR_strategy:.2f}%, '
        f'Benchmark CAGR:{100*CAGR_benchmark:.2f}%')

# 샤프 지수 Sharpe Ratio
risk_free_rate = 0.003
strategy_daily_return = data['Cumulative_Return'].pct_change().fillna(0)
mean_return = strategy_daily_return.mean()*252
std_return = strategy_daily_return.std()*np.sqrt(252)
sharpe_ratio = (mean_return - risk_free_rate) / std_return
print(f'Sharpe Ratio: {sharpe_ratio:.2f}')

# 최대 낙폭 MDD
data['Cumulative_Max'] = data['Cumulative_Return'].cummax()
data['Drawdown'] = data['Cumulative_Return'] / data['Cumulative_Max'] - 1
max_drawdown = data['Drawdown'].min()
cumulative_returns = (1 + data['Close'].pct_change()).cumprod()
running_max = cumulative_returns.cummax()
drawdown = cumulative_returns/running_max - 1
mdd_benchmark = drawdown.min()
print(f'Strategy MDD: {100*max_drawdown:.2f}%, '
        f'Benchmark MDD: {100*mdd_benchmark:.2f}%')

# 승률 Win Rate
long_trades = pd.DataFrame({
    'Entry': data['Long_Entry'].dropna(),
```

```
        'Exit': data['Long_Exit'].dropna()
    })
    long_pnl = long_trades['Exit']*(1-fee_rate) - \
    long_trades['Entry'].shift()*(1+fee_rate)
    long_trades['Win'] = long_pnl > 0

    short_trades = pd.DataFrame({
        'Entry': data['Short_Entry'].dropna(),
        'Exit': data['Short_Exit'].dropna()
    })
    short_pnl = short_trades['Entry'].shift()*(1-fee_rate) - \
    short_trades['Exit']*(1+fee_rate)
    short_trades['Win'] = short_pnl > 0

    long_total_trades = len(long_trades)//2
    long_win_rate = long_trades['Win'].sum()/long_total_trades
    short_total_trades = len(short_trades)//2
    short_win_rate = short_trades['Win'].sum()/short_total_trades

    print(f'Number of Long Trades:{long_total_trades}, '
          f'Number of Short Trades:{short_total_trades}, '
          f'Long Win Rate:{100*long_win_rate:.2f}%, '
          f'Short Win Rate:{100*short_win_rate:.2f}%')

    # 평균 보유 기간 Average Holding Period
    long_entry_dates = \
    long_trades['Entry'].dropna().index.values.astype('datetime64[D]')
    long_exit_dates = \
    long_trades['Exit'].dropna().index.values.astype('datetime64[D]')

    if len(long_exit_dates) != 0:
        if len(long_entry_dates) == len(long_exit_dates):
            long_holding_periods = \
            np.busday_count(long_entry_dates, long_exit_dates)
        else:
            long_holding_periods = \
            np.busday_count(long_entry_dates[:-1], long_exit_dates)
        avg_long_holding_period = long_holding_periods.mean()
    else:
```

```
            avg_long_holding_period = 0

    short_entry_dates = \
    short_trades['Entry'].dropna().index.values.astype('datetime64[D]')
    short_exit_dates = \
    short_trades['Exit'].dropna().index.values.astype('datetime64[D]')
    if len(short_exit_dates) != 0:
        if len(short_entry_dates) == len(short_exit_dates):
            short_holding_periods = \
            np.busday_count(short_entry_dates, short_exit_dates)
        else:
            short_holding_periods = \
            np.busday_count(short_entry_dates[:-1], short_exit_dates)
        avg_short_holding_period = short_holding_periods.mean()
    else:
        avg_short_holding_period = 0

    print(f'Average Long Holding Period:{avg_long_holding_period:.1f}days, '
          f'Average Short Holding Period:{avg_short_holding_period:.1f}days')
```

코드 7-7을 보면 앞부분은 이전과 동일하고, 승률과 평균 보유 기간 계산 부분이 수정되었다.

① mac_long_short2에 의해 반환받는 data에는 Long_Entry, Long_Exit 칼럼이 있으므로 이를 이용해 long_trades라는 데이터프레임을 만든다. 이때 해당 칼럼의 NaN값을 먼저 제거하기 위해 dropna() 메서드를 적용해야 한다는 점에 유의하자. long_trades의 index는 날짜이고 Entry는 진입가, Exit은 청산가로 이루어진 칼럼이다. 마찬가지로 short_trades 데이터프레임도 만든다.

② long_trades의 Entry와 Exit 칼럼을 사용해서 각 거래의 손익 pnl을 계산하고 값이 양이면 True, 음이면 False를 가지는 Win 칼럼을 생성한다. True는 1, False는 0과 같으므로 이 칼럼을 사용해서 long_total_trades와 long_win_rate를 계산할 수 있다. 마찬가지로 short_trades의 Entry와 Exit 칼럼을 사용해서 short_total_trades와 short_win_rate를 계산한다.

③ 각 포지션의 보유 기간은 Entry와 Exit 칼럼의 인덱스가 날짜이므로, 인접한 두 날짜의 차이를 주식 시장이 열리는 영업일 기준으로 구해주는 np.busday_count 함수로 계산한다.

이제 기대감을 가지고 이전과 동일한 데이터에 대해 추적 손절법이 적용된 mac_long_short2를 적용하고 tear_sheet_ls2로 성능 지표를 출력해 보자.

코드 7-8 테슬라에 대해 추적 손절 적용한 양방향 MAC 전략의 백테스트

```python
import time

ticker = 'TSLA'
start_date = '2019-01-01'
end_date = '2024-01-01'
df = yf.download(ticker, start=start_date, end=end_date)

t1 = time.time()

def mac_long_short_optimizer2(input_df):
    short_window = [3, 4, 5, 6, 7, 8, 9, 10, 11, 12, 13, 14, 15, 16]
    long_window =[13, 14, 15, 16, 17, 18, 19, 20, 21, 22, 23, 24, 25, \
                  26, 27, 28, 29, 30, 31, 32, 33, 34, 35, 36, 37, 38]
    stop_loss_long = [0.10, 0.11, 0.12, 0.13, 0.14, 0.15, 0.16, 0.17, 0.18]
    stop_loss_short =[0.01, 0.02, 0.03, 0.04, 0.05, 0.06, 0.07, 0.08, 0.09, \
                      0.10, 0.11, 0.12, 0.13]
    ret_list = []

    for x1, x2, x3, x4 in [(a,b,c,d) for a in short_window for b in \
        long_window for c in stop_loss_long for d in stop_loss_short]:
        df = input_df.copy()
        _, ret = mac_long_short2(df, x1, x2, x3, x4, verbose=False)
        ret_list.append((x1, x2, x3, x4, ret))

    max_ror = max(ret_list, key=lambda x:x[4])[4]
    max_tups = [tup for tup in ret_list if tup[4] == max_ror]
    params1 = [tup[0] for tup in max_tups]
    params2 = [tup[1] for tup in max_tups]
    params3 = [tup[2] for tup in max_tups]
    params4 = [tup[3] for tup in max_tups]
    opt_param1 = int(np.median(params1))
    opt_param2 = int(np.median(params2))
    opt_param3 = np.median(params3)
    opt_param4 = np.median(params4)
```

```
    optimal_df = pd.DataFrame(ret_list, \
    columns=['short_window','long_window','sl_long', 'sl_short', 'ror'])

    print(f'Max Tuples:{max_tups}')
    print(f'Optimal Parameters:'
          f'{opt_param1, opt_param2, opt_param3, opt_param4}, '
          f'Optimized Return:{100*max_ror:.2f}%')

    return (opt_param1, opt_param2, opt_param3, opt_param4), optimal_df

optimal_params, optimal_df = mac_long_short_optimizer2(df)

t2 = time.time()
print(f'Elapsed Time:{(t2-t1)/60:.2f}min\n')

data, ret = mac_long_short2(df, optimal_params[0], optimal_params[1], \
                            optimal_params[2], optimal_params[3])


tear_sheet_ls2(data)
```

파라미터의 개수가 4개로 늘어났기 때문에 코드 7-8을 실행하는 데 시간이 다소 걸린다. 저자의 평범한 Windows OS 랩탑으로는 결과를 얻는 데 10분 남짓 걸렸다.

```
Max Tuples:[(11, 15, 0.17, 0.1, 124.39133113274511)]
Optimal Parameters:(11, 15, 0.17, 0.1), Optimized Return:12439.13%
Elapsed Time:9.73min

Final cumulative return of the strategy: 12439.13%
Trading Period:4.9 years
Final cumulative return of the strategy:12439.13%, Buy&Hold:1176.03%
Strategy CAGR:166.31%, Benchmark CAGR:67.57%
Sharpe Ratio: 2.20
Strategy MDD: -28.68%, Benchmark MDD: -73.63%
Number of Long Trades:17, Number of Short Trades:17, Long Win Rate:58.82%, Short Win
Rate:64.71%
Average Long Holding Period:37.4days, Average Short Holding Period:15.9days
```

추적 손절을 적용하기 전에는 수익률이 9062.82%, MDD가 -33.73%였는데, 적용한 후에는 수익률이 12439.13%, MDD가 -28.68%가 되었다. 일단 테슬라에 대해서는 기대했던 대로 수익률은 올라가고 MDD는 줄어들었다. 누적 수익률 그래프도 시각화하여 살펴보자.

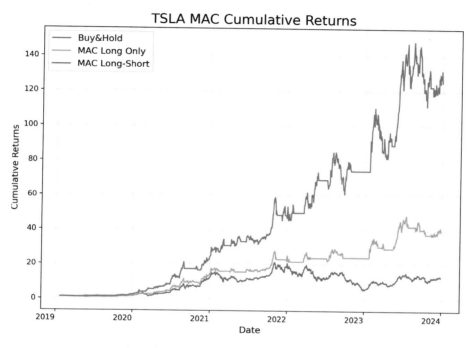

그림 7-2 테슬라에 대해 추적 손절 적용한 양방향 MAC 누적 수익률

그림 7-2의 누적 수익률 그래프는 보기만 해도 기분 좋아지는 시원한 모양새다. 테슬라에 추적 손절법을 적용한 양방향 MAC 전략의 백테스트 결과는 다시 한 번 놀라움을 자아낸다. 무려 5자리 숫자의 퍼센트 수익률을 달성했으며, MDD도 상당히 양호해 보인다.

과연 전략이 훌륭한 것일까, 종목이 훌륭한 것일까 아니면 복리의 마법일까? 겨우 5년치 데이터에 대한 백테스트지만, 특별할 것 없는 전략임을 감안하면 종목이 특별하다고 결론짓는 것이 적절할 듯하다. 하지만 샘플 내in sampe 결과에 불과하다는 점을 유념해야 한다. 다른 종목에 대해서도 적용해 보고 이전 성능과 비교해 보자.

	Buy and Hold		MAC Long Only		MAC Long-Short1		MAC Long-Short2	
	ROR(%)	MDD(%)	ROR(%)	MDD(%)	ROR(%)	MDD(%)	ROR(%)	MDD(%)
AAPL	334.26	-31.43	280.84	-23.38	471.51	-30.01	473.27	-30.01
GOOG	153.56	-44.60	98.99	-35.60	27.56	-54.48	112.96	-31.60
NVDA	1265.94	-66.36	823.00	-40.10	449.50	-51.03	1043.86	-41.29
TSLA	1091.43	-73.63	3830.00	-26.10	9062.82	-33.73	12439.13	-28.68
SOXL	251.24	-90.51	624.10	-33.52	215.43	-75.42	979.59	-49.91
QQQ	142.94	-35.62	99.61	-16.42	133.49	-23.07	136.67	-23.14
SPY	75.60	-34.10	64.61	-13.24	57.89	-15.64	79.35	-13.36
TQQQ	336.10	-81.75	733.85	-43.16	1027.67	-52.36	1508.79	-42.72
UPRO	142.16	-76.82	226.02	-37.77	213.21	-37.47	302.03	-35.20

그림 7-3 순수익률 ROR과 최대 낙폭 MDD 비교

그림 7-3에서 MAC Long-short1은 추적 손절법을 적용하지 않은 전략이고 MAC Long-Short2는 적용한 전략이다. 양방향 전략에 대해서도 추적 손절법을 적용함으로써 기대했던 대로 거의 모든 종목에서 수익률과 MDD에서 상당한 개선이 이루어졌다.

MAC Long Only 전략과 비교할 때 전 종목에서 수익률이 상승했지만 MDD는 다소 악화되었다. 벤치마크 Buy&Hold와 비교하면, 특히 한국 개미 투자자들에게 인기가 많은 TSLA, SOXL, TQQQ에서 전략의 높은 수익률이 두드러지며 주목할 만한 결과를 보였다.

7.2.3 전략 검증

앞 장에서도 논의한 바와 같이 특정한 기간에 대한 백테스트 성과만으로는 전략의 성능을 제대로 평가할 수 없다. 우리는 전략을 경험하지 못한 미래에 적용해야 하는데, 파라미터는 항상 과거 데이터에 과적합되었을 위험이 있다.

여기서는 간단히 과적합의 유무 내지는 정도만 파악하기 위해 6.4절 첫 번째 테스트에서와 같이 2017년 7월부터 2022년 6월까지 테슬라의 5년치 데이터로 양방향 MAC 전략을 백테스트한다. 그리고 거기서 얻은 파라미터로 2022년 7월부터 2024년 6월까지 투자했을 때의 성과를 벤치마크 등과 비교해 본다.

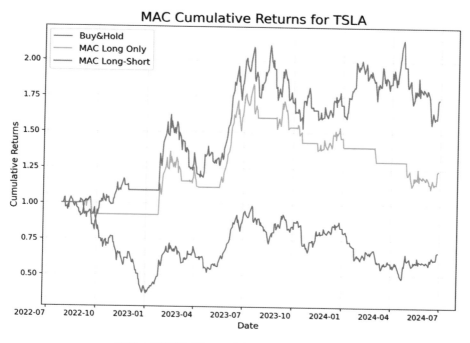

그림 7-4 테슬라에 대한 MAC 전략의 테스트 수익률 비교 그래프

그림 7-4의 테스트 데이터에 대한 누적 수익률 그래프를 보면 양방향 MAC 전략은 벤치마크를 월등히 능가할 뿐 아니라 MAC Long Only도 능가한다. 이는 과거 데이터에 대한 최적화가 미래에도 잘 작동할 수 있음을 시사하는 긍정적인 결과다. 더 철저한 테스트를 원한다면 더 긴 데이터를 사용해서 롤링 테스트를 진행해야 하는데, 이는 독자의 연구 과제로 넘긴다.

7.3 인버스 ETF를 활용한 양방향 매매 전략

앞 절에서 공매도를 활용한 양방향 매매 전략은 벤치마크는 물론 롱 온리 전략을 수익률 면에서 크게 능가한다는 것을 확인했다. 그러나 한국 개인 투자자는 미국 주식을 공매도할 수 없으므로 이 전략이 그림의 떡처럼 느껴질 수도 있다. 하지만 낙담하기엔 이르다. 미국 주식 시장에는 지수뿐 아니라 개별 종목에 대한 인버스 ETF가 있기 때문에 이를 활용하면 공매도와 거의 동일한 양방향 매매 전략을 구현할 수 있다.

투자 전략

인버스 ETF 양방향 매매 전략

★ 골든 크로스가 발생하면 ETF 매수, 인버스 ETF 보유했으면 인버스 ETF 매도

★ 데스 크로스가 발생하면 인버스 ETF 매수, ETF 보유했으면 ETF 매도

★ ETF 보유한 경우, 데스 크로스 발생 전이라도 추적 손절법에 따라 매도 가능

★ 인버스 ETF 보유한 경우, 골든 크로스 발생 전이라도 추적 손절법에 따라 매도 가능

7.3.1 전략 백테스트

인버스 ETF를 활용한 양방향 MAC 전략(양방향 MAC_ETF 전략으로 부르고 MAC_ETF Long-Short로 표기하겠다.)의 백테스트는 수수료와 추적 손절법을 적용한 코드 7-6을 기반으로 몇 가지를 수정하면 된다.

가장 주의해야 할 점은 주식에서 데스 크로스가 발생할 때 주식을 공매도하는 대신 인버스 ETF를 매수해야 한다는 것이다. 편의상 인버스 ETF를 매수하는 것도 그대로 숏 포지션 진입이라고 하자. 또한 주가가 하락할수록 인버스 ETF의 가격은 상승한다는 점도 유념해야 한다. 숏 포지션의 청산은 매수한 인버스 ETF를 매도하는 것을 의미한다.

코드 7-9 양방향 MAC_ETF 전략의 백테스트 함수

```python
def mac_etf_long_short(df, etf_df, sw, lw, sll, sls, verbose=True):
    stop_loss_long = sll
    stop_loss_short = sls
    fee_rate = 0.001
    short_window = sw
    long_window = lw
    data = df.copy()

    data['Short_MA'] = data['Close'].ewm(span=short_window, \
                                          adjust=False).mean()
    data['Long_MA'] = data['Close'].ewm(span=long_window, \
                                         adjust=False).mean()
    data = data[long_window:].copy()
    etf_data = etf_df[long_window:].copy()
```

```python
positions = pd.Series(np.where(data['Short_MA']>data['Long_MA'], 1, -1),\
                      index=data.index)
signals = positions.diff().fillna(0).values

cash_init = 10000
cash = cash_init
asset = np.zeros(len(data))
asset[0] = cash

pos_vec = np.zeros(len(data))
prices = data['Close'].values
etf_prices = etf_data['Close'].values
pos = 0

for i in range(1, len(data)):
    if pos == 0:
        if signals[i] == 2: #골든 크로스 발생 => 롱 진입
            pos = 1
            pos_vec[i] = 1
            long_entry_price = prices[i]
            long_num = int(cash/(long_entry_price*(1+fee_rate)))
            cash -= long_entry_price*long_num*(1+fee_rate)
            stop_loss_price_long = long_entry_price*(1-stop_loss_long)
        elif signals[i] == -2: #데스 크로스 발생 => 숏 진입(인버스 롱)
            pos = -1
            pos_vec[i] = -1
            short_entry_price = etf_prices[i]
            short_num = int(cash/(short_entry_price*(1+fee_rate))) #양수
            cash -= short_entry_price*short_num*(1+fee_rate)
            stop_loss_price_short = short_entry_price*(1-stop_loss_short)
    elif pos == 1:
        if signals[i] == -2: #데스 크로스 발생 => 롱 청산, 숏 진입(인버스 롱)
            cash += prices[i]*long_num*(1-fee_rate)
            pos = -1
            pos_vec[i] = -1
            short_entry_price = etf_prices[i]
            short_num = int(cash/(short_entry_price*(1+fee_rate))) #양수
            cash -= short_entry_price*short_num*(1+fee_rate)
            stop_loss_price_short = short_entry_price*(1-stop_loss_short)
```

```python
        elif prices[i] < stop_loss_price_long: # 손절 발생
            cash += prices[i]*long_num*(1-fee_rate)
            pos = 0
        else: # 손절가 갱신
            pos_vec[i] = 1
            stop_loss_price_long = max(stop_loss_price_long, prices[i]*\
                                    (1-stop_loss_long))
    elif pos == -1:
        if signals[i] == 2: # 골든 크로스 발생 => 숏 청산, 롱 진입
            cash += etf_prices[i]*short_num*(1-fee_rate)
            pos = 1
            pos_vec[i] = 1
            long_entry_price = prices[i]
            long_num = int(cash/(long_entry_price*(1+fee_rate)))
            cash -= long_entry_price*long_num*(1+fee_rate)
            stop_loss_price_long = long_entry_price*(1-stop_loss_long)
        elif etf_prices[i] < stop_loss_price_short: # 손절 발생
            cash += etf_prices[i]*short_num*(1-fee_rate)
            pos = 0
        else: # 손절가 갱신
            pos_vec[i] = -1
            stop_loss_price_short = max(stop_loss_price_short, \
                                    etf_prices[i]*(1-stop_loss_short))

    # asset 갱신
    if pos == 0:
        asset[i] = cash
    elif pos == 1:
        asset[i] = cash + prices[i]*long_num
    elif pos == -1:
        asset[i] = cash + etf_prices[i]*short_num

data['Position'] = pos_vec
data['Signal'] = data['Position'].diff().fillna(0)

cond1 = (data['Position']==1)&((data['Signal']==1)|(data['Signal']==2))
data['Long_Entry'] = np.where(cond1, data['Close'], np.nan)

cond2a = (data['Position']==0)&(data['Signal']==-1)
cond2b = (data['Position']==-1)&(data['Signal']==-2)
cond2 = cond2a|cond2b
```

```
    data['Long_Exit'] = np.where(cond2, data['Close'], np.nan)

    cond3 = (data['Position']==-1)&((data['Signal']==-1)|(data['Signal']==-2))
    data['Short_Entry'] = np.where(cond3, data['Close'], np.nan)
    etf_data['Short_Entry'] = np.where(cond3, etf_data['Close'], np.nan)

    cond4a = (data['Position']==0)&(data['Signal']==1)
    cond4b = (data['Position']==1)&(data['Signal']==2)
    cond4 = cond4a|cond4b
    data['Short_Exit'] = np.where(cond4, data['Close'], np.nan)
    etf_data['Short_Exit'] = np.where(cond4, etf_data['Close'], np.nan)

    data['Cumulative_Return'] = asset/cash_init
    final_cum_return = data['Cumulative_Return'].iloc[-1] - 1
    if verbose:
        print(f'Final cumulative return of the strategy: '
              f'{100*final_cum_return:.2f}%')
    return data, final_cum_return, etf_data
```

양방향 MAC_ETF 전략의 백테스트를 구현한 코드 7-9의 주요 부분을 살펴보자.

① 주식 또는 ETF의 데이터 df뿐 아니라 인버스 ETF의 데이터 etf_df도 입력으로 받으며, 그 외 입력 파라미터는 4개로 동일하다.

② 데스 크로스가 발생하여 인버스 ETF를 매수하면 이제는 매수 대금과 거래 수수료만큼 현금에서 차감된다. 숏 포지션 진입이라고 부르지만 주식 가격은 하락하되 인버스 ETF의 가격은 상승하길 기대하는 것이다. 공매도 방식의 손절가 설정과는 다르게 stop_loss_price_short = short_entry_price*(1-stop_loss_short)로 설정해야 함에 유의해야 한다.

③ 숏 포지션 보유 상태에서 손절가 갱신도 공매도와는 다르게 max를 사용해서 롱 포지션에서와 동일한 방법으로 처리해야 하는 것도 중요한 차이점이다.

④ 숏 포지션에서 거래 대상은 인버스 ETF이므로 etf_data에도 Short_Entry, Short_Exit 칼럼을 만든다. 결과적으로 data, final_cum_return 외에 etf_data도 반환한다.

양방향 MAC_ETF 전략의 백테스트에 맞게 전략의 성능 지표 출력 함수도 수정해야 한다. tear_sheet_ls2 함수를 사용해도 큰 차이가 없지만 정확한 지표 출력을 위해 mac_long_short_etf 함수에서 반환받은 etf_data까지 활용하는 별도의 함수를 만들도록 한다.

코드 7-10 양방향 MAC_ETF 전략의 성능 지표 출력 함수

```python
def tear_sheet_etf_ls(data, etf_data):
    # 거래 수수료율 Transaction Fee Rate
    fee_rate = 0.001

    # 투자기간 Trading Period in Years
    trading_period = len(data)/252 # in year
    print(f'Trading Period:{trading_period:.1f} years')

    # 수익률 Rate of Return
    buy_and_hold = data['Close'].iloc[-1]*(1-fee_rate)\
    /(data['Close'].iloc[0]*(1+fee_rate)) - 1
    final_cum_return = data['Cumulative_Return'].iloc[-1] - 1
    print(f'Final cumulative return of the strategy:'
    f'{100*final_cum_return:.2f}%, Buy&Hold:{100*buy_and_hold:.2f}%')

    # 연평균 성장률 CAGR
    CAGR_strategy = (data['Cumulative_Return'].iloc[-1])**(1/trading_period)-1
    CAGR_benchmark = (buy_and_hold+1)**(1/trading_period)-1
    print(f'Strategy CAGR:{100*CAGR_strategy:.2f}%, '
          f'Benchmark CAGR:{100*CAGR_benchmark:.2f}%')

    # 샤프 지수 Sharpe Ratio
    risk_free_rate = 0.003
    strategy_daily_return = data['Cumulative_Return'].pct_change().fillna(0)
    mean_return = strategy_daily_return.mean()*252
    std_return = strategy_daily_return.std()*np.sqrt(252)
    sharpe_ratio = (mean_return - risk_free_rate) / std_return
    print(f'Sharpe Ratio: {sharpe_ratio:.2f}')

    # 최대 낙폭 MDD
    data['Cumulative_Max'] = data['Cumulative_Return'].cummax()
    data['Drawdown'] = data['Cumulative_Return'] / data['Cumulative_Max'] - 1
```

```python
max_drawdown = data['Drawdown'].min()
cumulative_returns = (1 + data['Close'].pct_change()).cumprod()
running_max = cumulative_returns.cummax()
drawdown = cumulative_returns/running_max - 1
mdd_benchmark = drawdown.min()
print(f'Strategy MDD: {100*max_drawdown:.2f}%, '
      f'Benchmark MDD: {100*mdd_benchmark:.2f}%')

# 승률 Win Rate
long_trades = pd.DataFrame({
    'Entry': data['Long_Entry'].dropna(),
    'Exit': data['Long_Exit'].dropna()
})
long_pnl = long_trades['Exit']*(1-fee_rate) - \
long_trades['Entry'].shift()*(1+fee_rate)
long_trades['Win'] = long_pnl > 0

short_trades = pd.DataFrame({
    'Entry': etf_data['Short_Entry'].dropna(),
    'Exit': etf_data['Short_Exit'].dropna()
})
short_pnl = short_trades['Exit']*(1-fee_rate) - \
short_trades['Entry'].shift()*(1+fee_rate)
short_trades['Win'] = short_pnl > 0

long_total_trades = len(long_trades)//2
long_win_rate = long_trades['Win'].sum()/long_total_trades
short_total_trades = len(short_trades)//2
short_win_rate = short_trades['Win'].sum()/short_total_trades

print(f'Number of Long Trades:{long_total_trades}, '
      f'Number of Short Trades:{short_total_trades}, '
      f'Long Win Rate:{100*long_win_rate:.2f}%, '
      f'Short Win Rate:{100*short_win_rate:.2f}%')

# 평균 보유 기간 Average Holding Period
long_entry_dates = \
long_trades['Entry'].dropna().index.values.astype('datetime64[D]')
long_exit_dates = \
```

```
long_trades['Exit'].dropna().index.values.astype('datetime64[D]')

if len(long_exit_dates) != 0:
    if len(long_entry_dates) == len(long_exit_dates):
        long_holding_periods = \
        np.busday_count(long_entry_dates, long_exit_dates)
    else:
        long_holding_periods = \
        np.busday_count(long_entry_dates[:-1], long_exit_dates)
    avg_long_holding_period = long_holding_periods.mean()
else:
    avg_long_holding_period = 0

short_entry_dates = \
short_trades['Entry'].dropna().index.values.astype('datetime64[D]')
short_exit_dates = \
short_trades['Exit'].dropna().index.values.astype('datetime64[D]')
if len(short_exit_dates) != 0:
    if len(short_entry_dates) == len(short_exit_dates):
        short_holding_periods = \
        np.busday_count(short_entry_dates, short_exit_dates)
    else:
        short_holding_periods = \
        np.busday_count(short_entry_dates[:-1], short_exit_dates)
    avg_short_holding_period = short_holding_periods.mean()
else:
    avg_short_holding_period = 0

print(f'Average Long Holding Period:{avg_long_holding_period:.1f}days, '
      f'Average Short Holding Period:{avg_short_holding_period:.1f}days')
```

코드 7-10에서 tear_sheet_ls2와 유일하게 다른 부분은 etf_data도 입력받고, short_trades 데이터프레임을 만들 때 data 대신 etf_data를 사용한다는 점뿐이다. 나머지는 완전히 동일하다.

앞에서 설정한 같은 기간에 대해 TSLA 주식과 그 인버스 ETF인 TSLS를 활용해 이 전략을 테스트하면 흥미로울 것 같다. 하지만 안타깝게도 TSLS는 2022년 8월에 상장된 ETF여서 해당 기간으로는 불가능하다. 다른 개별 종목 인버스 ETF도 대부분 마찬가지다.

따라서 2019년 이전에 상장된 인버스 ETF가 있는 종목들에 대해서만 같은 기간인 2019년부터 2023년까지 5년치 데이터에 대해 적용해 비교해 볼 수 있다. 일단, 여기서는 TQQQ와 SQQQ에 대해 먼저 백테스트를 실시해 보자.

코드 7-11 TQQQ와 SQQQ에 대한 양방향 MAC_ETF 전략의 백테스트

```python
import time

ticker = 'TQQQ'
etf_ticker = 'SQQQ'
start_date = '2019-01-01'
end_date = '2024-01-01'
df = yf.download(ticker, start=start_date, end=end_date) etf_df = yf.download(etf_
ticker, start=start_date, end=end_date)

def mac_etf_long_short_optimizer(input_df1, input_df2):
    short_window = [2, 3, 4, 5, 6, 7, 8, 9, 10, 11, 12, 13, 14]
    long_window = [15, 16, 17, 18, 19, 20, 21, 22, 23, 24, 25, \
                    26, 27, 28, 29, 30]
    stop_loss_long = [0.10, 0.11, 0.12, 0.13, 0.14, 0.15, 0.16, \
                    0.17, 0.18, 0.19, 0.20]
    stop_loss_short = [0.001, 0.002, 0.003, 0.004, 0.005, 0.006, \
                    0.007, 0.008, 0.009, 0.01, 0.011, 0.012]
    ret_list = []

    for x1, x2, x3, x4 in [(a,b,c,d) for a in short_window for b in \
        long_window for c in stop_loss_long for d in stop_loss_short]:
        df = input_df1.copy()
        df_etf = input_df2.copy()
        _, ret, _ = mac_etf_long_short(df, df_etf, x1, x2, x3, x4, \
                                    verbose=False)
        ret_list.append((x1, x2, x3, x4, ret))

    max_ror = max(ret_list, key=lambda x:x[4])[4]
    max_tups = [tup for tup in ret_list if tup[4] == max_ror]
    params1 = [tup[0] for tup in max_tups]
    params2 = [tup[1] for tup in max_tups]
    params3 = [tup[2] for tup in max_tups]
```

```
    params4 = [tup[3] for tup in max_tups]
    opt_param1 = int(np.median(params1))
    opt_param2 = int(np.median(params2))
    opt_param3 = np.median(params3)
    opt_param4 = np.median(params4)

    optimal_df = pd.DataFrame(ret_list, \
            columns=['short_window','long_window','sl_long', 'sl_short', 'ror'])

    print(f'Max Tuples:{max_tups}')
    print(f'Optimal Parameters:'
            f'{opt_param1, opt_param2, opt_param3, opt_param4}, '
            f'Optimized Return:{100*max_ror:.2f}%')

    return (opt_param1, opt_param2, opt_param3, opt_param4), optimal_df

t1 = time.time()

optimal_params, optimal_df = mac_etf_long_short_optimizer(df, etf_df)

t2 = time.time()

print(f'Elapsed Time:{(t2-t1)/60:.2f}min\n')

data, ret, etf_data = mac_etf_long_short(df, etf_df, optimal_params[0], \
                optimal_params[1], optimal_params[2], optimal_params[3])

tear_sheet_etf_ls(data, etf_data)
```

코드 7-11에서는 TQQQ와 SQQQ 데이터를 다운로드한 후, `mac_etf_long_short_optimizer`에 입력해서 최적 파라미터를 찾는다. 그 다음 최적 파라미터를 `mac_etf_long_short` 함수에 입력하여 백테스트를 수행하고 `tear_sheet_etf_ls`로 성능 지표를 출력한다.

여기서 주의할 점은 각각의 파라미터가 취할 수 있는 범위를 리스트로 미리 정해놓았다는 점이다. 만약 최적값이 경곗값을 취하면, 이는 파라미터 범위가 충분하지 않다는 신호이므로 범위를 적절히 확장해서 다시 실행해야 한다.

```
Max Tuples:[(4, 16, 0.15, 0.004, 12.230065047845786)]
Optimal Parameters:(4, 16, 0.15, 0.004), Optimized Return:1223.01%
Elapsed Time:6.39min
Final cumulative return of the strategy: 1223.01%
Trading Period:4.9 years
Final cumulative return of the strategy:1223.01%, Buy&Hold:352.18%
Strategy CAGR:68.87%, Benchmark CAGR:35.82%
Sharpe Ratio: 1.36
Strategy MDD: -45.40%, Benchmark MDD: -81.75%
Number of Long Trades:27, Number of Short Trades:28, Long Win Rate:55.56%, Short Win
Rate:39.29%
Average Long Holding Period:28.4days, Average Short Holding Period:2.1days
```

코드 7-11을 실행하는 데 7분 정도의 시간이 걸리고, 결과를 보면 4.9년 동안 순수익률이 1223.01%, MDD가 -45.40%로 공매도를 활용한 양방향 매매 전략의 1508.79%, -42.72%와 비교했을 때 수익률에서는 다소 떨어진다. 하지만 여전히 Buy&Hold의 수익률 352.18%보다는 월등히 우수한 결과다. 이제 다른 종목에 대해서도 같은 방식으로 백테스트를 실행해 보자.

	Buy and Hold		MAC Long Only		MAC Long-Short		MAC_ETF Long-Short	
	ROR(%)	MDD(%)	ROR(%)	MDD(%)	ROR(%)	MDD(%)	ROR(%)	MDD(%)
SOXL	307.12	-90.51	624.10	-33.52	979.59	-49.91	952.22	-50.33
QQQ	143.04	-35.62	99.61	-16.42	136.67	-23.14	130.78	-18.14
SPY	75.60	-34.10	64.61	-13.24	79.35	-13.36	88.17	-13.27
TQQQ	336.10	-81.75	733.85	-43.16	1508.79	-42.72	1223.01	-45.40
UPRO	142.16	-76.82	226.02	-37.77	302.03	-35.20	280.60	-35.22

그림 7-5 양방향 MAC_ETF 전략의 ROR, MDD 비교

그림 7-5는 2019년 이전에 상장된 인버스 ETF가 있는 종목들에 대해서 2019년부터 2023년까지 5년치 데이터를 대상으로 양방향 MAC_ETF 전략을 적용한 결과와 다른 전략들의 결과를 정리한 것이다. 여기서 MAC Long-Short은 공매도를 활용한 양방향 매매 전략을 의미하고 전략에는 모두 수수료와 추적 손절법이 적용되었다.

MAC_ETF_Long-Short의 결과를 보면 Buy&Hold는 QQQ를 제외하고 모든 면에서 능가하며, Long Only와 비교하면 수익률에서 모두 앞서지만 MDD에서는 거의 비슷한 수준이다. MAC_Long-Short과 비교하면 수익률이 다소 낮고 MDD는 비슷하지만, 충분히 필적할 만한 성과라고 판단된다.

인버스 ETF가 2022년 하반기에 상장된 AAPL과 AAPD, NVDA와 NVDS, TSLA와 TSLS 조합의 경우, 상장 시점의 제약으로 양방향 MAC_ETF 전략의 백테스트는 2022년 9월부터 2024년 7월까지로 2년 남짓 기간에 대해서 실시할 수밖에 없었다.

	Buy and Hold		MAC Long Only		MAC Long-Short		MAC_ETF Long-Short	
	ROR(%)	MDD(%)	ROR(%)	MDD(%)	ROR(%)	MDD(%)	ROR(%)	MDD(%)
AAPL	46.04	-19.73	38.02	-13.43	68.17	-18.32	82.37	-11.27
NVDA	782.44	-23.49	571.01	-21.31	667.73	-18.71	595.01	-22.86
TSLA	-12.68	-56.66	72.32	-29.93	367.45	-24.28	122.92	-23.43

그림 7-6 개별 종목에 대한 양방향 MAC_ETF 전략의 ROR, MDD 비교

그림 7-6은 비교적 최근인 2022년 8월에 상장된 인버스 ETF가 있는 개별 종목들에 대해서 2022년 9월부터 2024년까지 7월까지 약 2년치 데이터를 대상으로 양방향 MAC_ETF 전략을 적용한 결과와 다른 전략들의 결과를 표로 정리한 것이다. 여기서 양방향 MAC_ETF 전략 결과를 보면 앞의 5년치 적용 결과와 마찬가지로 Buy&Hold와 MAC Long Only를 대체로 능가한다.

MAC_Long-Short과 비교해서는 수익률이 AAPL에서는 높았지만 NVDA, TSLA에서는 낮았다. MDD는 비슷한 수준이다. TSLA의 경우 이 기간 동안 -12.68%의 하락을 보였지만 양방향 MAC_ETF 전략의 수익률이 123%에 이르는 것은 매우 인상적이다. 물론 공매도를 활용한 양방향 전략에 비해 수익률이 많이 떨어져 보일 수 있지만 공매도를 활용한 양방향 전략의 백테스트는 단순화해서 실행한 것으로 정확하지는 않다는 점을 감안해야 한다.

그림 7-7은 TSLA와 TSLS에 대해 백테스트를 실시한 누적 수익률을, 같은 기간 동안 벤치마크 및 다른 전략의 누적 수익률과 함께 그린 그래프다.

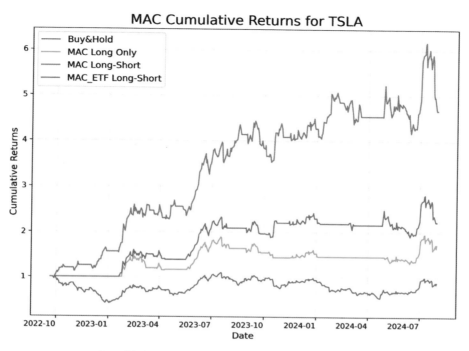

그림 7-7 테슬라에 대한 최근 2년 양방향 MAC_ETF 전략의 누적 수익률 그래프

7.3.2 전략 검증

지금까지의 결과만으로 흥분하기에는 아직 이르다. 파라미터 최적화를 실행했던 데이터에 대해 좋은 성과가 나오는 것은 당연한 일이다. 우리는 과거의 데이터에 최적화된 파라미터를 미래에 적용해야 한다는 점을 염두에 두고 항상 전략의 검증 과정을 거쳐야 한다.

지금까지 전략 테스트에서 했던 것과 마찬가지로 양방향 MAC_ETF 전략에 대해서도 2017년 7월부터 2022년 6월까지 5년치 데이터로 백테스트하고 거기서 얻은 파라미터로 2022년 7월부터 2024년 6월까지 투자했을 때의 성과를 벤치마크 등과 비교해 보자.

다만, TSLS(테슬라 인버스 ETF)가 2022년 상장된 관계로 이 기간의 데이터를 사용할 수 없으므로, 아쉽게도 테슬라는 더 이상 테스트에 포함할 수 없다. 대신 TQQQ와 SOXL의 데이터를 활용해 테스트를 진행하도록 하자.

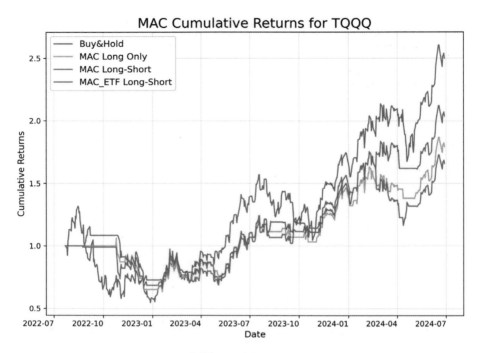

그림 7-8 **TQQQ에 대한 MAC 전략의 테스트 수익률 비교 그래프**

그림 7-8을 보면 테스트 기간 동안 TQQQ는 크게 세 번의 조정이 있었지만, 전체적으로 강한 상승 추세를 유지한 것을 확인할 수 있다. 이러한 특성 때문에 상승과 하락이 반복되었던 TSLA와는 달리, 어떤 전략도 수익률 측면에서 Buy & Hold를 능가하지 못했다.

그럼에도 TQQQ와 SQQQ를 사용해서 양방향 매매를 하는 MAC_ETF Long-Short이 큰 차이는 아니어도 다른 전략들보다 가장 Buy&Hold에 근접하는 성과를 보인 것이 인상적이다.

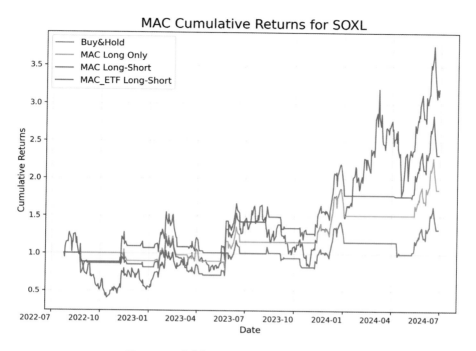

MAC Cumulative Returns for SOXL

그림 7-9 SOXL에 대한 MAC 전략의 테스트 수익률 비교 그래프

그림 7-9는 동일한 방법으로 SOXL에 대해서 테스트한 결과다. 여기서도 Buy&Hold를 능가하지 못한 점이 아쉽지만 역시 MAC_ETF Long-Short 전략이 다른 전략보다 Buy&Hold에 가장 근접한 수익률을 기록한 것은 긍정적이고 희망적인 결과로 보인다.

전반적으로 하락 구간에서 숏 포지션 진입으로 충분한 수익을 내지 못했고, 2024년 초반의 강한 상승 추세도 제대로 따라가지 못한 모습은 파라미터 과적합의 결과로 해석할 수 있다. 주식 자체가 강한 상승 추세를 보이는 경우, MAC 추세 추종 전략이 Buy & Hold를 능가하기 어려운 특성을 지닌다. 양방향 추세 추종 전략은 등락이 자주 발생하는 시장 상황에서 빛을 발하지만, 일방적인 상승 추세에서는 벤치마크를 이기기 쉽지 않다.

그럼에도 과거 데이터에서 얻은 파라미터를 2년간 그대로 사용하여 상승 추세의 주가를 잘 따라가며 우상향하는 수익률 곡선을 유지한 것은 의미 있는 결과로 볼 수 있다. 특히 한국 개인 투자자도 실행할 수 있는 양방향 MAC_ETF 전략이 MAC Long Only나 MAC Long-Short보다 더 나은 수익률을 기록한 점은 희망적인 부분이다.

롤링 테스트 결과를 살펴보자. 그림 7-10은 6.4절에서와 같은 방식으로 TQQQ와 SQQQ에 대해 MAC_ETF Long-Short 전략을 적용한 결과다. 그러나 기대와는 다르게 그림 6-15의 MAC Long Only 전략과 비교해 개선된 점이 보이지 않으며, 오히려 수익률과 MDD 모두 낮은 결과를 보였다.

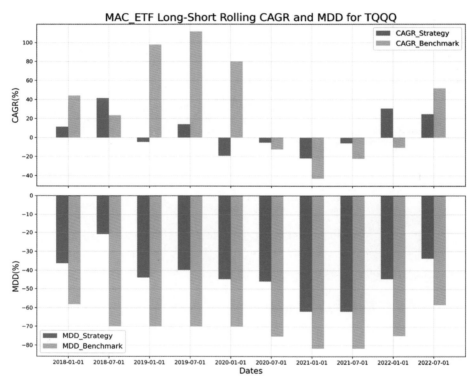

그림 7-10 TQQQ에 대한 양방향 MAC_ETF전략의 Rolling Test 결과로 그린 막대 그래프 1

그림 7-11은 7년 데이터로 최적화하고 이후 2년 동안 적용한 결과를 나타낸 것이다. 5년으로 최적화한 경우보다 약간 더 나은 결과를 보였지만, 여전히 MAC Long-Only 전략에 미치지 못한다.

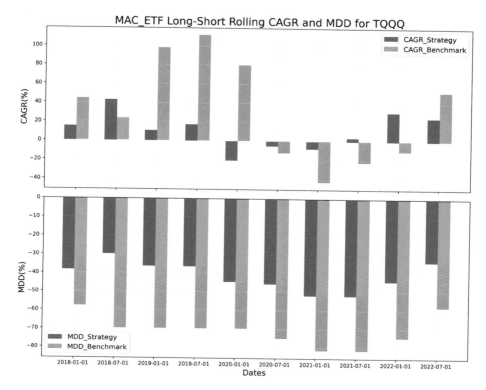

그림 7-11 TQQQ에 대한 양방향 MAC_ETF 전략의 Rolling Test 결과로 그린 막대 그래프 2

다른 종목들에 대해서도 양방향 MAC_ETF 전략의 개선된 점을 발견할 수 없었다. 퀀트 투자 전략을 개발할 때 전략이 복잡해지고 파라미터 수가 많아지면 특정 데이터에서는 성능이 개선된 것처럼 보이는 경우가 종종 있다. 그러나 파라미터 수가 증가하면 과적합의 위험도 그만큼 커진다.

walk-forward test 결과, 아쉽게도 인버스 ETF를 활용한 양방향 이동평균선 교차 전략도 과적합으로 인해 성능 개선을 기대하기 어려운 것으로 보인다. 양방향 매매 전략의 백테스트를 어떻게 구현하는지를 배운 점과 더불어, 과적합이 어떻게 나타나는지를 이해한 데서 이번 장의 의미를 찾아야 할 것이다.

모멘텀 전략

추세 추종 전략은 형성된 추세가 한동안 지속되는 속성이 있다는 관찰에 근거한다. 우리는 이동평균선 교차 전략MAC이라는 단순한 방법을 통해 추세 추종을 시도해 보았다. 롱 온리 방식을 택할 수도 있고 양방향 매매 방식을 택할 수도 있다.

MAC에서는 추세를 수치화하지 않고 단순히 이동평균선의 교차를 통해 추세의 시작과 끝을 추정한다. 그렇다면 한동안 지속되는 속성을 가진 주가의 추세를 수치화할 방법은 없을까?

모멘텀 전략은 추세를 수치화한 모멘텀momentum이란 지표를 사용하는 일종의 추세 추종 전략이다. 그런데 투자 영역에서 모멘텀이란 용어는 매우 자주 사용되며, 또한 다양한 의미로 사용된다. 따라서 투자 영역에서 사용되는 모멘텀 개념을 먼저 소개하고, 추세 추종 전략의 일종으로서 모멘텀 전략에 대해 자세히 알아보도록 하겠다.

8.1 모멘텀의 정의

모멘텀은 원래 물리학 용어이다. 물리학에서의 모멘텀은 질량에 속도를 곱한 값이며, 속도는 위치의 시간에 대한 변화율이다. 모멘텀이 클수록 이를 변화시키기 위해 더 큰 힘이 필요하고 힘이 작용하지 않으면 모멘텀은 그대로 유지된다. 같은 속도라고 하더라도 승용차가 승용차를 추돌했을 때보다, 질량이 큰 덤프 트럭이 승용차를 추돌하면 속도가 크게 줄지 않고 그대로 밀고 지나가는 현상이 발생한다. 이 또한 모멘텀의 차이 때문이다.

주식 시장에서 속도를 가격의 변화율(수익률)에 대응시키면 추세가 유지된다는 것은 수익률이 양으로 지속되거나 음으로 지속된다는 의미가 된다. 따라서 추세를 수치화하는 데 물리학의 모멘텀 개념을 주식 시장에 차용할 수 있다.

8.1.1 절대 모멘텀

특정 자산의 과거 수익률을 절대 모멘텀(absolute momentum)이라 한다. 수익률을 계산하는 기간은 일 단위 또는 월 단위로 정할 수 있다. 다음과 같은 주식의 일별 가격 데이터가 있다고 하자.

$$\cdots, p(t-2), p(t-1), p(t), p(t+1), p(t+2), \cdots$$

5일간의 수익률을 모멘텀으로 정의한다면 모멘텀은 다음과 같다.

$$\cdots, m(t-2), m(t-1), m(t), m(t+1), m(t+2), \cdots$$

$$m(t) = \frac{p(t) - p(t-5)}{p(t-5)}$$

여기서 $m(t)$는 t 시점의 모멘텀 값이며, $p(t)$는 t 시점의 주가를 의미한다. 가격이라는 시계열 데이터에서 모멘텀이라는 새로운 시계열 데이터가 생성되는 것이므로, 절대 모멘텀은 종종 시계열 모멘텀(time series momentum)이라고도 불린다.

주가가 상승 추세에 있는 구간에서 임의의 시점에 m값을 살펴보면 해당 시점의 가격이 5일 전보다 높은 경우가 대부분일 것이므로 m값은 양수일 것이다. 그리고 주가가 크게 오르면 m값은 더욱 증가하게 된다. 따라서 m값은 상승 추세의 강도를 수치로 나타낸다고 할 수 있다. 반대로 주가가 하락 추세에 있는 구간에서는 m값이 음수가 되고 하락 추세가 강할수록 m값은 더 작은 값을 갖게 된다.

이번 장에서는 이러한 절대 모멘텀을 활용한 추세 추종 전략을 구현해 볼 것이다.

8.1.2 상대 모멘텀

하나의 종목에 집중 투자하는 대신 여러 종목으로 포트폴리오를 구성해서 투자하면 위험을 낮출 수 있다. 10장부터는 포트폴리오 투자에 대해 자세히 살펴볼 것이다.

포트폴리오 투자에서는 당연히 구성 종목의 선정 기준이 핵심이 된다. 예를 들어, Nasdaq 100 구성 종목 중에서 지난 6개월간 수익률 상위 10% 종목을 선정해서 동일 비율로 투자한다고 가정해 보자. 여기서 사용된 6개월간의 수익률은 절대 모멘텀 개념에 해당하지만, 이 경우 수치 자체보다는 다른 종목과 비교에서 얻어지는 순위가 더 중요하다. 이와 같이 여러 종목에 대해 일정 기간의 수익률을 비교하여 얻는 순위에 주목할 때는 상대 모멘텀(relative momentum) 또는 횡단면 모멘텀(cross-sectional momentum)이라고 한다.

주식과 같은 위험 자산의 수익률이 어떤 요소factor의 영향을 받는지에 대해서는 오랜 기간 동안 수많은 연구가 진행되었다. 여러 요소 중 모멘텀 팩터가 있는데 이때의 모멘텀은 상대 모멘텀을 의미한다.

큰 자산을 운용하는 경우에는 위험 관리가 필수이므로, 단일 종목에 투자하기보다는 포트폴리오를 구성해서 투자하는 것이 일반적이다. 포트폴리오를 구성할 때는 위험 자산의 수익률에 영향을 미치는 주요 팩터를 고려하는데, 이를 **팩터 투자**factor investing라고 하며 현재 매우 널리 사용되는 투자 방식이다.

흔히 모멘텀 투자 전략이라고 말할 때는 대부분 모멘텀 팩터에 기반해 구성된 포트폴리오에 투자하는 전략을 의미한다. 이는 절대 모멘텀을 활용한 개별 주식 추세 추종 전략과는 명확히 구분해야 한다. 상대 모멘텀을 활용한 포트폴리오 투자 전략은 11장에서 본격적으로 다룬다.

- **절대 모멘텀**: 개별 주식의 일정 기간 동안의 수익률
- **상대 모멘텀**: 여러 종목 간 일정 기간 동안의 수익률의 비교

8.2 모멘텀 추세 추종 전략 1

경우에 따라 절대 모멘텀을 단순히 **가격의 변화량**으로 정의하기도 한다. 예를 들어, 다음과 같이 정의하는 것이다.

$$M(t) = p(t) - p(t-n)$$

이 방식도 큰 문제는 없지만 주가는 시간이 지남에 따라 100달러대에서 1,000달러대가 될 수도 있다. 이 경우 같은 비율만큼 변했어도 모멘텀 값은 크게 달라질 수 있다. 이처럼 정규화되지 않은 모멘텀 값은 해석하기 불편하다. 따라서 앞 절에서 소개한 대로 절대 모멘텀을 다음과 같이 비율로 정의하는 것이 더 일반적이고 효과적이다.

$$M(t) = \frac{p(t) - p(t-n)}{p(t-n)}$$

이제 정규화된 절대 모멘텀을 활용해 추세 추종 전략을 어떻게 만들지 차근차근 알아보도록 하자.

8.2.1 모멘텀 지표 분석

모멘텀과 주가의 추세 간 연관성을 찾기 위해 주가 데이터를 다운로드하고 모멘텀을 계산한 후 그래프로 시각화해 보면 도움이 될 것이다. AAPL 주식의 주가를 사용해 살펴보자.

코드 8-1 AAPL에 대한 주가와 모멘텀 그래프 1

```python
# 필요한 모듈 가져오기
import yfinance as yf
import pandas as pd
import numpy as np
import matplotlib.pyplot as plt
import ta


# 주가 데이터 다운로드
ticker = "AAPL"
start_date = "2019-01-01"
end_date = "2024-01-01"
df = yf.download(ticker, start_date, end_date)


# 모멘텀 지표 계산
data = df.copy()
period = 14
data['Mom'] = data['Close'].pct_change(periods=period)


# 그래프 그리기
fig, ax = plt.subplots(2, 1, figsize=(10, 9), sharex=True)


start = '2019-01-01'
end = '2024-01-01'


data['Close'].loc[start:end].plot(ax=ax[0], label='Close')
ax[0].set_ylabel('Price($)',fontsize=15)
ax[0].grid()
```

```
ax[0].legend()

data['Mom'].loc[start:end].plot(ax=ax[1], label='Momentum', color='orange')
ax[1].axhline(y=0, color='red', linestyle='-')
ax[1].set_xlabel('Date', fontsize=15)
ax[1].set_ylabel('Momentum',fontsize=15)
ax[1].grid()
ax[1].legend(fontsize=15)

plt.suptitle(f'Price and Momentum of {ticker}', fontsize=20)
plt.tight_layout()
plt.xticks(rotation=0)
plt.show()
```

코드 8-1은 2019년부터 2023년까지 애플의 5년치 주가 데이터를 다운로드하고 기간을 14로 설정해 모멘텀 칼럼을 계산한다. 모멘텀은 수익률이므로 pct_change() 메서드에 periods 파라미터 값을 지정해서 간단히 계산할 수 있다. 그래프는 2단으로 위에는 주가 그래프, 아래에는 모멘텀 그래프를 출력한다.

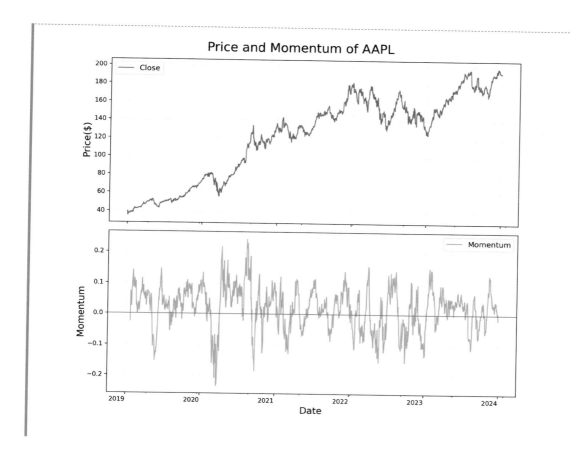

Price and Momentum of AAPL

실행 결과로 나온 그래프를 자세히 살펴보면 주가가 상승 추세에 있을 때에는 모멘텀이 양의 값을 갖고, 하락 추세에 있을 때는 음의 값을 갖는 것을 확인할 수 있다. 적절한 구간을 선택해서 좁은 범위를 확대한 그래프를 보면 상관관계를 더 자세히 확인할 수 있을 것이다. 기간을 줄여 다시 시각화해 보자.

코드 8-2 AAPL에 대한 주가와 모멘텀 그래프 2

```
fig, ax = plt.subplots(2, 1, figsize=(10, 9), sharex=True)

start = '2022-05-15'
end = '2023-09-15'

data['Close'].loc[start:end].plot(ax=ax[0], label='Close')
```

```
ax[0].set_ylabel('Price($)',fontsize=15)
ax[0].grid()
ax[0].legend()

data['Mom'].loc[start:end].plot(ax=ax[1], label='Momentum', color='orange')
ax[1].axhline(y=0, color='red', linestyle='-')
ax[1].set_xlabel('Date', fontsize=15)
ax[1].set_ylabel('Momentum',fontsize=15)
ax[1].grid()
ax[1].legend(fontsize=15)

plt.suptitle(f'Price and Momentum of {ticker}', fontsize=20)
plt.tight_layout()
plt.xticks(rotation=0)
plt.show()
```

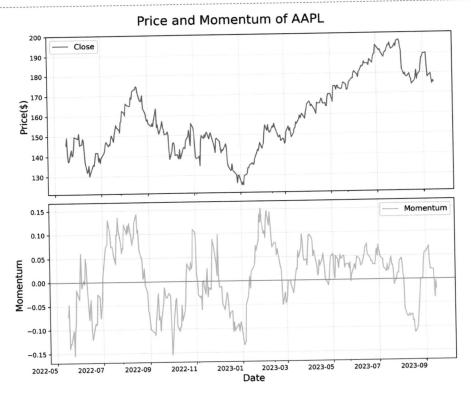

실행 결과를 보면 추세와 모멘텀의 관계를 좀 더 명확하게 확인할 수 있다. 상승 추세가 시작될 때 모멘텀은 음에서 양으로 변하고, 하락 추세로 전환될 때는 양에서 음으로 변한다. 약간의 가짜 신호들도 보이지만, 종목에 맞는 모멘텀 계산 기간period을 조절해서 최적화하면 줄일 수 있을 것으로 보인다. 이러한 관찰에 근거해서 고안할 수 있는 트레이딩 전략은 다음과 같이 정리할 수 있다.

모멘텀 추세 추종 전략 1

★ 적절한 기간(n값)을 정하고 모멘텀 계산

★ 모멘텀이 음에서 양으로 변하면(양전하면) 매수

★ 추적 손절법에 따라 매도

8.2.2 전략 백테스트

앞 절에서 구상한 전략(MOM Strategy1으로 부르자.)은 진입과 청산이 비교적 단순하다. 따라서 6장에서 구현했던 롱 온리 백테스트 함수 중에서 수수료와 추적 손절법을 적용한 Event-Driven 버전을 새로운 전략에 맞게 수정하면 쉽게 백테스트 함수를 만들 수 있다.

코드 8-3 MOM Strategy1 백테스트 함수

```python
def mom_strategy1(df, p, sl, verbose=True):
    fee_rate = 0.001
    data = df.copy()
    period = p
    stop_loss = sl

    data['Mom'] = data['Close'].pct_change(periods=period)
    data.dropna(inplace=True)

    mom_pos = pd.Series(np.where(data['Mom']>0, 1, 0), \
                        index=data.index)
    mom_signals = mom_pos.diff().fillna(0)

    cash_init = 10000
    cash = cash_init
```

```python
asset = np.zeros(len(data))
asset[0] = cash

prices = data['Close'].values
signals = mom_signals.values
positions = np.zeros(len(data))
pos = 0

    for i in range(1, len(data)):
    if pos == 0:
        if signals[i] == 1: # 모멘텀 양전 -> 매수
            pos = 1
            positions[i] = 1
            entry_price = prices[i]
            num = int(cash/(entry_price*(1+fee_rate)))
            cash -= entry_price*num*(1+fee_rate)
            stop_loss_price = entry_price*(1 - stop_loss)
    elif pos == 1:
        if prices[i] < stop_loss_price: # 손절 발생
            pos = 0
            cash += prices[i]*num*(1-fee_rate)
        else: # 손절가 갱신
            positions[i] = 1
            stop_loss_price =\
            max(stop_loss_price, prices[i]*(1 - stop_loss))

    # asset 갱신
    if pos == 0:
        asset[i] = cash
    elif pos == 1:
        asset[i] = cash + prices[i]*num

data['Position'] = positions
data['Signal'] = data['Position'].diff().fillna(0)

data['Buy_Price'] = \
np.where(data['Signal'] == 1, data['Close'], np.nan)
data['Sell_Price'] = \
np.where(data['Signal'] == -1, data['Close'], np.nan)
```

```
        data['Cumulative_Return'] = asset/cash_init
        final_cum_return = data['Cumulative_Return'].iloc[-1] - 1
        if verbose:
            print(f'Final cumulative return of the strategy: '
                    f'{100*final_cum_return:.2f}%')
        return data, final_cum_return
```

MOM Strategy1의 백테스트 함수를 구현한 코드 8-3을 보면 주가 데이터 df, 모멘텀 계산 기간 p, 추적손절법에서 사용할 손절률 sl을 입력 파라미터로 받아 가공된 데이터프레임 data와 누적 수익률을 반환한다. 이전에 구현한 백테스트 함수에서 공통으로 사용되는 부분은 설명을 생략하고, 주요 부분만 차례대로 살펴보겠다.

① pct_change(periods=period)를 사용해서 'Mom'이라는 이름으로 모멘텀 칼럼을 생성한다. 그리고 모멘텀의 양전 지점을 미리 일괄적으로 계산하고자 앞에서 자주 사용하던 방식대로 mom_pos, mom_signals 판다스 시리즈를 만든다. mom_signals=1인 지점이 모멘텀이 양전하는 지점이 된다.

② 실행 속도를 높이기 위해 for loop에서 loc이나 iloc의 사용은 배제하고, 미리 prices, signals, positions를 넘파이 배열로 만들어 둔다. for loop를 순회하면서 거래에 따라 포지션을 보유하면 positions=1아니면 0으로 기록한다.

롱 온리 전략이므로 성능 지표 출력은 6장에서 만든 tear_sheet1 함수를 그대로 사용하면 된다. 모멘텀 계산 기간과 손절률 두 개의 파라미터를 최적화하기 위해 파라미터 최적화 함수를 만들고, 2019년부터 2023년까지 AAPL의 5년치 데이터로 백테스트를 실행해 보자.

코드 8-4 MOM Strategy1 파라미터 최적화

```
def mom_parameter_optimizer1(input_df):
    period = [3, 4, 5, 6, 7, 8, 9, 10, 11, 12, 13, 14, 15,\
                16, 17, 18, 19, 20, 21, 22, 23, 24, 25]
    stop_loss = [0.03, 0.04, 0.05, 0.06, 0.07, 0.08, 0.09, 0.1, 0.11,\
                  0.12, 0.13, 0.14, 0.15, 0.16, 0.17, 0.18, 0.19, 0.2]
    ret_list = []
```

```
    for x1, x2, in [(a,b) for a in period for b in stop_loss]:
        df = input_df.copy()
        data, ror = mom_strategy1(df, x1, x2, verbose=False)
        ret_list.append((x1, x2, ror))

    max_ror = max(ret_list, key=lambda x:x[2])[2]
    max_tups = [tup for tup in ret_list if tup[2] == max_ror]
    params1 = [tup[0] for tup in max_tups]
    params2 = [tup[1] for tup in max_tups]
    opt_param1 = int(np.median(params1))
    opt_param2 = round(np.median(params2),4)

    optimal_df = pd.DataFrame(ret_list, \
                columns=['period','stop_loss','ror'])

    print(f'Optimal Parameters:{opt_param1, opt_param2}, '
          f'Optimized Return:{100*max_ror:.2f}%')

    return (opt_param1, opt_param2), optimal_df

ticker = 'AAPL'
start_date = '2019-01-01'
end_date = '2024-01-01'

df = yf.download(ticker, start=start_date, end=end_date)

opt_params, opt_df = mom_parameter_optimizer1(df)

data, ret = mom_strategy1(df, opt_params[0], opt_params[1])
tear_sheet1(data)
```

```
Optimal Parameters:(12, 0.07), Optimized Return:398.08%
Final cumulative return of the strategy: 398.08%
Trading Period:4.9 years
Final cumulative return of the strategy:398.08%, Buy&Hold:390.10%
Strategy CAGR:38.37%, Benchmark CAGR:37.91%
Sharpe Ratio: 1.46
Strategy MDD: -32.87%, Benchmark MDD: -31.43%
Number of Profitable Trades:10, Number of Loss Trades:10, Win Rate:50.00%
```

```
Average Holding Period:47.5days
Avg ROR/trade in profitable trades:0.249%, Avg ROR/trade in loss trades:-0.051%
Profit/Loss Ratio: 4.92
```

코드 8-4의 실행 결과를 보면 2019년부터 2023년까지 AAPL의 5년치 데이터에 대해서는 p=12, sl=0.07이 최적값으로 나왔다. 이때 수익률은 398%로 Buy&Hold 수익률 390%와 거의 비슷하다. MDD도 Buy&Hold와 비슷한 수준을 보였다. 단순한 전략으로 Buy&Hold 수준의 성과를 보였다는 것은 나쁘지 않은 결과다. 다른 종목들에 대해서도 MOM Strategy1 전략의 백테스트를 실행하고, 성과를 MAC 전략의 성과와 비교해 보자.

	Buy and Hold		MAC Long Only		MOM Strategy1	
	ROR(%)	MDD(%)	ROR(%)	MDD(%)	ROR(%)	MDD(%)
AAPL	334.26	-31.43	280.84	-23.38	398.08	-32.87
GOOG	153.56	-44.60	98.99	-35.60	208.95	-44.88
NVDA	1265.94	-66.36	823.00	-40.10	1661.72	-45.77
TSLA	1091.43	-73.63	3830.00	-26.10	2216.43	-32.71
SOXL	251.24	-90.51	624.10	-33.52	1166.73	-68.38
QQQ	142.94	-35.62	99.61	-16.42	180.15	-14.85
SPY	75.60	-34.10	64.61	-13.24	100.58	-12.34
TQQQ	336.10	-81.75	733.85	-43.16	1038.35	-43.84
UPRO	142.16	-76.82	226.02	-37.77	463.59	-32.28

그림 8-1 MOM Strategy1의 성과 비교

그림 8-1에 정리된 성과를 보면 수익률 ROR$_{\text{rate of return}}$이 9개 전 종목에 대해서 Buy&Hold를 능가하며 MAC Long Only 전략과 비교해도 TSLA를 제외한 모든 종목에서 크게 앞선다. MDD는 MAC Long Only 전략과 비슷하거나 약간 더 크지만, 수익률 차이를 고려할 때 아직 개선의 여지가 있는 모멘텀 전략 초기 버전의 성과로는 매우 놀라운 결과다.

이제 AAPL에 대해 전략에 따라 진입과 청산이 어떻게 이루어졌고, 누적 수익률이 어떻게 변했는지 그래프로 시각화해 보자. 시각화 결과를 보며 전략을 어떻게 개선할지 고민해야 한다.

그림 8-2는 이전에 만든 시각화 코드를 그대로 MOM Strategy1의 백테스트 결과에 적용하여 얻은 것이다. 상승장에서는 추세를 잘 올라타지만 2022년 하락장에서는 가짜 신호가 많아 잦은 손실이 발생했고, 2023년 하반기 하락장에서도 비슷한 패턴이 나타난다.

추적 손절법을 사용할 경우, 이익을 최대한 확보하기 위해 비교적 큰 손절률을 사용하게 되는데, 이로 인해 가짜 신호에 의해 손절할 때 손실이 커지는 문제가 있다. 따라서 가짜 신호를 최대한 걸러낼 방법을 모색해야 한다.

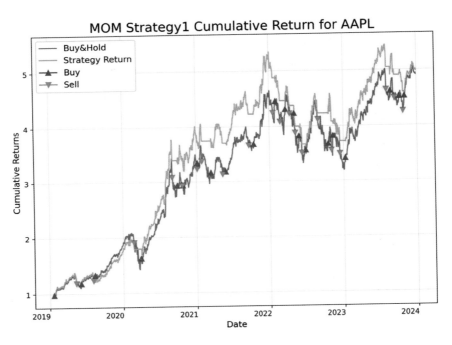

그림 8-2 AAPL에 대한 MOM Strategy1의 거래와 누적 수익률 시각화

8.3 모멘텀 추세 추종 전략 2 : 보조 지표 활용

앞 절에서 모멘텀 지표 하나만 사용해 간단한 전략을 만들었고, 백테스트에서 Buy&Hold를 능가하는 긍정적인 결과를 얻었다. 하지만 하락 구간에서 가짜 신호를 걸러내지 못하여 수익률이 크게 악

화되는 문제가 있었다.

가짜 신호를 걸러내는 대표적인 방법은 주된 지표를 보완해줄 수 있는 보조 지표를 사용하는 것이다. 주된 지표로 만들어진 신호를 보조 지표를 통해 다시 한 번 확인해서 최종 신호를 만들어내기 때문에 이를 확인 지표comfirmation indicator라고도 한다.

절대 모멘텀을 주된 지표로 사용하는 전략에서 확인 지표로 사용할 수 있는 것은 다양하지만, 거래량과 관련된 지표를 사용하는 것이 효과적이다. 물리학에서 모멘텀은 질량에 속도를 곱한 값인데, 절대 모멘텀은 가격의 변화율만 반영한다. 트레이딩에서는 거래량이 뒷받침된 추세의 지속성이 더 강하다는 측면에서 거래량은 관성의 크기인 질량에 대응한다고 볼 수 있다.

따라서 매수·매도의 강도를 가격과 거래량을 사용해서 나타내는 MFImoney flow index가 확인 지표로 적합한지 검토해 보자.

8.3.1 Money Flow Index

MFI는 가격과 거래량을 사용해서 과매수 또는 과매도 상태를 판단할 수 있도록 고안된 지표로, 세부적으로는 다음과 같은 5단계를 거쳐 계산된다.

(1) Typical Price

일봉 데이터OHLCV에서 종가만 사용하지 않고 저가Low, 고가High, 종가Close의 평균을 구해서 가격으로 사용한다.

$$\text{Typical Price} = (Low + High + Close)/3$$

(2) Raw Money Flow

가격에 거래량Volume을 가중치로 곱해준다.

$$\text{Raw Money Flow} = Volume * Typical\ Price$$

(3) Positive/Negative Money Flow

이동평균을 구하듯이 기간window 크기를 설정하는데 보통 14일로 사용한다(오늘을 포함해서 과거 14일 동안).

· 가격이 전날보다 상승한 경우의 Raw Money Flow를 합산 → Positive Money Flow

· 가격이 전날보다 하락한 경우의 Raw Money Flow를 합산 → Negative Money Flow

14일 동안 상승 추세에서는 대부분 Positive Money Flow에 더해지고, 하락 추세에서는 Negative Money Flow에 더해진다.

⑷ Money Flow Ratio

Positive Money Flow와 Negative Money Flow의 비율을 구한다.

$$\text{Money Flow Ratio} = \text{Positive Money Flow} / \text{Negative Money Flow}$$

⑸ Money Flow Index

최종적으로 다음과 같이 MFI 값을 구한다.

$$\text{MFI} = 100 - 100/(1 + \text{Money Flow Ratio})$$

이렇게 정의된 MFI는 0에서 100사이의 값을 가진다. 14일 동안 상승한 경우에는 100, 14일 동안 하락한 경우에는 0이 되어 100에 근접할 수록 과매수, 0에 근접할 수록 과매도 상태라고 판단한다.

물론 14일이라는 기간은 사용자가 필요에 따라 변경할 수 있다. 앞에서 설명한 절차를 따라 직접 계산할 수도 있지만, ta 모듈을 사용하면 훨씬 쉽게 계산할 수 있다. AAPL의 주가 데이터로 MFI를 계산하고 가격과 함께 그래프로 시각화해 보자. 그래프를 통해 가격이 변함에 따라 MFI가 0에서 100사이에서 어떻게 변동하는지 살펴보자.

```python
# 필요한 모듈 가져오기
import yfinance as yf
import pandas as pd
import numpy as np
import matplotlib.pyplot as plt
import ta

# 주가 데이터 다운로드
ticker = "AAPL"
start_date = "2019-01-01"
end_date = "2024-01-01"
df = yf.download(ticker, start_date, end_date)

# MFI 지표 계산
data = df.copy()
period = 7
data['MFI'] = \
ta.volume.money_flow_index(data.High,data.Low,data.Close,data.Volume,period)

# 그래프 그리기
fig, ax = plt.subplots(2, 1, figsize=(10, 9), sharex=True)

start = '2021-06-01'
end = '2022-06-01'

data['Close'].loc[start:end].plot(ax=ax[0], label='Close')
ax[0].set_ylabel('Price($)',fontsize=15)
ax[0].grid(alpha=0.3)
ax[0].legend(fontsize=12, loc='upper right')

data['MFI'].loc[start:end].plot(ax=ax[1], label='Momentum', color='orange')
ax[1].set_xlabel('Date', fontsize=15)
ax[1].set_ylabel('MFI',fontsize=15)
ax[1].grid(alpha=0.3)
ax[1].legend(fontsize=12, loc='upper right')

plt.suptitle(f'Price and MFI of {ticker}', fontsize=20)
plt.tight_layout()
```

```
plt.xticks(rotation=0)
plt.show()
```

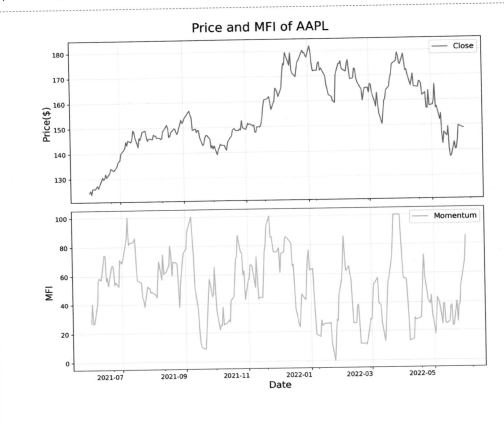

코드 8-5에서는 MFI 지표 계산 부분만 주목해서 살펴보면 된다. `ta.volume.money_flow_index()` 함수에 High, Low, Close, Volume, period 순서로 입력하면 MFI가 계산된다.

실행 결과로 얻은 그래프는 `period=7`로 설정했을 때의 결과다. 그래프에서 MFI 값을 보면 상승 추세의 끝부분에 다가갈 때 거의 100에 근접하고, 추세 전환이 발생하면 급격하게 20 이하로 떨어지는 것을 볼 수 있다. 이러한 패턴은 매수 신호를 확정하기 위해 MFI 값이 특정 값 이상이어야 한다는 조건을 추가하면, 하락 추세에서 발생하는 가짜 매수 신호를 효과적으로 걸러낼 수 있음을 시사한다.

MFI가 모멘텀 지표의 확인 지표로서 역할을 할 수 있는지 구체적으로 확인하기 위해 AAPL에 대한 MOM Strategy1의 백테스트 결과를 다시 살펴보자. 특히, 가짜 신호로 인해 지속적인 손실이 발생하는 구간을 MFI와 함께 시각화하면 쉽게 판단할 수 있을 것이다.

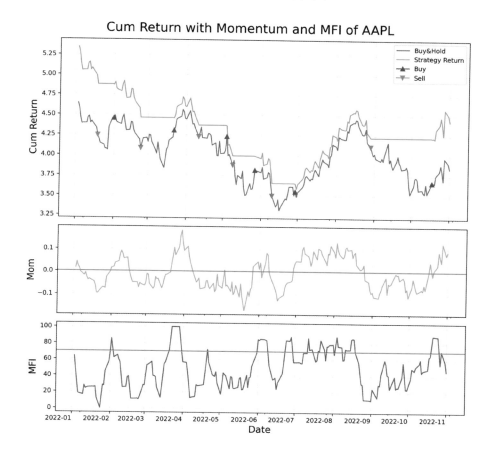

그림 8-3 MOM Strategy1 백테스트 결과와 MFI 시각화

그림 8-3은 2022년 하락 장세에서 MAC Strategy1의 거래 및 누적 수익률 그래프와 MFI 그래프를 나란히 나타낸 것이다. 그래프를 보면 매도까지 이어지는 매수 신호를 5개 확인할 수 있다. 다섯 번째 매수 신호만 참이고 첫 번째부터 네 번째 매수 신호는 손실로 이어지는 가짜 신호다. 다섯 번째 매수 신호 발생 시점에서 MFI의 값은 대략 70이므로 빨간색 선으로 70 레벨을 나타냈다.

세 번째와 네 번째 매수 신호가 발생한 시점에서 MFI 값은 70보다 훨씬 아래에 있으므로 전부는 아니더라도 MFI로 조건을 하나 추가하면 가짜 신호를 어느 정도 제거할 수 있는 가능성을 확인할 수 있다.

이제 모멘텀 지표 하나만 사용한 MOM Strategy1에 대해 MFI를 추가로 적용해 보자. 이렇게 개선된 전략을 정리해 보면 다음과 같다. 파라미터의 개수가 p1, p2, mfi_level, sl 네 개로 늘어났다.

모멘텀 추세 추종 전략 2

투자 전략

★ 적절한 기간(p1)을 정하고 모멘텀 계산, 적절한 기간((p2)을 정하고 MFI 계산

★ 모멘텀이 양전하고 MFI > mfi_level을 만족해야 매수

★ 추적 손절법(손절률 sl)에 의해 매도

8.3.2 전략 백테스트

코드 8-3의 MOM Strategy1 백테스트 함수에 MFI 계산 부분을 추가하고 매수 조건만 변경하면 새로운 전략(MOM Strategy2라 하자.)의 백테스트 함수를 만들 수 있다. 이를 코드 8-6에 구현하였다. 매수 조건이 if signals[i]==1 and mfi[i]>mfi_level로 바뀐 것 외에는 거의 변화가 없다.

코드 8-6 MOM Strategy2의 백테스트 함수

```python
def mom_strategy2(df, p1, p2, ml, sl, verbose=True):
    fee_rate = 0.001
    data = df.copy()
    period1 = p1
    period2 = p2
    mfi_level = ml
    stop_loss = sl

    data['Mom'] = data['Close'].pct_change(periods=period1)
    data['MFI'] = ta.volume.money_flow_index(data.High, \
                data.Low, data.Close, data.Volume, period2)
    data.dropna(inplace=True)

    mom_pos = pd.Series(np.where(data['Mom']>0, 1, 0), \
                        index=data.index)
    mom_signals = mom_pos.diff().fillna(0)

    cash_init = 10000
```

```python
    cash = cash_init
    asset = np.zeros(len(data))
    asset[0] = cash

    prices = data['Close'].values
    signals = mom_signals.values
    mfi = data['MFI'].values
    positions = np.zeros(len(data))
    pos = 0

        for i in range(1, len(data)):
        if pos == 0:
            if signals[i] == 1 and mfi[i] > mfi_level: # 매수
                pos = 1
                positions[i] = 1
                entry_price = prices[i]
                num = int(cash/(entry_price*(1+fee_rate)))
                cash -= entry_price*num*(1+fee_rate)
                stop_loss_price = entry_price*(1 - stop_loss)
        elif pos == 1:
            if prices[i] < stop_loss_price: # 손절 발생
                pos = 0
                cash += prices[i]*num*(1-fee_rate)

            else: # 손절가 갱신
                positions[i] = 1
                stop_loss_price =\
                max(stop_loss_price, prices[i]*(1 - stop_loss))
        # asset 갱신
        if pos == 0:
            asset[i] = cash
        elif pos == 1:
            asset[i] = cash + prices[i]*num

data['Position'] = positions
data['Signal'] = data['Position'].diff().fillna(0)

data['Buy_Price'] = \
np.where(data['Signal'] == 1, data['Close'], np.nan)
```

```
data['Sell_Price'] = \
np.where(data['Signal'] == -1, data['Close'], np.nan)

data['Cumulative_Return'] = asset/cash_init
final_cum_return = data['Cumulative_Return'].iloc[-1] - 1
if verbose:
    print(f'Final cumulative return of the strategy: '
          f'{100*final_cum_return:.2f}%')
return data, final_cum_return
```

mfi_level 등 파라미터 값은 최적화 과정을 통해서 결정해야 한다. 늘어난 파라미터의 수에 맞게 수정된 최적화 함수 mom_parameter_optimizer2 함수를 만들고 이전과 동일하게 2019년부터 2023년까지 AAPL의 5년치 데이터를 대상으로 파라미터 최적화 과정을 구현한 것이 코드 8-7이다.

코드 8-7 MOM Strategy2의 파라미터 최적화

```
def mom_parameter_optimizer2(input_df):
    period1 = [3, 4, 5, 6, 7, 8, 9, 10, 11, 12]
    period2 = [3, 4, 5, 6, 7, 8, 9, 10]
    mfi_level = [45, 46, 47, 48, 49, 50, 51, 52, 53, 54, 55,\
                 56, 57, 58]
    stop_loss = [0.05, 0.06, 0.07, 0.08, 0.09, 0.1, 0.11, 0.12,\
                 0.13, 0.14, 0.15, 0.16, 0.17, 0.18, 0.19, 0.2]
    ret_list = []

    for x1, x2, x3, x4 in [(a,b,c,d) for a in period1 for b in \
                 period2 for c in mfi_level for d in stop_loss]:
        df = input_df.copy()
        data, ror = mom_strategy2(df, x1, x2, x3, x4, verbose=False)
        ret_list.append((x1, x2, x3, x4, ror))

    max_ror = max(ret_list, key=lambda x:x[4])[4]
    max_tups = [tup for tup in ret_list if tup[4] == max_ror]
    params1 = [tup[0] for tup in max_tups]
    params2 = [tup[1] for tup in max_tups]
    params3 = [tup[2] for tup in max_tups]
    params4 = [tup[3] for tup in max_tups]
```

```python
        opt_param1 = int(np.median(params1))
        opt_param2 = int(np.median(params2))
        opt_param3 = round(np.median(params3),1)
        opt_param4 = round(np.median(params4),4)

        optimal_df = pd.DataFrame(ret_list, columns= \
                    ['period1','period2', 'mfi_level', 'stop_loss','ror'])
        print(f'Max Tuples:{max_tups}')
        print(f'Optimal Parameters:'
              f'{opt_param1, opt_param2, opt_param3, opt_param4}, '
              f'Optimized Return:{100*max_ror:.2f}%')
        return (opt_param1, opt_param2, opt_param3, opt_param4), optimal_df

ticker = 'AAPL'
start_date = '2019-01-01'
end_date = '2024-01-01'
df = yf.download(ticker, start=start_date, end=end_date)

import time
t1 = time.time()

opt_params, optimal_df = mom_parameter_optimizer2(df)

t2 = time.time()
print(f'Elapsed Time:{(t2-t1)/60:.2f}min')

data, ret = mom_strategy2(df, opt_params[0], opt_params[1], \
                          opt_params[2], opt_params[3])
```

파라미터의 개수가 4개나 되는 만큼 코드 8-7을 실행하는데 저자의 평범한 Windows OS 랩탑에서는 30분 정도 걸렸다. 참고로 M1/M2 칩이 탑재된 맥북에서는 3분 이내에 끝난다. 종목이 달라지면 파라미터 범위도 달라질 수 있음에 유의하면서 최적화를 진행해야 한다.

```
Max Tuples:[(9, 4, 46, 0.06, 4.469685269595347), (9, 4, 47, 0.06,
4.469685269595347)]
```

```
Optimal Parameters:(9, 4, 46.5, 0.06), Optimized Return:446.97%
Elapsed Time:30.95min
Final cumulative return of the strategy: 446.97%
Trading Period:5.0 years
Final cumulative return of the strategy:446.97%, Buy&Hold:402.11%
Strategy CAGR:40.89%, Benchmark CAGR:38.48%
Sharpe Ratio: 1.60
Strategy MDD: -22.75%, Benchmark MDD: -31.43%
Number of Profitable Trades:15, Number of Loss Trades:8, Win Rate:65.22%
Average Holding Period:38.7days
Avg ROR/trade in profitable trades:0.158%, Avg ROR/trade in loss trades:-0.051%
Profit/Loss Ratio: 3.10
```

MOM Strategy1에서는 수익률과 MDD가 398.08%, -32.87%이었는데, MOM Strategy2에서는 446.97%, -22.75%로 수익률과 MDD 모두 개선되었다. 다른 종목들에 대해서도 적용해 보고 결과를 정리한 것이 그림 8-4다.

	Buy and Hold		MAC Long Only		MOM Strategy1		MOM Strategy2	
	ROR(%)	MDD(%)	ROR(%)	MDD(%)	ROR(%)	MDD(%)	ROR(%)	MDD(%)
AAPL	334.26	-31.43	280.84	-23.38	398.08	-32.87	446.97	-22.75
GOOG	153.56	-44.60	98.99	-35.60	208.95	-44.88	332.66	-27.74
NVDA	1265.94	-66.36	823.00	-40.10	1661.72	-45.77	2242.47	-23.17
TSLA	1091.43	-73.63	3830.00	-26.10	2216.43	-32.71	4822.54	-29.92
SOXL	251.24	-90.51	624.10	-33.52	1166.73	-68.38	1800.74	-75.28
QQQ	142.94	-35.62	99.61	-16.42	180.15	-14.85	272.69	-16.83
SPY	75.60	-34.10	64.61	-13.24	100.58	-12.34	138.53	-15.09
TQQQ	336.10	-81.75	733.85	-43.16	1038.35	-43.84	1890.15	-44.48
UPRO	142.16	-76.82	226.02	-37.77	463.59	-32.28	694.55	-31.17

그림 8-4 MOM Strategy2의 성과 비교

9개 전 종목에서 Buy&Hold 성과를 수익률과 MDD 측면에서 크게 능가했을 뿐 아니라, 거의 전 종목에서 MOM Strategy1의 성과도 수익률과 MDD가 개선된 것을 볼 수 있다. MFI를 확인 지표로 하나 추가한 것만으로 큰 개선을 이루었다.

그림 8-5는 AAPL에 대한 MOM Strategy2의 거래와 누적 수익률을 시각화한 것이다. 기대했던 대로 하락 구간에서 가짜 신호를 일부 걸러내어 수익률 하락이 개선된 것을 확인할 수 있다.

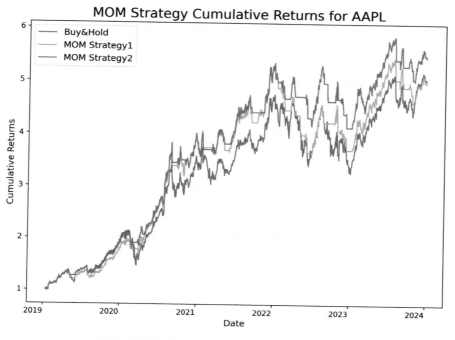

그림 8-5 AAPL에 대한 MOM Strategy2의 거래와 누적 수익률 시각화

MOM Strategy2에 따른 최적화에서 가장 큰 개선이 이루어진 종목은 TSLA다. MDD도 줄면서 수익률이 이전보다 2배 이상이 증가했다.

그림 8-6은 TSLA에 대한 MOM Strategy2의 거래와 누적 수익률을 시각화한 것으로, 하락 구간에서 손실 제한이 평행선 형태로 훨씬 두드러지게 나타남을 확인할 수 있다. 그러나 최적화에서 드라마틱한 개선은 과적합에 의해 발생할 가능성이 높으므로, 이를 방지하기 위해 철저한 검증을 거쳐야 한다.

그림 8-6 TSLA에 대한 MOM Strategy2의 거래와 누적 수익률 시각화

8.3.3 전략 검증

MOM Strategy2에 대해 지금까지의 전략 검증 과정과 동일하게 TSLA와 TQQQ 두 종목에 대해서 Rolling Test를 진행해 보자. 6장에서 개발한 Rolling Test 코드에서 전략을 mom_strategy2로 교체하고 최적화 함수를 mom_parameter_optimizer2로 교체하기만 하면 된다.

TSLA에 대한 결과를 나타낸 그림 8-7을 보면, 하락기에는 손실 제한이 이루어지는 것을 볼 수 있다. 하지만 강한 상승기에 수익률이 벤치마크에 크게 뒤처지는 점이 아쉽다. MAC 전략에 대한 결과를 나타낸 그림 6-14와 비교해 봐도 상승기 수익률에서 밀리는 경향이 나타난다. 그럼에도 전체적으로 볼 때 롱 온리 추세 추종 전략으로서 검증 결과는 나쁘지 않다고 평가할 수 있다.

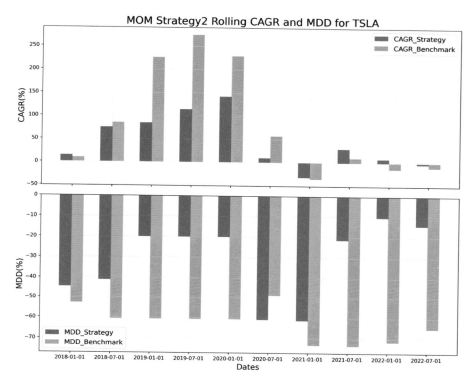

그림 8-7 TSLA에 대한 MOM Strategy2의 Rolling Test 결과

TQQQ에 대한 결과를 나타낸 그림 8-8을 살펴보자. 하락기에 손실 제한이 이루어졌을 뿐만 아니라 상승기에도 추세를 잘 타서 매우 높은 벤치마크 수익률조차 크게 초과하는 놀라운 결과를 보였다.

MAC 전략에 대한 결과를 나타낸 그림 6-14와 비교해 보면, 하락기에는 MAC 전략이 더 좋은 성능을 보이지만 상승기에는 MOM 전략이 훨씬 더 뛰어난 성능을 보임을 알 수 있다. 10번의 테스트 중 8번에서 수익률이 벤치마크를 능가했다. MOM Strategy2가 TQQQ에 대해서는 좋은 검증 결과를 얻었다고 평가할 수 있겠다.

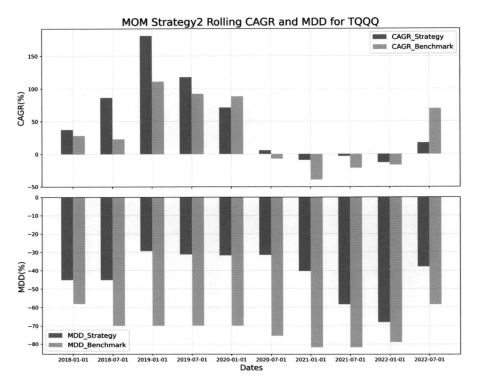

그림 8-8 TQQQ에 대한 MOM Strategy2의 Rolling Test 결과

평균 회귀 전략

주식의 퀀트 투자 전략은 언뜻 무작위로 움직이는 것처럼 보이는 주가 변동 속에서 반복적으로 관찰되는 패턴에 근거하는 경우가 많다. 이러한 패턴에 기반해 설계된 전략이 통계적으로 유의미한 수익을 만들어낼 때, 비로소 좋은 전략으로 평가된다.

지금까지 살펴본 추세 추종 전략은 주가는 종종 추세를 형성한다는 관찰에 근거한다. 하지만 추세 형성 외에 주가 변동에서 반복적으로 나타나는 또 다른 패턴은 없을까?

예를 들어, 과도하게 상승한 주가는 결국 하락하고, 과도하게 하락한 주가는 다시 반등하는 경우를 흔히 볼 수 있다. 이러한 현상을 '주가는 평균으로 회귀한다'고 한다.

GM과 FORD는 모두 자동차 회사의 주식으로 항상 그런 것은 아니지만 대체로 같은 방향으로 움직인다. 코카콜라(KO)와 펩시콜라(PEP)의 주가도 마찬가지다. 이런 상관관계가 높은 두 주식의 주가가 서로 반대 방향으로 과도하게 움직였다가 다시 그 괴리가 줄어드는 현상도 자주 관찰된다. 이것 역시 평균 회귀mean reversion 현상이라 할 수 있다.

이번 장에서는 추세 추종 전략과는 성격이 매우 다른, 평균 회귀 현상에 근거한 투자 전략에 대해 알아본다.

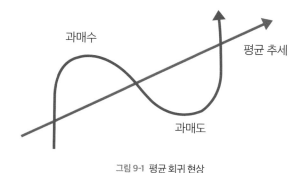

그림 9-1 평균 회귀 현상

9.1 볼린저 밴드를 활용한 평균 회귀 전략

미국 주식 시장에서 주가 자체의 평균 회귀적 성격은 그렇게 강하지 않다. 우상향하는 추세적 성격이 더 강하기 때문이다. 반면, 평균 회귀적 성격이 더 두드러지는 시장은 외환 시장이다. 환율은 한 방향으로 지속적으로 추세를 형성하는 경우가 거의 없으며, 일정한 범위 내에서 오르내리는 패턴을 보인다. 이러한 시장에서는 평균 회귀 전략이 적극적으로 활용된다.

우리는 주식 시장에 초점을 맞추고 평균 회귀 전략을 만들어 보겠지만, 이 방법은 금융 투자 전반에서 다양한 형태로 사용되는 중요한 개념이다. 따라서 예로 드는 전략 자체보다는 기본 아이디어와 구현 방식에 초점을 맞춰 공부하기 바란다.

5장에서 살펴봤듯이 주가가 과매수로 지나치게 올랐는지 아니면 과매도로 지나치게 내렸는지를 나타내는 기술적 지표로 RSI가 유명하고 흔하게 전략에 응용된다. 하지만 볼린저 밴드_{Bollinger Bands}도 이러한 용도로 활용할 수 있다.

볼린저 밴드는 초중급 퀀트 투자에서 매우 다양한 방식으로 활용하는 기술적 지표로, 추세 추종 전략과 평균 회귀 전략에 모두 활용할 수 있다. 아이디어도 가지 각색이어서 인터넷에서 검색해 보면 볼린저 밴드를 활용한 다양한 투자 전략을 찾아볼 수 있다.

따라서 투자 전략에 대한 아이디어를 얻기 위해 먼저 볼린저 밴드를 자세히 관찰하고, 어떤 평균 회귀적 성격이 존재하는지 이해할 필요가 있다.

9.1.1 볼린저 밴드 관찰하기

앞서 5장에서 볼린저 밴드를 계산하는 방법을 이미 학습했기 때문에 여기서 다시 설명하지는 않겠다. 그림 9-2는 AAPL에 대해 2022년 주가와 볼린저 밴드를 시각화한 것이다. 중간 밴드_{Middle Band}는 20일 이동평균선이다. 상단 밴드_{Upper Band}와 하단 밴드_{Lower Band}는 각각 중간 밴드에서 주가의 20일간 표준편차에 곱수_{multiplier}를 곱한만큼 위아래로 떨어져 위치한다. 곱수는 통상 2를 사용하지만 여기서는 1.8을 사용했다.

주가가 상승할 때의 패턴을 보면 가격이 상단 밴드 위로 넘어가면 곧 다시 아래로 내려오는 경향이 반복적으로 나타난다. 이러한 관찰에 근거해서 주가가 상단 밴드를 돌파하거나 돌파했다 다시 내려올 때를 숏 포지션 진입 신호로 사용하는 경우를 흔히 볼 수 있다. 그러나 추세가 강한 주식에서는 통계적으로 의미가 있는 아이디어인지 의구심을 가질 필요가 있다. '추세는 평균 회귀의 적이다(Trend is the enemy of Mean Reversion).'라는 증시 격언을 유념해야 한다.

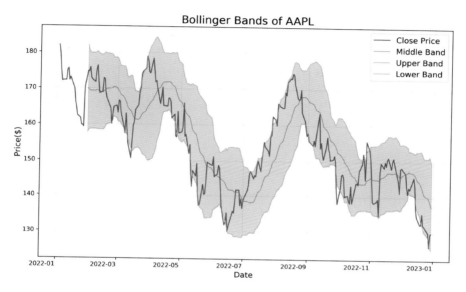

그림 9-2 AAPL의 볼린저 밴드 그래프

주가가 하단 밴드 아래로 내려가면 곧 다시 위로 올라가는 패턴이 반복적으로 나타난다. 상승할 때는 상단 밴드 아래로 내려오는 폭이 매우 작아서 중간 밴드 아래로 내려오는 경우가 거의 없는 반면, 하락할 때는 주가가 하단 밴드를 위로 다시 돌파하면서 중간 밴드 위까지 올라갔다가 다시 내려오는 경우도 종종 보인다.

그렇다면 이러한 관찰에 기반해, 주가가 하단 밴드 아래로 내려갔다가 다시 올라올 때 매수하고, 중간 밴드를 상향 돌파할 때 매도하는 전략을 생각할 수 있을 것이다. 참고로 이 아이디어는 수많은 볼린저 밴드 활용 아이디어 중의 하나일 뿐이며, 통계적으로 의미가 있는지 검증하려면 다른 기간과 다른 종목에 대해 반드시 백테스트를 진행해야 한다.

평균 회귀 전략1

★ 볼린저 밴드 계산을 위한 기간과 곱수 설정

★ 주가가 하단 밴드를 상향 돌파할 때 매수

★ 주가가 중간 밴드를 상향 돌파하면 매도

9.1.2 전략 백테스트

롱 온리 전략이고 진입과 청산 조건이 매우 단순하므로, 6장이나 8장에서 개발한 백테스트 함수를 조금만 수정하면 앞 절에서 구상한 전략(MR BB Strategy1이라 부르자.)을 위한 백테스트 함수를 어렵지 않게 구현할 수 있다.

코드 9-1 MR BB Strategy1의 백테스트 함수

```python
def mr_bb1(df, bw, mp, sl, verbose=True):
    fee_rate = 0.001
    bb_window = bw
    multiplier = mp
    stop_loss = sl

    data = df.copy()

    # 볼린저 밴드 계산
    data['Middle'] = data['Close'].rolling(bb_window).mean()
    std = data['Close'].rolling(bb_window).std()
    data['Upper'] = data['Middle'] + multiplier*std
    data['Lower'] = data['Middle'] - multiplier*std

    data = data[bb_window:].copy()

    # 매수 매도 신호 생성
    positions1 = pd.Series(np.where(data['Close']>data['Lower'], 1, 0),\
                            index=data.index)
    signals1 = positions1.diff().fillna(0).values

    positions2 = pd.Series(np.where(data['Close']>data['Middle'], 1, 0),\
```

```
                            index=data.index)
    signals2 = positions2.diff().fillna(0).values


    cash_init = 10000
    cash = cash_init
    asset = np.zeros(len(data))
    asset[0] = cash


    pos_vec = np.zeros(len(data))
    prices = data['Close'].values
    pos = 0


    for i in range(1, len(data)):
        if pos == 0:
            if signals1[i] == 1: # 매수
                pos = 1
                pos_vec[i] = 1
                entry_price = prices[i]
                num = int(cash/(entry_price*(1+fee_rate)))
                cash -= entry_price*num*(1+fee_rate)
                stop_loss_price = entry_price*(1-stop_loss)
        elif pos == 1:
            if signals2[i] == 1: # 매도
                pos = 0
                cash += prices[i]*num*(1-fee_rate)
            elif prices[i] < stop_loss_price: # 손절 발생
                pos = 0
                cash += prices[i]*num*(1-fee_rate)
            else:
                pos_vec[i] = 1

        # asset 갱신
        if pos == 0:
            asset[i] = cash
        elif pos == 1:
            asset[i] = cash + prices[i]*num

data['Position'] = pos_vec
data['Signal'] = data['Position'].diff().fillna(0)
```

```
    data['Buy_Price'] = np.where(data['Signal'] == 1, data['Close'], np.nan)
    data['Sell_Price'] = np.where(data['Signal'] == -1, data['Close'], np.nan)

    data['Cumulative_Return'] = asset/cash_init
    final_cum_return = data['Cumulative_Return'].iloc[-1] - 1

    if verbose:
        print(f'Final cumulative return of the strategy: '
              f'{100*final_cum_return:.2f}%')
    return data, final_cum_return
```

코드 9-1의 주요 부분을 차례로 살펴보자.

① 입력 파라미터로는 주가 데이터 df, 볼린저 밴드에서 중간 밴드와 표준편차 계산을 위한 기간 bw, 곱수
   mp, 손절률 sl이 있다. 입력받은 파라미터로 우선 볼린저 밴드 칼럼들을 생성한다.

② 실행 속도를 높이려면 미리 필요한 신호 발생 시점을 계산해둬야 한다. 앞에서 자주 사용한 방법을 이용
   해 주가의 하단 밴드 상향 돌파 신호를 위해 signals1을 만든다. signals1=1인 지점이 주가의 하단 밴
   드 상향 돌파 지점이다. 마찬가지로 주가의 중간 밴드 상향 돌파 지점은 signals2=1인 지점이 된다.

③ 수수료율은 종전과 같이 0.001로 하고 손절률 stop_loss는 추적 손절법이 아닌 고정 손절률로 사용된
   다. 나머지 부분은 이전에 사용하던 함수와 완전히 동일하다.

이제 MR BB Strategy1의 백테스트 함수 mr_bb1에 맞는 파라미터 최적화 함수를 만들고 2019년부
터 2023년까지 AAPL의 5년치 데이터에 적용해 보자. 성능 지표 출력은 앞에서 만든 tear_sheet1 함
수를 그대로 사용하면 된다.

코드 9-2 MR BB Strategy1의 AAPL에 대한 **파라미터 최적화**

```
ticker = 'AAPL'
start_date = '2019-01-01'
end_date = '2024-01-01'
df = yf.download(ticker, start=start_date, end=end_date)

def mr_bb_optimizer1(input_df):
```

```
    bb_window = [5, 6, 7, 8, 9, 10, 11, 12, 13, 14, 15, 16, 17, 18, 19, 20, \
                  21, 22, 23, 24, 25]
    multiplier = [1.7, 1.8, 1.9, 2.0, 2.1, 2.2, 2.3]
    stop_loss = [0.1, 0.125, 0.15, 0.175, 0.2, 0.225, 0.25]
    ret_list = []

    for x1, x2, x3 in [(a,b,c) for a in bb_window for b in multiplier \
                       for c in stop_loss]:
        df = input_df.copy()
        _, ret = mr_bb1(df, x1, x2, x3, verbose=False)
        ret_list.append((x1, x2, x3, ret))

    max_ror = max(ret_list, key=lambda x:x[3])[3]
    max_tups = [tup for tup in ret_list if tup[3] == max_ror]
    params1 = [tup[0] for tup in max_tups]
    params2 = [tup[1] for tup in max_tups]
    params3 = [tup[2] for tup in max_tups]
    opt_param1 = int(np.median(params1))
    opt_param2 = np.median(params2)
    opt_param3 = np.median(params3)

    optimal_df = pd.DataFrame(ret_list, \
                    columns=['bb_window','multiplier','stop_loss','ror'])

    print(f'Max Tuples:{max_tups}')
    print(f'Optimal Parameters:{opt_param1, opt_param2, opt_param3}, '
          f'Optimized Return:{100*max_ror:.2f}%')
    return (opt_param1, opt_param2, opt_param3), optimal_df

optimal_params, optimal_df = mr_bb_optimizer1(df)

data, ror = mr_bb1(df, optimal_params[0], optimal_params[1], optimal_params[2])

tear_sheet1(data)
```

```
Max Tuples:[(22, 2.1, 0.25, 0.49077222981453095)]
Optimal Parameters:(22, 2.1, 0.25), Optimized Return:49.08%
Final cumulative return of the strategy: 49.08%
Trading Period:4.9 years
```

```
Final cumulative return of the strategy:49.08%, Buy&Hold:348.81%
Strategy CAGR:8.48%, Benchmark CAGR:35.81%
Sharpe Ratio: 0.53
Strategy MDD: -25.76%, Benchmark MDD: -31.43%
Number of Profitable Trades:13, Number of Loss Trades:3, Win Rate:81.25%
Average Holding Period:11.1days
Avg ROR/trade in profitable trades:4.313%, Avg ROR/trade in loss trades:-4.456%
Profit/Loss Ratio: 0.97
```

AAPL에 대한 MR BB Strategy1의 최적화 결과를 보면 CAGR이 8.48%로 Buy&Hold 벤치마크의 35.81%에 비해 많이 낮다. MDD는 5년간 -25.76%로 벤치마크의 -31.43%에 비해서는 나쁘지 않다. 평균 회귀 전략에서 주목해야 할 것은 승률이다. 승률이 81.25%로 지금까지의 추세 추종 전략들에 비해 훨씬 높은 것을 볼 수 있다. 이는 우리가 예측한 평균 회귀적 속성이 통계적으로 유의미할 수 있음을 시사한다.

주식 투자에서 추세 추종 전략은 승률이 상대적으로 낮지만 손익비가 커서 벌 때 크게 버는 성격이 강하다. 반면, 잘 만들어진 평균 회귀 전략은 추세 추종 전략을 보완하는 성격을 가지며, 수익의 기회가 자주 오지는 않지만 주가의 방향과 관계없이(시장 중립적 성격) 손익비가 크지는 않지만 높은 승률로 꾸준히 수익을 내는 속성을 지닌다.

물론 시간 틀time frame을 일day에서 시간hour이나 분minute 단위로 짧게 하면, 더 많은 기회를 포착할 수도 있고 평균 회귀 전략을 더 적극적으로 사용할 수도 있다. 하지만 입문서인 이 책에서는 일봉만 사용하므로 방법론을 익히는 데 중점을 두고 있다.

손절률의 범위를 10%에서 25%까지 크게 잡았는데 최적값이 25%로 나왔다. 투자자마다 자신의 상황과 성향에 맞게 정해야 할 문제지만 저자가 여기서 크게 잡은 이유는 MR BB Strategy1에서 손절이 발생할 경우가 거의 없기 때문이다.

앞선 결과를 보면 16번의 거래에서 3번만 손실이 났는데, 그 손실도 손절이 아니다. 거래당 평균 손실률(Avg ROR/trade in loss trades)의 값이 -4.456%에 불과한 것에서 알 수 있듯이 매도 신호에 따라 매도했지만 수익이 나지 않은 경우다. 그림 9-3은 AAPL에 대한 최적화 결과 중 일부를 시각화한 것이다. 매수와 매도가 기대했던대로 정확하게 이루어지고 있음을 볼 수 있다.

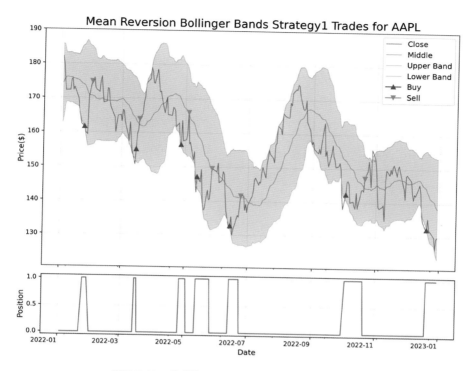

그림 9-3 AAPL에 대한 MR BB Strategy1의 최적화 결과 시각화

다른 종목들에 대해서도 최적화를 실행해 보자. 그림 9-4는 9종목의 2019년부터 2023년까지 5년 간 데이터에 대해 MR BB Strategy1을 적용한 결과다. 추세 추종 전략에서처럼 Buy&Hold에 필적하는 수익률이 나오는 것은 아니지만 대부분의 종목에서 80% 정도의 승률과 개선된 MDD로 안정적인 CAGR을 얻은 것을 볼 수 있다.

	Buy and Hold		MR BB Strategy1		
	CAGR(%)	MDD(%)	CAGR(%)	MDD(%)	WR(%)
AAPL	35.81	-31.43	8.48	-25.76	81.25
GOOG	21.47	-44.60	10.64	-13.51	76.32
NVDA	68.63	-66.36	23.95	-18.52	84.21
TSLA	66.58	-73.63	20.29	-24.06	86.67
SOXL	39.47	-90.51	23.56	-68.22	73.17
QQQ	19.45	-35.62	5.30	-22.06	84.62
SPY	12.59	-34.10	2.42	-27.95	72.41
TQQQ	33.36	-81.75	15.71	-37.09	84.62
UPRO	20.04	-76.82	13.53	-17.48	86.67

그림 9-4 여러 종목에 대한 MR BB Strategy1의 최적화 결과

그림 9-5는 TQQQ에 대한 누적 수익률 그래프다. 5년 동안 3배 레버리지 ETF의 엄청난 변동성을 볼 수 있는데, 그 와중에도 전략의 수익률은 높지는 않지만 안정적으로 완만하게 상승하는 것을 볼 수 있다.

시장 중립적 성격의 평균 회귀 전략에서 흔히 나타나는 누적 수익률 그래프다. 물론 여기서 만들어 본 전략은 특정 종목의 일부 과거 데이터를 관찰해 얻은 아이디어에 근거하기 때문에 지금까지의 결과는 최적화 기간에 국한된 과적합 결과일 가능성이 높다. 따라서 전략 자체보다는 평균 회귀 전략을 이해하는 데 의미를 두기 바란다. 전략 검증 과정은 생략하도록 하겠다.

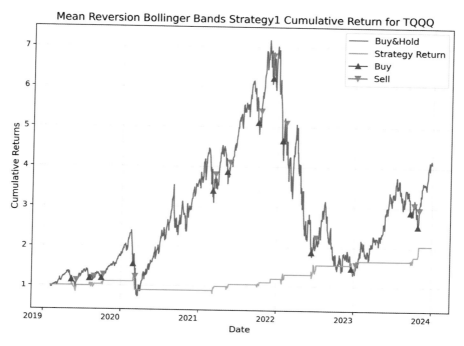

그림 9-5 TQQQ 대한 MR BB Strategy1의 누적 수익률 그래프

9.2 볼린저 밴드를 활용한 결합 전략

우리는 앞 절에서 단일 종목에 대한 평균 회귀 전략이 어떤 현상에 근거하고 있으며, 어떻게 구현되는지 간단한 예를 통해 살펴보았다. 또한 백테스트를 통해 추세 추종 전략과는 매우 다른 성격을 가진다는 것을 확인했다.

서로 다른 성격의 여러 전략이 있을 때, 자금을 분할해 각각의 전략을 독립적으로 운용할 수도 있지만, 여러 전략을 결합해 새로운 전략을 설계할 수도 있다.

앞 절의 평균 회귀 전략의 성과를 보면서 추세를 전혀 활용하지 못하는 아쉬움을 느낀 독자도 있었을 것이다. 이번 절에서는 평균 회귀적 수익 기회를 포착하면서도 추세 추종의 기회도 놓치지 않는 결합 전략을 만들어 보자.

9.2.1 결합 전략 아이디어

그림 9-3을 보면 6개의 거래를 볼 수 있다. 모두 주가가 중간 밴드를 상향 돌파할 때 매도하는 전략에 따라 적당한 수익을 내고 있지만, 더 큰 수익의 기회를 놓치는 모습도 관찰된다.

2번째, 5번째, 6번째 매도 시점을 보라. 주가가 중간 밴드를 상향 돌파하고 모멘텀이 강해서 상단 밴드에까지 이르는 것을 볼 수 있다. 특히 5번째 매도 후의 주가 추이를 보면 새로운 상승 추세가 길게 이어졌음을 볼 수 있다. 5번째 매수 시점은 상승 추세의 정확한 시작 지점이다. 비슷한 현상을 그림 9-5에서도 관찰할 수 있다. 이러한 관찰 결과를 어떻게 새로운 전략으로 만들 수 있을까?

청산(매도) 규칙을 수정하면 가능할 것 같다. 주가가 중간 밴드를 상향 돌파할 때 모멘텀 값을 확인하는 것이다. 모멘텀 값이 특정 기준 이상이면 매도하지 않고 더 기다리며, 기준 이하이면 기존 규칙대로 매도한다. 매도를 연기하는 경우 청산 방식을 여러 가지로 설계할 수 있으나, 여기서는 단순하게 주가가 상단 밴드를 상향 돌파할 때 매도하는 것으로 정해 보자.

평균 회귀 전략 2

★ 볼린저 밴드 계산을 위한 기간과 곱수, 모멘텀 기준값 설정

★ 주가가 하단 밴드를 상향 돌파할 때 매수

★ 주가가 중간 밴드를 상향 돌파할 때 모멘텀이 기준값 미만이면 매도

★ 주가가 중간 밴드를 상향 돌파할 때 모멘텀이 기준값 이상이면 상단 밴드 상향 돌파 시 매도

9.2.2 전략 백테스트

이번에 만든 새로운 전략(MR BB Strategy2라고 부르자.)에 맞춰 코드 9-1을 수정해야 한다. 매도 부분만 고치면 된다. 이를 코드 9-3에서 구현하였다.

코드 9-3 MR BB Strategy2의 백테스트 함수 ⫿⫿⫿

```
def mr_bb2(df, bw, mp, sl, mw, ml, verbose=True):
```

```python
    fee_rate = 0.001
    bb_window = bw
    multiplier = mp
    stop_loss = sl
    mom_window = mw
    mom_level = ml


    data = df.copy()

    # 볼린저 밴드 계산
    data['Middle'] = data['Close'].rolling(bb_window).mean()
    std = data['Close'].rolling(bb_window).std()
    data['Upper'] = data['Middle'] + multiplier*std
    data['Lower'] = data['Middle'] - multiplier*std

    # 모멘텀 계산
    data['Mom'] = data['Middle'].pct_change(mom_window)
    data = data[bb_window:].copy()

    # 매수 매도 신호 생성
    positions1 = pd.Series(np.where(data['Close']>data['Lower'], 1, 0),\
                        index=data.index)
    signals1 = positions1.diff().fillna(0).values
    positions2 = pd.Series(np.where(data['Close']>data['Middle'], 1, 0),\
                        index=data.index)
    signals2 = positions2.diff().fillna(0).values
    positions3 = pd.Series(np.where(data['Close']>0.99*data['Upper'], 1, 0),\
                        index=data.index)
    signals3 = positions3.diff().fillna(0).values

    cash_init = 10000
    cash = cash_init
    asset = np.zeros(len(data))
    asset[0] = cash

    pos_vec = np.zeros(len(data))
    prices = data['Close'].values
    mom = data['Mom'].values
    pos = 0
```

```
extended_exit = False

for i in range(1, len(data)):
    if pos == 0:
        if signals1[i] == 1: # 매수
            pos = 1
            pos_vec[i] = 1
            entry_price = prices[i]
            num = int(cash/(entry_price*(1+fee_rate)))
            cash -= entry_price*num*(1+fee_rate)
            stop_loss_price = entry_price*(1-stop_loss)
    elif pos == 1:
        if not extended_exit:
            if signals2[i] == 1: # 매도1
                if mom[i] > mom_level:
                    extended_exit = True
                    pos_vec[i] = 1
                else:
                    pos = 0
                    cash += prices[i]*num*(1-fee_rate)
            elif prices[i] < stop_loss_price: # 손절 발생
                pos = 0
                cash += prices[i]*num*(1-fee_rate)
            else:
                    pos_vec[i] = 1
        else:
            if signals3[i] == 1: # 매도2
                pos = 0
                cash += prices[i]*num*(1-fee_rate)
                extended_exit = False
            elif prices[i] < stop_loss_price: # 손절 발생
                pos = 0
                cash += prices[i]*num*(1-fee_rate)
                extended_exit = False
            else:

                pos_vec[i] = 1
```

```
    # asset 갱신
    if pos == 0:
        asset[i] = cash
    elif pos == 1:
        asset[i] = cash + prices[i]*num

data['Position'] = pos_vec
data['Signal'] = data['Position'].diff().fillna(0)

data['Buy_Price'] = np.where(data['Signal'] == 1, data['Close'], np.nan)
data['Sell_Price'] = np.where(data['Signal'] == -1, data['Close'], np.nan)

data['Cumulative_Return'] = asset/cash_init
final_cum_return = data['Cumulative_Return'].iloc[-1] - 1

if verbose:
    print(f'Final cumulative return of the strategy: '
          f'{100*final_cum_return:.2f}%')
return data, final_cum_return
```

코드 9-3의 주요 부분을 차례로 살펴보자.

① 모멘텀 계산 부분이 추가되었다. 또한 이때 사용하는 기간 mw와 모멘텀 기준값 ml도 파라미터로 추가되었다.

② for loop에서 주가의 상단 밴드 상향 돌파까지 빠르게 판단하기 위해 signals3을 미리 만들었다. signals3=1이면 주가가 상단 밴드를 상향 돌파하는 시점이다. 여기서 주목할 부분은 주가가 상단 밴드까지 접근하지만 상향 돌파하지 못하고 다시 내려오는 경우도 종종 있으므로, 조건을 약간 완화해서 상단 밴드의 99%까지 올라가면 매도하도록 정했다는 점이다.

③ 매수 후 주가가 중간 밴드를 상향 돌파할 때 모멘텀이 기준값 이상인지 아닌지에 따라 매도 조건이 달라지므로, 이를 나타내는 플래그_flag_ 변수 extended_exit을 도입한다. False가 초깃값이고 모멘텀이 기준값 이상일 때 True로 바뀌어 바뀐 매도 규칙을 적용한다. 연장된 매도가 이루어지면 다시 False로 리셋된다.

이제 MR BB Strategy2의 백테스트 함수 mr_bb2에 맞는 파라미터 최적화 함수를 만들고 2019년부터 2023년까지 AAPL의 5년치 데이터에 적용해 보자. 파라미터 개수가 2개나 증가했기 때문에 최적화에 시간이 훨씬 오래 걸릴 것이다.

코드 9-4 MR BB Strategy2의 AAPL에 대한 파라미터 최적화

```python
import time

t1 = time.time()

ticker = 'AAPL'
start_date = '2019-01-01'
end_date = '2024-01-01'
df = yf.download(ticker, start=start_date, end=end_date)


def mr_bb_optimizer2(input_df):
    bb_window = [5, 6, 7, 8, 9, 10, 11, 12, 13, 14, 15, 16, 17, 18, 19, 20, \
                21, 22, 23, 24, 25]
    multiplier =[1.7, 1.8, 1.9, 2.0, 2.1, 2.2, 2.3]
    stop_loss = [0.1, 0.125, 0.15, 0.175, 0.2, 0.225, 0.25]
    mom_window = [3, 4, 5, 6, 7, 8, 9, 10]
    mom_level =[-0.012, -0.01, -0.008, -0.006, -0.004, -0.002, 0.0]

    ret_list = []

    for x1, x2, x3, x4, x5 in [(a,b,c,d,e) for a in bb_window for b in \
    multiplier for c in stop_loss for d in mom_window for e in mom_level]:
        df = input_df.copy()
        _, ret = mr_bb2(df, x1, x2, x3, x4, x5, verbose=False)
        ret_list.append((x1, x2, x3, x4, x5, ret))

    max_ror = max(ret_list, key=lambda x:x[5])[5]
    max_tups = [tup for tup in ret_list if tup[5] == max_ror]
    params1 = [tup[0] for tup in max_tups]
    params2 = [tup[1] for tup in max_tups]
    params3 = [tup[2] for tup in max_tups]
    params4 = [tup[3] for tup in max_tups]
    params5 = [tup[4] for tup in max_tups]
```

```
    opt_param1 = int(np.median(params1))
    opt_param2 = np.median(params2)
    opt_param3 = np.median(params3)
    opt_param4 = int(np.median(params4))
    opt_param5 = np.median(params5)

    optimal_df = pd.DataFrame(ret_list, \
        columns=['bw','mp','sl','mw','ml','ror'])

    print(f'Max Tuples:{max_tups}')
    opt_p = (opt_param1, opt_param2, opt_param3, opt_param4, opt_param5)
    print(f'Optimal Parameters:{opt_p}, Optimized Return:{100*max_ror:.2f}%')

    return opt_p, optimal_df

opt_p, optimal_df = mr_bb_optimizer2(df)
data, ror = mr_bb2(df, opt_p[0], opt_p[1], opt_p[2], opt_p[3], opt_p[4])


tear_sheet1(data)


t2 = time.time()
print(f'Elapsed Time:{(t2-t1)/60:.2f}min')
```

```
Max Tuples:[(22, 2.1, 0.25, 4, -0.012, 1.078619581647494)]
Optimal Parameters:(22, 2.1, 0.25, 4, -0.012), Optimized Return:107.86%
Final cumulative return of the strategy: 107.86%
Trading Period:4.9 years
Final cumulative return of the strategy:107.86%, Buy&Hold:348.81%
Strategy CAGR:16.09%, Benchmark CAGR:35.81%
Sharpe Ratio: 0.87
Strategy MDD: -25.73%, Benchmark MDD: -31.43%
Number of Profitable Trades:13, Number of Loss Trades:3, Win Rate:81.25%
Average Holding Period:16.0days
Avg ROR/trade in profitable trades:7.102%, Avg ROR/trade in loss trades:-4.456%
Profit/Loss Ratio: 1.59
Elapsed Time:15.69min
```

코드 9-4를 실행하는 데 15분이 넘게 걸렸다. 참고로 M1/M2 칩이 탑재된 맥북에서는 1.2분이면 끝난다. AAPL에 대한 MR BB Strategy2의 최적화 결과를 보면 CAGR이 8.48%에서 16.09%로 크게 상승했고 승률은 81.25%로 80%대를 유지했다. MDD는 5년간 -25.73%로 유지하면서 벤치마크의 -31.43%보다 더 나은 결과를 보였다. 이제 MR BB Strategy2의 거래 내용을 시각화해서 살펴보자.

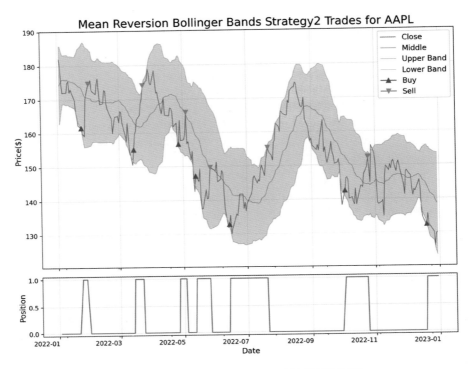

그림 9-6 AAPL에 대한 MR BB Strategy2의 최적화 결과 시각화

그림 9-6을 보면 기대했던 대로 2번째, 5번째, 6번째 매도 시점의 가격이 많이 올라갔다. 이는 매수 후 주가가 중간 밴드를 상향 돌파할 때 모멘텀이 기준값 이상이어서 더 기다렸다가 매도했기 때문이다.

다른 종목에서도 이러한 개선 효과가 나타나는지 확인해 봐야 한다. 그림 9-7에 정리된 표를 살펴보면 모든 종목에서 CAGR이 상승했다. MDD에는 큰 변화가 없었고 승률도 대체로 높은 수준을 유지했다. 일단 선정된 기간에 대한 최적화에서는 MR BB Strategy2의 성능 개선이 확실한 것으로 보인다.

	Buy and Hold		MR BB Strategy1			MR BB Strategy2		
	CAGR(%)	MDD(%)	CAGR(%)	MDD(%)	WR(%)	CAGR(%)	MDD(%)	WR(%)
AAPL	35.81	-31.43	8.48	-25.76	81.25	16.09	-25.73	81.25
GOOG	21.47	-44.60	10.64	-13.51	76.32	20.62	-7.84	79.17
NVDA	68.63	-66.36	23.95	-18.52	84.21	32.62	-30.61	84.21
TSLA	66.58	-73.63	20.29	-24.06	86.67	24.15	-33.64	70.37
SOXL	39.47	-90.51	23.56	-68.22	73.17	26.45	-77.07	55.88
QQQ	19.45	-35.62	5.30	-22.06	84.62	14.72	-22.28	90.91
SPY	12.59	-34.10	2.42	-27.95	72.41	7.28	-32.04	89.47
TQQQ	33.36	-81.75	15.71	-37.09	84.62	23.19	-36.47	72.73
UPRO	20.04	-76.82	13.53	-17.48	86.67	42.67	-17.39	86.67

그림 9-7 여러 종목에 대한 MR BB Strategy2의 최적화 결과

앞선 그림 9-5에서 벤치마크의 엄청난 변동성에 비해 MR BB Strategy1의 시장 중립적 성격이 극적으로 대비되었던 TQQQ에 대해, 이번에는 MR BB Strategy2를 적용하여 누적 수익률 그래프를 그린 것이 그림 9-8이다.

기존의 평균 회귀 성격에 추세 추종 성격이 약간 가미된 것을 볼 수 있다. 큰 개선이 있었다고 할 수는 없지만 3번의 추세 추종 시도에서 모두 상대적으로 큰 수익률 상승을 거두었음을 볼 수 있다.

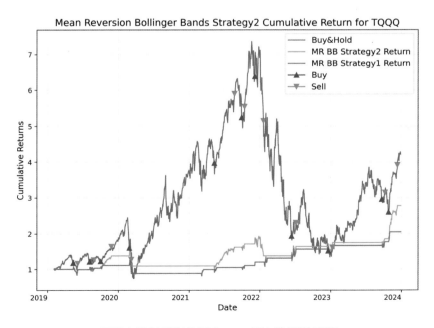

그림 9-8 TQQQ 대한 MR BB Strategy2의 누적 수익률 그래프

그림 9-7에 정리된 결과를 보면 성능 개선 효과가 QQQ, SPY, UPRO에서 컸는데, 특히 UPRO에서 두드러지게 나타났다. UPRO는 S&P 500 지수 변동성의 3배를 추종하는 레버리지 ETF다. CAGR이 기존 13.53%에서 42.67%로 크게 상승했으며 MDD는 약 -17%로 변화가 없었다. 벤치마크의 CAGR 도 훨씬 능가했으며 승률도 86.67%로 매우 높은 수준이다.

MR BB Strategy2의 UPRO에 대한 누적 수익률 그래프를 벤치마크와 이전 수익률에 대비해서 나타낸 그림 9-9를 보면, 평균 회귀와 추세 추종을 결합했을 때 나타나는 극적인 상승 작용을 확인할 수 있다.

그림 9-9 UPRO에 대한 MR BB Strategy2의 누적 수익률 그래프

실제 투자에 활용할 수 있는지 검토하려면 walk-forward test와 같은 전략 검증 과정을 반드시 거쳐야 하지만, 여기서는 생략하도록 하겠다. 이번 장 내용은 주식 시장에서 관찰되는 주가의 평균 회귀적 성격에 근거해서 어떻게 전략을 만들고 개선하는지 예시를 보인 것에 불과하기 때문이다.

또한 특정 종목의 특정 기간 동안, 주가 움직임을 관찰한 것에 근거해 만든 전략이므로 과적합 가능성이 높다. 실전에 사용할 수 있는 전략을 만들려면 자신만의 창의적인 아이디어로 더 많은 개선을 시도하고, 그 과정에서 철저한 전략 검증 절차를 거쳐야 한다는 점을 유념하기 바란다.

9.3 페어 트레이딩 이론

주식 중에는 서로 밀접한 연관성을 가지고 있어 주가가 비슷한 패턴으로 움직이는 경우가 있다. 이는 같은 업종에 속해 있거나, 동일한 고객을 대상으로 영업하거나, 같은 원료를 사용하는 등 다양한 이유에서 발생할 수 있다. 이러한 연관성으로 인해 서로 다른 기업이라도 영업 이익이 비슷한 추세를 보일 수 있으며, 따라서 주가 역시 유사한 패턴으로 움직이게 된다.

미국 주식 시장에서 대표적인 예로는 코카콜라(KO)와 펩시콜라(PEP), 포드(F)와 제너럴모터스(GM) 등이 있다. 특별한 이유가 없는 한 KO 주가만 계속 올라가고 PEP 주가는 계속 떨어지는 일은 일어나기 어렵다.

주식 A와 주식 B의 가격이 유사한 패턴으로 움직인다고 하자. 주식 시장은 완벽하게 효율적으로 작동하지 않고 종종 비효율성을 보인다. 이러한 비효율성은 주가가 수많은 변수의 영향을 받기 때문이며, 특히 투자자들의 과열된 투기심이나 지나친 공포감이 주가를 적정 가치에서 벗어나게 만들기도 하기 때문이다.

주식 A의 가격은 연속해서 올랐는데 주식 B의 가격은 그렇지 못했다면, 두 주식의 가격차(스프레드라 한다.)는 평균 회귀적 속성을 가질 것으로 기대할 수 있다. 이때 주식 A에 대해서는 공매도를 함과 동시에 주식 B는 매수하는 전략을 생각할 수 있다. 이후에 주식 A의 가격은 내리고 주식 B의 가격은 올랐다면 양쪽에서 수익을 낼 수 있다.

이와 같은 투자 전략을 페어 트레이딩pairs trading이라고 한다. 이 전략의 장점은 주식 A와 주식 B가 모두 오르거나 모두 내리는 경우에도 손실이 거의 나지 않고, 오직 예상과 다르게 주식 A가 계속 오르고 주식 B가 계속 내리는 경우만 손실이 난다는 점이다. 따라서 서로 연관된 주식을 잘 선택한다면 그럴 확률이 낮아서 위험이 상대적으로 작다.

두 마리의 강아지가 2미터 목줄로 서로 연결되어 있다고 하자. 넓은 운동장에서 두 강아지가 자유롭게 돌아다닌다고 할 때, 1시간 후에 강아지가 각각 어디에 있을지 예측하는 것은 불가능하다. 하지만 둘 사이의 거리를 예측하는 것은 상대적으로 어렵지 않다. 0과 2미터 사이의 값일 것이고 양 극단일 확률은 적으니 대체로 1미터라고 하면 근사적으로 맞을 확률이 높은 것이다.

개별 주식의 주가는 예측할 수 없지만 목줄로 연결된 두 강아지처럼 두 주식이 서로 밀접하게 연관되어 있다면, 두 주식의 스프레드는 상대적으로 쉽게 예측이 가능하고 거기서 수익을 낼 수 있다는 것이 페어 트레이딩의 핵심이다.

이 기발하고 천재적인 아이디어는 1980년대 게리 밤버거Gerry Bamberger에 의해 처음으로 소개되었으며 모건 스탠리Morgan Stanley의 퀀트 눈치오 타르탈리아Nunzio Tartaglia에 의해 발전된 것으로 알려져 있다.**

페어 트레이딩은 스프레드의 평균 회귀적 성격을 활용해 수익을 내는 전략이기 때문에 개별 주가의 등락과는 관련이 적다. 따라서 시장이 상승하거나 하락하는 것과는 무관하게 수익을 내는 이른바 시장 중립적market neutral 성격을 가진다.

페어 트레이딩의 성패는 가끔 벗어나기도 하지만 대체로 같은 방향으로 움직이는 주식 쌍을 어떻게 찾을 것인가에 달려있다. 이때 다양한 통계적 기법에 상식적 판단을 더해 주식 쌍을 찾는다. 이 아이디어는 주식에 국한되지 않고 채권, 선물, 옵션 등 모든 금융 자산으로 확대되었다.

이후, 고도의 통계적 분석을 통해 다양한 금융 자산 간에 밀접한 관계를 찾아내어 투자하는 전략으로 발전했는데, 이것이 바로 통계적 차익거래statistical arbitrage다. 무위험 차익거래와는 달리 위험이 전혀 없는 것은 아니지만, 상대적으로 위험이 낮고 시장 중립적 성격이 강하다. 이러한 특성 덕분에 통계적 차익거래는 전 세계적으로 많은 헤지 펀드에서 널리 사용하는 전문 투자 전략으로 자리 잡았다.

지금부터 페어 트레이딩에 사용할 수 있는 밀접하게 연관된 주식 쌍을 찾는 데 어떤 통계적 기법이 사용되는지 살펴보고, 기본적인 페어 트레이딩 전략을 구현해 보도록 하자.

9.3.1 상관관계 분석

주식의 페어 트레이딩에서 사용할 수 있는 주식 쌍은 밀접한 연관성을 가져야 한다. 이러한 연관성

** From Wikipedia

을 판단하기 위해 가장 먼저 상관관계 분석_{correlation analysis}을 적용한다. 5장에서 잠시 살펴봤던 내용을 차근차근 알아보자. 두 확률 변수 X, Y에 대해 공분산_{covariance}은 다음과 같이 정의된다.

$$\text{Cov}(X, Y) = E\left[(X - \mu_X)(Y - \mu_Y)\right] = E[XY] - \mu_X \mu_Y$$

여기서 μ_X, μ_Y는 각각 X, Y의 평균이다.

- 공분산이 양수(+)이면 두 변수는 같은 방향으로 움직인다는 것을 의미한다.
- 공분산이 음수(-)이면 두 변수는 반대 방향으로 움직인다는 것을 의미한다.
- 공분산이 0에 가까우면 두 변수 간에 선형 관계가 거의 없다는 것을 의미한다.

공분산은 두 변수의 단위에 따라 값이 달라질 수 있기 때문에 이를 표준화한 상관관계 계수(또는 줄여서 상관계수)를 다음과 같이 정의한다.

$$\rho_{XY} = \frac{\text{Cov}(X, Y)}{\sigma_X \sigma_Y}$$

여기서 σ_X, σ_Y는 각각 X, Y의 표준편차다. Y가 X와 일치하면 ρ_{XY}는 1이 되고 $Y = -X$이면 ρ_{XY}는 -1이 된다. 일반적으로는 $-1 < \rho_{XY} < 1$이 되는데 X, Y가 서로 독립이면(무관하면) $\text{Cov}(X, Y) = 0$이므로 $\rho_{XY} = 0$이 된다.

이제 몇몇 종목의 주가 데이터를 가지고 분석해 보자. 코드 9-5는 Ford(F), General Motors(GM), Apple(AAPL) 세 회사의 주가를 다운로드하고 정규화된 주가 그래프를 출력한다. 서로 다른 주식은 가격대가 다르기 때문에 주가 자체를 비교하는 것은 무의미하여 초깃값으로 나누어 정규화했다.

코드 9-5 F, GM, AAPL 주가 정규화와 그래프 출력

```python
import pandas as pd
import numpy as np
import yfinance as yf
import statsmodels.api as sm
import matplotlib.pyplot as plt

tickers = ['F', 'GM', 'AAPL']
start = '2021-01-01'
end = '2024-01-01'
```

```python
df = yf.download(tickers, start, end)

# 종가 분리
ford = df['Close']['F']
gm = df['Close']['GM']
aapl = df['Close']['AAPL']

# 주가 정규화
ford_n = ford/ford.iloc[0]
gm_n = gm/gm.iloc[0]
aapl_n = aapl/aapl.iloc[0]

# 시각화
fig, ax = plt.subplots(figsize=(10,6))
ford_n.plot(ax=ax, label='Ford', linewidth=1.2)
gm_n.plot(ax=ax, label='GM', linewidth=1.2)
aapl_n.plot(ax=ax, label='AAPL', linewidth=1.2)
ax.set_title('Normalized Prices', fontsize=18)
ax.grid(alpha=0.3)
ax.legend(fontsize=14)

plt.xticks(rotation=0)
plt.show()
```

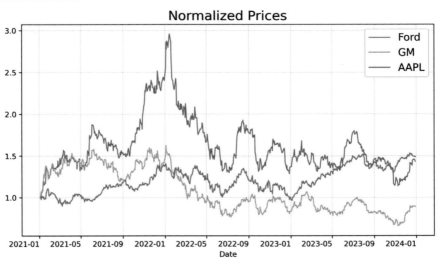

주가와 같은 시계열 데이터의 상관관계를 시각적으로 판단하는 데는 산점도scatter plot를 주로 사용한다. 상관계수가 0에 가까울수록 산점도는 원형에 가깝고, 상관계수가 1에 가까울수록 우상향 직선에 가깝다. 반면, 상관계수가 -1에 가까우면 산점도는 우하향 직선에 가까워진다.

코드 9-6은 F와 GM 쌍, AAPL과 GM 쌍의 주가 산점도를 출력하는 코드다. F와 GM은 양의 상관관계가 있는 것으로 보이고, AAPL과 GM은 관계가 없는 것으로 보이지만 산점도가 전형적인 형태는 아니다. 이는 눈금에서 볼 수 있듯이 주가의 가격대가 서로 다르기 때문이다.

코드 9-6 F, GM, AAPL 주가 산점도 출력

```python
fig, ax = plt.subplots(1,2,figsize=(10,5))
ax[0].scatter(gm, ford, edgecolor='k', linewidth=0.5)
ax[0].set_xlabel('Price of GM', fontsize=14)
ax[0].set_ylabel('Price of Ford', fontsize=14)
ax[0].grid(alpha=0.3)

ax[1].scatter(gm, aapl, edgecolor='k', linewidth=0.5)
ax[1].set_xlabel('Price of GM', fontsize=14)
ax[1].set_ylabel('Price of Apple', fontsize=14)
ax[1].grid(alpha=0.3)

fig.suptitle('Scatter Plots of Prices', fontsize=18)
plt.tight_layout()
plt.show()
```

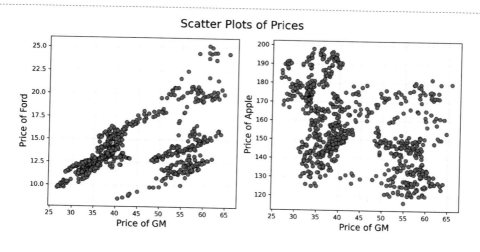

주식의 경우, 주가 자체보다는 수익률의 상관관계를 분석하면 좀 더 명확하게 상관관계를 파악할 수 있다. 상관계수를 계산하려면 고정된 평균과 표준편차가 필요하며, 이는 보통 데이터의 정상성(데이터가 정규 분포와 같은 특정 확률 분포를 따르는 성질)을 전제로 한다는 점에 주의해야 한다.

주가는 대부분 추세를 가지므로 고정된 평균과 표준편차를 갖는다고 할 수 없다. 반면, 수익률은 계산 과정에서 가격 데이터의 추세가 제거되고, 평균이 0 근처인 대체로 정상성을 갖는 데이터가 된다.

코드 9-7은 수익률을 계산하고 수익률의 산점도를 출력하는 코드다. 결과로 나온 수익률의 산점도를 살펴보면 확연하게 상관관계의 패턴이 보인다. F와 GM은 양의 상관관계가 강하고 AAPL과 GM은 약간의 양의 상관관계가 있으나 모양이 원에 가깝기 때문에 약하다고 판단된다.

코드 9-7 F, GM, AAPL 수익률 산점도 출력

```python
# 수익률 계산
ford_ret = df['Close']['F'].pct_change()
gm_ret = df['Close']['GM'].pct_change()
aapl_ret = df['Close']['AAPL'].pct_change()

# 산점도 시각화
fig, ax = plt.subplots(1,2,figsize=(10,5))
ax[0].scatter(gm_ret, ford_ret, edgecolor='k', linewidth=0.5)
ax[0].set_xlabel('Return of GM', fontsize=14)
ax[0].set_ylabel('Return of Ford', fontsize=14)
ax[0].grid(alpha=0.3)

ax[1].scatter(gm_ret, aapl_ret, edgecolor='k', linewidth=0.5)
ax[1].set_xlabel('Return of GM', fontsize=14)
ax[1].set_ylabel('Return of Apple', fontsize=14)
ax[1].grid(alpha=0.3)

fig.suptitle('Scatter Plots of Returns', fontsize=18)
plt.tight_layout()
plt.show()
```

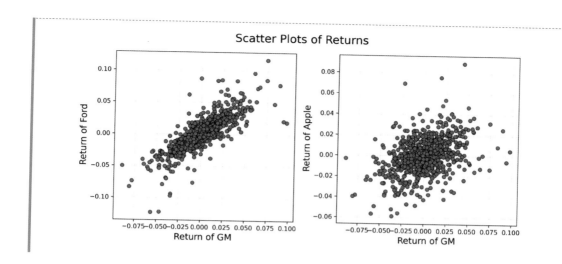

Scatter Plots of Returns

판다스 데이터프레임이나 시리즈에서는 corr( ) 메서드를 사용해 상관계수를 매우 쉽게 구할 수 있다. 앞에서 시각화를 통해 정성적으로 파악한 주식 간의 상관관계를 이제는 상관계수를 구해 정량적으로 확인해 보자.

코드 9-8을 보면 수익률 데이터인 ford_ret, gm_ret, aapl_ret는 모두 판다스 시리즈이기 때문에 corr( ) 메서드를 사용해 바로 서로의 상관계수를 계산할 수 있다. 코드 실행 결과를 보면 F와 GM의 상관계수는 예상대로 0.81로 높고, AAPL과 GM의 상관계수는 0.39로 낮다는 것을 확인할 수 있다.

코드 9-8 상관계수 계산하기

```
cor1 = ford_ret.corr(gm_ret)
cor2 = aapl_ret.corr(gm_ret)
print(f'Correlation Coefficient Between F and GM: {cor1}')
print(f'Correlation Coefficient Between AAPL and GM: {cor2}')
```

```
Correlation Coefficient Between F and GM: 0.8125005756050769
Correlation Coefficient Between AAPL and GM: 0.3893594995723776
```

판다스 데이터프레임이 여러 개의 칼럼을 가지고 있을 때, 각 칼럼 사이의 상관계수를 표 또는 매트릭스(행렬) 형태로 출력할 수 있다.

코드 9-5에서 생성한 데이터프레임 df에서 df['Close']는 'F', 'GM', 'AAPL' 세 개의 칼럼을 가지고 있으므로 pct_change( )를 써서 수익률을 계산하고 corr( ) 메서드를 적용할 수 있다. 즉, df['Close'].pct_change( ).corr( )를 실행하면 그림 9-10과 같은 표(데이터프레임)로 정리해서 상관계수를 출력한다. 또한 df['Close'].pct_change( ).corr( ).values는 매트릭스를 반환한다.

Ticker	AAPL	F	GM
Ticker			
AAPL	1.000000	0.379446	0.389359
F	0.379446	1.000000	0.812501
GM	0.389359	0.812501	1.000000

그림 9-10 상관관계 데이터프레임

상관관계를 분석하고자 하는 종목이 많을 때는 그림 9-10과 같은 표(데이터프레임) 형태보다는 히트맵heat map 형태로 시각화하면 전체적인 상관관계를 더 쉽게 파악할 수 있다.

코드 9-9는 서로 다른 6개의 업종에서 각각 2개의 대표 종목을 선정하는 방식으로 12개의 종목을 정하고, 2019년부터 2023년까지 5년치 데이터를 다운로드해서 종가에 따른 일별 수익률을 계산하여 상관계수를 구한다. 그리고 히트맵으로 매트릭스를 시각화하고 상관계수 값을 원소로 적어 색과 숫자로 상관관계를 파악할 수 있게 한다.

주의할 점은 tickers 리스트를 입력하고 yfinance에서 여러 종목의 주가 데이터를 다운로드할 때, 리스트에 있는 종목 순서대로 다운로드되지 않는다는 점이다. 따라서 실제로 다운로드된 데이터프레임의 칼럼 순서와 tickers가 정확히 일치하게 하려면 다운로드가 끝난 다음 tickers = list(returns.columns)를 실행해서 tickers를 다시 만들어야 한다.

코드 9-9 상관관계 매트릭스 히트맵 출력하기 ||||||||||||||||||||||||||||||||||||||||||||||||||||||||||||||||||||||||||||||||

```
tickers = ['F', 'GM', 'AAPL', 'AAL', 'DAL', 'XOM', \
           'CVX', 'JPM', 'MS', 'KO','PEP', 'MCD']
df = yf.download(tickers, start='2021-01-01', end='2023-01-01')

returns = df['Close'].pct_change().dropna()
tickers = list(returns.columns)
```

```
corr_matrix = returns.corr()

fig, ax = plt.subplots(figsize=(10, 8))
cax = ax.matshow(corr_matrix, cmap='coolwarm', vmin=-1, vmax=1)
fig.colorbar(cax)

ax.set_xticks(np.arange(len(tickers)))
ax.set_yticks(np.arange(len(tickers)))
ax.set_xticklabels(tickers, rotation=90)
ax.set_yticklabels(tickers)

for (i, j), val in np.ndenumerate(corr_matrix):
    ax.text(j, i, f'{val:.2f}', ha='center', va='center', color='black')

plt.title('Correlation Heatmap of Daily Returns')
plt.show()
```

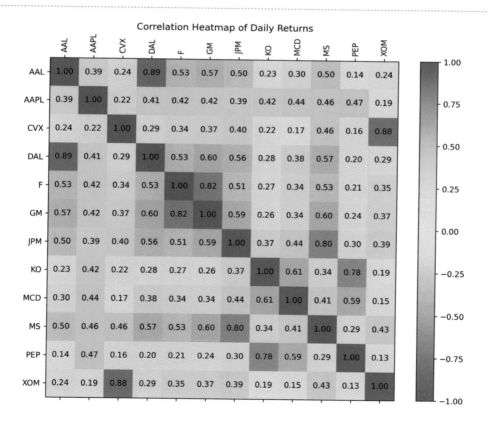

실행 결과로 얻은 히트맵을 보면 대각선이 모두 1로 선명하게 보이고 $(i, j) = (j, i)$인 대칭행렬의 성질도 쉽게 파악된다. 예를 들어 첫째 행을 보면 Americal Airline(AAL)이 Delta Airline(DAL)과 0.89의 상관관계를 가지는 것이 색과 숫자로 쉽게 파악된다.

여기에 추가로 함수를 만들어 상관계수 값이 정해진 값 이상인 쌍을 출력하도록 할 수도 있다. 코드 9-10에서 정의한 함수는 상관관계 매트릭스 matrix와 상관계수 기준값 val을 입력받고 matrix의 원소를 모두 순회하면서(대칭행렬이므로 절반만 순회) 상관계수가 val을 초과하면 기록하여 출력한다.

상관관계가 높아도 다음 절에서 살펴볼 공적분 관계에 있지 않은 경우도 많고, 상관관계가 다소 낮아도 공적분 관계에 있는 경우도 있기 때문에 val 값은 다소 낮게 설정해서 많은 쌍을 뽑는 게 좋다. 실행 결과를 보면 같은 대체로 같은 업종에 속하는 쌍들이 출력되었다.

코드 9-10 상관관계 높은 페어를 찾는 함수

```python
def correlated_pair_finder(matrix, val):
    n = matrix.shape[1]
    cols = matrix.columns
    corr_pairs = []
    for i in range(n):
        for j in range(i+1,n):
            corr = matrix.iloc[i,j]
            if corr >= val:
                corr_pairs.append((cols[i],cols[j], round(corr,3)))
    return corr_pairs

corr_pairs = correlated_pair_finder(corr_matrix, 0.59)
print(corr_pairs)
```

```
[('AAL', 'DAL', 0.894), ('CVX', 'XOM', 0.879), ('DAL', 'GM',
0.598), ('F', 'GM', 0.82), ('GM', 'JPM', 0.592), ('GM', 'MS', 0.605), ('JPM', 'MS', 0.797), ('KO',
'MCD', 0.606), ('KO', 'PEP', 0.778), ('MCD', 'PEP', 0.594)]
```

이제 중요한 질문을 던질 시간이 다가왔다. 상관계수가 높은 두 주식을 찾으면 페어 트레이딩에 사용할 수 있는가?

대답은 반드시 그런 것은 아니라는 것이다. 페어 트레이딩에서 중요한 것은 두 주가의 차이인 스프레드다. 스프레드가 평균 회귀적 성격을 가져야 한다. 그렇지 않으면 전략이 성공하기 어렵다. 더 정확하게 말하면 스프레드가 정상성stationarity을 가져야 하는데, 정상성이란 쉽게 이야기해서 평균과 표준편차가 시간이 지나도 변하지 않는다는 뜻이다. 상관관계는 스프레드의 정상성을 보장하지 않는다.

시계열 데이터의 정상성은 statsmodels 모듈에서 제공하는 ADF 테스트로 쉽게 확인할 수 있다. 과거 2년간의 데이터 분석에서 0.894의 상관계수가 나온 아메리칸 항공(AAL), 델타 항공(DAL) 쌍의 스프레드를 살펴보자. 그림 9-11은 정규화된 주가 그래프와 스프레드 그래프다.

눈으로만 보아도 스프레드가 대체로 평균 회귀적이지만 크게 벗어나기도 한다는 느낌이 든다. ADF 테스트의 p-value가 0.1222로 표시되어 있는데, 이 값이 0.05보다 작으면 5% 유의수준에서 정상성을 갖는다고 판단하고 0.1보다 작으면 10% 유의수준에서는 정상성을 갖는다고 판단한다. 그러나 10% 유의수준에서도 정상성을 약간 벗어난다.

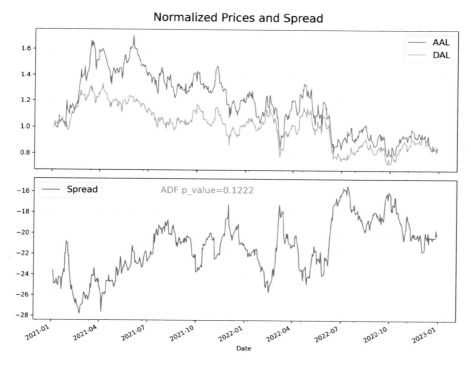

그림 9-11 AAL과 DAL의 주가 및 스프레드 그래프

이번에는 앞선 분석에서 0.879의 상관계수가 나온 쉐브론(CVX), 엑손모빌(XOM) 쌍의 스프레드를 살펴보자. 그림 9-12를 보면 눈으로만 보아도 스프레드가 평균 회귀적 성격이 약해 보인다. 중간에 스프레드의 강한 상승 추세를 볼 수 있다. ADF 테스트의 p-value 역시 0.5554로 높아서 정상성을 갖지 않는 것으로 판단된다.

정리하자면 페어 트레이딩을 위한 쌍이 되려면 상관계수가 높아야 하지만, 스프레드의 정상성을 다시 검증해야 한다. 정확하게는 두 주가의 선형 결합으로 정상 시계열을 만들 수 있는지 분석해야 하는데, 그것이 바로 공적분 분석이다.

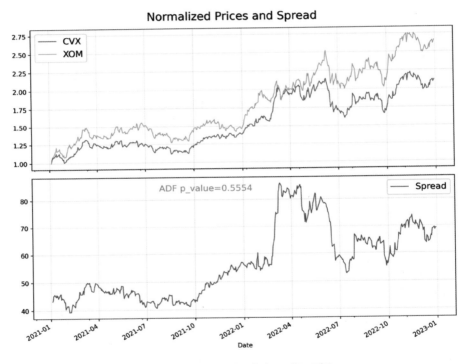

그림 9-12 CVX와 XOM의 주가 및 스프레드 그래프

• 페어 트레이딩의 쌍은 상관계수가 높아야 하지만 스프레드의 정상성을 추가로 판단해야 한다.

9.3.2 공적분 분석

시계열 데이터 X_t와 Y_t가 있을 때, 둘의 선형 결합, 즉 $aX_t + bY_t$가(여기서 a, b는 상수) 정상 시계열이 될 수 있으면 X_t와 Y_t는 공적분 cointegration 관계에 있다고 한다.

$aX_t + bY_t = a(X_t + \frac{b}{a}Y_t)$로 쓸 수 있으므로 스프레드로 사용할 $X_t - \beta Y_t$ 형태가 정상성을 갖게 하는 β를 찾을 수 있는지에 집중한다. 이렇게만 들으면 두 주가가 공적분 관계에 있다는 것이 어떤 뜻인지 잘 다가오지 않을 것이다. 공적분은 두 개 이상의 비정상 시계열 데이터가 장기적으로 균형 관계를 유지하며 함께 움직이는 성질을 의미한다. 즉, 두 주가가 공적분 관계에 있다는 뜻은 두 주가의 스프레드가 추세를 가지고 한 방향으로 움직이는 것이 아니라 평균 회귀적이라는 뜻이다.

직관적으로 이해하려면 앞서 언급했던 두 마리의 강아지가 2미터 목줄로 서로 연결된 상황을 생각해 보면 된다. 시간이 지난 후 둘의 위치를 예측하는 것은 불가능하지만 둘 사이의 거리는 2미터로 제한되어 있기 때문에 0에서 2미터 사이에서 변할 것이라는 것은 쉽게 예측할 수 있다. 이때 두 마리 강아지의 위치는 공적분 관계에 있는 것이다.

상관계수가 높지만 공적분 관계가 아닌 경우

앞 절에서 상관관계가 강해도 공적분 관계에 있지 않을 수 있다고 했다. 두 주가의 양의 상관관계가 높다는 것은 한 주가가 오르면 대체로 다른 주가도 오른다는 뜻이다. 그런데 상승률, 즉 모멘텀이 달라서 두 주가의 차이는 계속 벌어질 수 있다. 그러면 공적분 관계는 성립하지 않는다. 이는 다음과 같이 쉽게 합성 데이터로 예를 만들 수 있다.

코드 9-11 상관관계가 높지만 공적분 관계가 아닌 예

```python
import numpy as np
import pandas as pd
import statsmodels
import statsmodels.api as sm
from statsmodels.tsa.stattools import coint
import matplotlib.pyplot as plt
np.random.seed(23)
```

```python
# 합성 데이터 생성
x_ret = np.random.normal(1,3,200)
y_ret = np.random.normal(2,3,200)
X = pd.Series(x_ret.cumsum(), name='X')
Y = pd.Series(y_ret.cumsum(), name='Y')

# 상관계수 계산
cor = X.corr(Y)
print(f'Correlation Coefficient: {cor}')

# 공적분 테스트
score, p_value, _ = coint(X,Y)
print(f'Cointegration test p_value: {p_value}')

if p_value < 0.05:
    print('X and Y are likely cointegrated.')
else:
    print('X and Y are not likely cointegrated.')

# 스프레드
S = Y - X
S.name = 'Spread'

# 시각화
df = pd.concat([X, Y, S],axis=1)
fig, ax = plt.subplots()
df.plot(ax=ax)
plt.show()
```

```
Correlation Coefficient: 0.9823634584807185
Cointegration test p_value: 0.760307623663925
X and Y are not likely cointegrated.
```

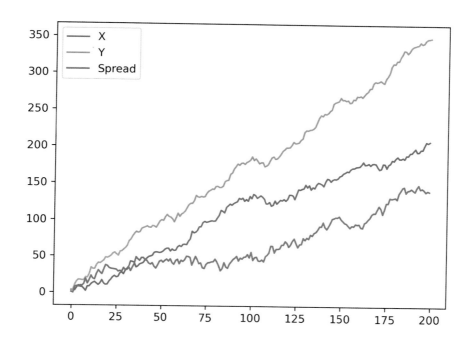

코드 9-11을 보면 평균이 약간 다른 정규분포에서 샘플링하여 수익률 데이터 x_ret, y_ret를 만들고 cumsum( )으로 누적합을 계산해서 합성 주가 데이터 X, Y를 만들었다. 이후 상관관계와 공적분 테스트를 진행하고 스프레드 S=Y-X를 구하여 시각화한다.

공적분 관계는 coint 모듈로 쉽게 테스트할 수 있다. 역시 p-value가 0.05보다 작게 나오면 5% 유의수준에서 공적분 관계에 있다고 판단한다.

공적분 관계에 있지만 상관계수가 낮은 경우

앞에서와 반대로 공적분 관계에 있지만 상관관계가 매우 약한 경우도 존재한다. 스프레드가 일정한 범위 안에서 움직이지만, 하나가 상승해도 다른 하나는 이와는 상관없이 상승하기도 하고 하락하기도 하는 경우다. 역시 다음과 같이 합성 데이터로 예를 만들 수 있다.

코드 9-12 공적분 관계에 있지만 상관관계가 낮은 예

```
# 합성 데이터 생성
X = pd.Series(np.random.normal(0,2,100) - 20, name='X')
sine = 5*np.sin(np.pi/10*np.arange(0,100)) - 20
```

```python
noise = np.random.normal(0,1,100)
Y = pd.Series(sine+noise, name='Y')

# 상관계수 계산
cor = X.corr(Y)
print(f'Correlation Coefficient: {cor}')

# 공적분 테스트
score, p_value, _ = coint(X,Y)
print(f'Cointegration test p_value: {p_value}')

if p_value < 0.05:
    print('X and Y are likely cointegrated.')
else:
    print('X and Y are not likely cointegrated.')

# 스프레드
S = Y - X
S.name = 'Spread'

# 시각화
df = pd.concat([X, Y, S],axis=1)
fig, ax = plt.subplots()
df.plot(ax=ax)
plt.show()
```

```
Correlation Coefficient: 0.004914449085040132
Cointegration test p_value: 1.1301469499714991e-07
X and Y are likely cointegrated.
```

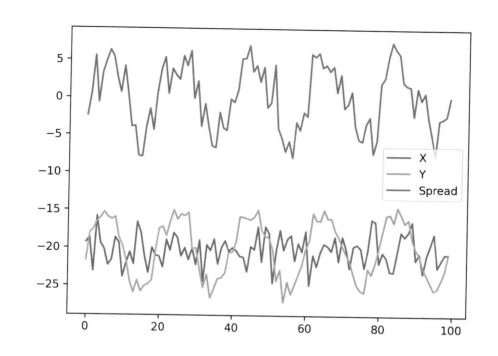

코드 9-12를 보면 X는 추세가 없이 평균 -20 근방에서 정규분포를 따르면서 변하는 것으로 설정했고, Y는 sine 함수와 noise를 섞어서 만들었다. 둘의 스프레드는 추세를 갖지 않고 제한 범위에서 변하지만, 무작위성으로 인해 하나가 상승할 때 다른 하나도 상승하는 패턴은 존재하지 않게 된다.

스프레드 구하기

시계열 데이터 X_t와 Y_t가 상관관계가 강하고 공적분 관계에 있다고 하자. 먼저 선형 회귀를 통해 다음 관계를 만족하는 α, β를 구한다.

$$Y_t = \beta X_t + \alpha + \varepsilon_t$$

여기서 ε_t는 잔차residual로서 0 근처에서 변동하는 노이즈와 같다. 이때 스프레드는 다음과 같이 정의한다.

$$S_t = Y_t - (\beta X_t + \alpha)$$

이 값은 ε_t가 되기 때문에 평균 회귀적으로 0 근방에서 변동할 것이다. 이때 β를 헤지 비율hedge ratio이라고 한다.

이제 앞 절에서 구한 상관관계가 높은 주식 쌍에 대해 공적분 관계를 분석해 보자.

코드 9-13 공적분 관계 필터 함수

```python
def cointegration_filter(corr_pairs, threshold=0.05):
    coint_pairs = []
    for ticker1, ticker2, _r in corr_pairs:
        price1 = df['Close'][ticker1]
        price2 = df['Close'][ticker2]
        score, pvalue, _ = coint(price1,price2)
        if pvalue < threshold:
            coint_pairs.append((ticker1, ticker2, round(pvalue,4)))
    if len(coint_pairs) > 0:
        print(f'{len(coint_pairs)} cointegrated pair(s) found.')
    else:
        print('No cointegrated pair(s) found.')
    return coint_pairs

coint_pairs = cointegration_filter(corr_pairs, 0.1)
coint_pairs
```

코드 9-13에서 정의한 함수는 앞 절에서 상관계수가 기준값 0.59 이상으로 판단된 쌍의 리스트인 corr_pairs를 입력받아 공적분 관계를 테스트하고 p-value를 사용해서 공적분 관계에 있는 쌍을 반환한다. 판단기준으로 threshold 값을 입력하는데 0.05이면 5% 유의수준, 0.1이면 10% 유의수준에 의해 판단한다. 여기서는 thereshold=0.1로 해서 공적분 관계에 있다고 판단되는 쌍의 리스트 coint_pairs를 p-value와 함께 반환한다.

```
2 cointegrated pair(s) found.
[('DAL', 'GM', 0.0743), ('MCD', 'PEP', 0.004)]
```

코드의 실행 결과를 보면 10% 유의수준 공적분 테스트를 통과한 쌍은 2쌍이다. 그 중에서 상관계수가 비교적 낮은 맥도날드(MCD)와 펩시콜라(PEP)가 5% 유의수준으로 공적분 관계에 있는 것으로 판명되었다. 맥도날드 매장에서 음료로 콜라를 많이 마시기 때문에 둘의 논리적 연관성도 인정되므로 페어 트레이딩을 위한 좋은 쌍으로 판단된다.

이제 상관관계와 공적분 관계가 모두 인정된 MCD과 PEP 주가에 대해 지금까지의 검토한 내용을 적용해 보자.

코드 9-14 PEP, MCD 분석 및 스프레드 구하기

```python
# 데이터 다운로드
ticker1 = 'PEP'; ticker2 = 'MCD'
tickers = [ticker1, ticker2]
df = yf.download(tickers, '2021-01-01', '2023-01-01')
Y = df['Close'][ticker2]
X = df['Close'][ticker1]

# 상관관계 테스트
ret1 = X.pct_change().fillna(0)
ret2 = Y.pct_change().fillna(0)
cor1 = ret1.corr(ret2) # 수익률 상관관계
cor2 = X.corr(Y) # 주가 상관관계
print(f'Correlation between Returns: {cor1:.4f}')
print(f'Correlation between Prices: {cor2:.4f}')

# 공적분 테스트
score, p_value, _ = coint(X,Y)
print(f'Cointegration test p_value: {p_value}')

if p_value < 0.05:
    print('X and Y are cointegrated at 5% significance level.')
elif p_value < 0.1:
    print('X and Y are cointegrated at 10% significance level.')
else:
    print('X and Y are not likely cointegratedat.')

# 선형 회귀에 의한 헤지 비율 계산
X_with_const = sm.add_constant(X)
model = sm.OLS(Y, X_with_const).fit()
alpha = model.params['const']
beta = model.params[ticker1]
```

```
print(f'Hedge Ratio: {beta}')

# 스프레드
spread = Y - (beta*X + alpha)

# 스프레드 정상성 테스트
adf_p_value = adfuller(spread)[1]
print(f'ADF test p_value: {adf_p_value}')

if adf_p_value < 0.05:
    print('Spread is stationary at 5% significance level.')
elif adf_p_value < 0.1:
    print('Spread is stationary at 10% significance level.')
else:
    print('Spread is not likely stationary.')

# 스프레드 시각화
fig, ax = plt.subplots()
spread.plot(ax=ax, linewidth=1.2)
ax.axhline(y=spread.mean(), color='r', linewidth=1.2)
ax.grid(alpha=0.3)
ax.set_xlabel('Date', fontsize=12)
ax.set_ylabel('Spread', fontsize=12)
ax.set_title(f'Spread of {tickers}', fontsize=18)
plt.show()
```

코드 9-14에서는 PEP와 MCD의 주가를 다운로드하고 수익률 및 주가의 상관관계, 주가의 공적분 관계를 테스트한다. 그리고 선형 회귀를 사용해서 헤지 비율과 스프레드를 구하고, 스프레드의 정상성을 테스트한다. 끝으로 스프레드 그래프를 출력한다.

```
Correlation between Returns: 0.5943
Correlation between Prices: 0.9168
Cointegration test p_value: 0.020489340351458843
X and Y are cointegrated at 5% significance level.
Hedge Ratio: 1.1032576381917003
```

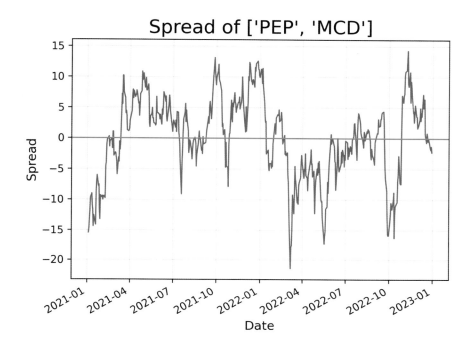

```
ADF test p_value: 0.0007289620187143376
Spread is stationary at 5% significance level.
```

코드 9-14의 실행 결과를 보면 이미 검토한 내용이지만 PEP와 MCD의 상관관계, 공적분 관계, 스프레드의 정상성 모두 인정되었다. 주가 사이의 상관계수는 앞에서 지적한 대로 0.9 이상으로 크게 과장됨을 알 수 있다. 헤지 비율 1.1을 사용한 그래프를 보면 대체로 평균값 0 근처에서 변동하는 것을 확인할 수 있다.

실제 주식 시장에서는 상관관계가 높은 페어를 찾는 것보다 공적분 관계에 있는 페어를 찾는 것이 더 어렵다. 그 이유는 상관관계는 비교적 오랜 기간 유지되는 성격이 있지만, 공적분 관계는 있다가도 없어지고 없다가도 생기는 등 불안정한 성격이 있기 때문이다. 뿐만 아니라 상관관계가 낮고 논리적 연관 관계가 없는 주식 사이에서도 강한 공적분 관계가 나타나기도 하기 때문에 주의해야 한다.

9.3.3 페어 트레이딩 전략

지금까지 살펴본 내용을 바탕으로 페어 트레이딩 전략을 만들어 보자. 먼저 상관관계가 높고 공적분 관계에 있는 주식 X, Y를 찾아 페어 트레이딩을 위한 쌍으로 선정한다. 이렇게 선정된 주식 X, Y의 주가 데이터를 시계열 데이터 X_t와 Y_t라고 하자.

스프레드 $S_t = Y_t - (\beta X_t + \alpha)$에서 S_t가 이례적으로 커지면 Y를 공매도하고 X를 매수한다. S_t가 평균으로 돌아가면 Y_t는 감소하고 X_t는 증가할 확률이 높기 때문이다. 마찬가지로 원리로 S_t가 이례적으로 작아지면 Y를 매수하고 X를 공매도한다.

이때 어떤 경우가 이례적인지 좀 더 쉽게 판단하기 위해 스프레드를 평균이 0, 표준편차가 1이 되도록 Z-Score로 변환한다.

$$Z_t = \frac{S_t - \mu_S}{\sigma_S}$$

$Z_t > c_0 (c_0 > 0)$이면 스프레드가 이례적으로 높고 $Z_t < -c_0$이면 이례적으로 낮은 값이 되도록 임계값 c_0을 적절히 정하면 된다. Z_t가 정규분포를 따른다고 가정할 때 $c_0 = 1.5$로 정하면 6.7% 확률로 스프레드가 이례적으로 커지는 상황이 발생한다. $c_0 = 1.96$으로 정하는 경우가 많은데 이때는 2.5% 확률로 이례적으로 큰 스프레드가 발생한 것이 된다.

$Z_t > c_0$에서 Y를 가격 y_t에 1주 공매도하고 X를 가격 x_t에 β주 매수했다고 하자. 그 후 시각 t'에 $Z_{t'} = 0$으로 회귀하여 청산하는 것으로 하고 수익을 계산해 보면 다음과 같다.

$$PnL = y_t - y_{t'} + \beta(x_{t'} - x_t) = (y_t - \beta x_t) - (y_{t'} - \beta x_{t'}) = Z_t - Z_{t'} = c_0$$

$c_0 > 0$이므로 평균으로 회귀하기만 하면 무조건 수익이 발생한다. $Z_t < -c_0$에서 Y를 가격 y_t에 1주 매수하고 X를 가격 x_t에 β주 공매도하는 경우도 마찬가지 분석으로 스프레드가 평균으로 회귀하기만 하면 무조건 c_0의 수익을 얻음을 알 수 있다.

코드 9-15는 PEP와 MCD의 스프레드를 Z-Score로 표준화하고 그래프로 출력하는 코드다. 실행 결과에서 볼 수 있듯이 Z-Score의 임계값을 1.8로 정해서 그래프에 표시했다. 정규분포를 따른다고 가정할 때 Z-Score가 1.8 위로 올라가는 것은 3.6% 확률로 발생하는 이례적 현상이고 마찬가지로

Z-Score가 -1.8 아래로 내려가는 것도 3.6% 확률로 발생하는 이례적 현상이라 할 수 있다.

코드 9-15 PEP, MCD의 스프레드를 Z-Score로 변환

```python
# Z-Score 계산
spread_mean = spread.mean()
spread_std = spread.std()
z_score = (spread - spread_mean)/spread_std

# Z-Score 시각화
fig, ax = plt.subplots()
z_score.plot(ax=ax, linewidth=1.2)

ax.axhline(y=0, color='k', linewidth=1.2)
ax.axhline(y=1.8, color='red', linewidth=1.2, linestyle='--')
ax.axhline(y=-1.8, color='red', linewidth=1.2, linestyle='--')
ax.grid(alpha=0.3)
ax.set_xlabel('Date', fontsize=12)
ax.set_ylabel('Z-Score', fontsize=12)
ax.set_title(f'Z-Score of {tickers}', fontsize=18)
plt.show()
```

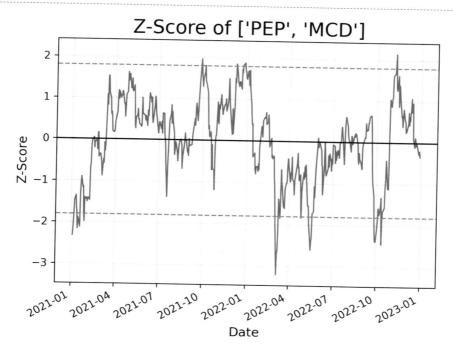

투자 전략

페어 트레이딩 전략

★ 상관관계가 높고 공적분 관계에 있는 쌍으로 주식 1, 주식 2를 찾는다.

★ 선형 회귀에 따라 헤지 비율 β를 구하고 스프레드 $S = S_2 - \beta S_1$을 구한 다음 Z로 표준화한다.

★ 진입 문턱값 z_0, 청산 문턱값 z_1을 정하고 $Z > z_0$이면 주식 2를 공매도하면서 동시에 주식 1을 매수한다. 수량 비율은 $1 : \beta$로 한다. 진입 후 $Z < z_1$이면 청산한다.

★ $Z < -z_0$이면 주식 2를 매수하면서 동시에 주식 1을 공매도한다. 수량 비율은 $1 : \beta$로 한다. 진입 후 $Z > -z_1$이면 청산한다.

9.4 페어 트레이딩 전략 구현

지금까지 살펴본 페어 트레이딩 이론을 바탕으로 주식에 대한 페어 트레이딩 전략을 구현해 보자. 여기서 페어 트레이딩 전략의 구현이란 과거 데이터를 사용한 백테스트 프로그램을 만드는 것을 의미하며 다음과 같은 단계를 거친다.

1. 상관관계가 강하고 공적분 관계에 있는 주식 쌍을 찾는다. 예를 들어 주가 사이의 상관계수가 0.9 이상이고, 공적분 테스트의 p-value가 0.05 이하이며, 스프레드 정상성 테스트의 p-value가 0.05 이하이면서 두 주식이 논리적으로 연관성이 인정될 때 쌍으로 선정한다.

2. 선형 회귀에 따라 헤지 비율을 구하고 이를 사용하여 스프레드를 구한다. 스프레드를 표준화하여 Z-Score를 구한다.

3. entry_threshold와 exit_threshold를 정하고 그에 따라 정해지는 signal에 의해 position을 구한다. 구해진 position을 사용하여 누적 수익률을 구한다.

4. 파라미터를 최적화하고 전략을 검증한다.

9.4.1 페어 트레이딩 전략 구현 1

우선 주식 쌍을 찾아야 하는데, 이 작업에는 시간이 오래 걸린다. N개의 주식을 대상으로 하면 가능한 쌍의 개수가 $N(N-1)/2$가 되므로 Nasdaq 100만 대상으로 해도 4,950개의 쌍에 대해 통계적 분석을 해야 한다. 게다가 S&P 500을 대상으로 추가한다면 검토해야 할 쌍의 개수는 대폭 늘어난다.

여기서는 대규모 유니버스(투자 대상 전체의 집합)를 구성하여 주식 쌍을 찾는 단계는 생략한다. 이미 앞 절에서 간단한 분석을 통해 찾은 PEP와 MCD를 쌍으로 선정했다고 하고 다음 단계로 넘어가자.

PEP와 MCD의 스프레드와 Z-Score도 이미 코드 9-14와 코드 9-15에서 구했으므로, 해당 결과를 사용하여 포지션과 수익률을 계산하는 단계로 넘어가자. 7장에서 이미 양방향 매매에 대한 Event-Driven 방식의 백테스트를 구현해 보았기 때문에 같은 방식으로 접근하면 된다.

코드 9-16 PEP, MCD에 대한 페어 트레이딩 백테스트 1

```python
# 파라미터 값
entry_threshold = 1.8
exit_threshold = 0.3

# 포지션 계산
stock1_pos = pd.Series(data=0, index=z_score.index) # PEP
stock2_pos = pd.Series(data=0, index=z_score.index) # MCD

for i in range(1,len(z_score)):
    if z_score.iloc[i]<-entry_threshold and stock2_pos.iloc[i-1]==0:
        stock2_pos.iloc[i] = 1   # long stock2
        stock1_pos.iloc[i] = -1  # short stock1
    elif z_score.iloc[i]>entry_threshold and stock2_pos.iloc[i-1]==0:
        stock2_pos.iloc[i] = -1  # short stock2
        stock1_pos.iloc[i] = 1   # long stock1
    elif abs(z_score.iloc[i]) < exit_threshold:
        stock1_pos.iloc[i] = 0
        stock2_pos.iloc[i] = 0
    else:
        stock1_pos.iloc[i] = stock1_pos.iloc[i-1]
        stock2_pos.iloc[i] = stock2_pos.iloc[i-1]

# 백테스트
fee_rate = 0.001
cash_init = 10000
cash = cash_init
asset = np.zeros(len(X))
```

```python
asset[0] = cash

zscore = z_score.values
price_A = X.values
price_B = Y.values
pos = 0


for i in range(1, len(X)):
    if pos == 0 and cash > 0:
        if stock1_pos.iloc[i] == 1: # 매수: long A, short B
            pos = 1
            entry_price_A = price_A[i]
            entry_price_B = price_B[i]
            num_A = \
            int( cash/( (entry_price_A+beta*entry_price_B)*(1+fee_rate) ) )
            num_B = int(beta*num_A)
            cash -= entry_price_A*num_A*(1+fee_rate) # A 매수 대금 + 수수료 지불
            cash -= entry_price_B*num_B*fee_rate # 빌린 B 매도 수수료 지불

        elif stock1_pos.iloc[i] == -1: # 매도: short A, long B
            pos = -1
            entry_price_A = price_A[i]
            entry_price_B = price_B[i]
            num_A = \
            int( cash/( (entry_price_A+beta*entry_price_B)*(1+fee_rate) ) )
            num_B = int(beta*num_A)
            cash -= entry_price_B*num_B*(1+fee_rate) # B 매수 대금 + 수수료 지불
            cash -= entry_price_A*num_A*fee_rate # 빌린 A 매도 수수료 지불

    elif pos == 1:
        if stock1_pos.iloc[i] == 0: # 매수 청산
            pos = 0
            cash += price_A[i]*num_A*(1-fee_rate)
            cash += (entry_price_B - price_B[i])*num_B - price_B[i]*num_B*fee_rate

    elif pos == -1:
        if stock1_pos.iloc[i] == 0: # 매도 청산
            pos = 0
            cash += (entry_price_A - price_A[i])*num_A - price_A[i]*num_A*fee_rate
```

```
                cash += price_B[i]*num_B*(1-fee_rate)

        # asset 갱신
        if pos == 0:
            asset[i] = cash
        elif pos == 1:
            asset[i] = cash + price_A[i]*num_A + (entry_price_B - price_B[i])*num_B
        elif pos == -1:
            asset[i] = cash + price_B[i]*num_B + (entry_price_A - price_A[i])*num_A

# 누적 수익률 계산
cumulative_returns = asset/cash_init
print(f'total_cum_return:{100*(cumulative_returns[-1]-1):.2f}%')

# 누적 수익률 시각화
cumulative_returns = pd.DataFrame(cumulative_returns, index=X.index)
fig, ax = plt.subplots()
cumulative_returns.plot(ax=ax, linewidth=1.2)
ax.set_title('Strategy Cumulative Return', fontsize=18)
ax.grid(alpha=0.3)
ax.set_xlabel('Date', fontsize=12)
ax.set_ylabel('Cumulative Return', fontsize=12)
plt.show()
```

코드 9-16을 보면 진입 문턱값 entry_threshold=1.8, 청산 문턱값 exit_threshold=0.3으로 정했다. 그리고 앞에서 구한 z_score를 사용해서 포지션을 미리 계산한다. 주식 1은 PEP, 주식 2는 MCD로 하고, 각 주식에 대해 매수는 1, 공매도는 -1로 하여 stock1_pos, stock2_pos를 생성한다.

백테스트 부분에서는 수수료를 0.1%로 하고 초기 자금을 10,000달러로 하여 Event-Driven 방식으로 앞에서 정리한 페어 트레이딩 전략에 따라 진행한다. 마지막으로 누적 수익률을 계산하고 최종 수익률과 누적 수익률 그래프를 출력한다.

```
total_cum_return:21.47%
```

Strategy Cumulative Return

코드 9-16의 실행 결과를 보면 2년간 21.47%의 수익률을 얻었다. 가장 인상적인 점은 누적 수익률 그래프가 승률 100%로 거의 단순 우상향한다는 것이다. 이러한 페어 트레이딩의 구현 방식은 인터넷 자료에서 가장 흔하게 볼 수 있는 방식이며, 심지어 수익률 계산은 여기서 사용한 Event-Driven 방식보다 보통 훨씬 단순한 근사 방법(오차가 매우 크다)을 사용한다.

이미 눈치챈 독자들도 있겠지만 이 방식에는 심각한 문제가 있다. 백테스트하려는 '데이터 전체'에 대해 미리 헤지 비율, 평균, 표준편차를 구하고 Z-Score를 계산하여 시그널을 생성했다. 이는 거래 당시에는 알 수 없는 미래의 정보를 이용하는 것으로, 미래 참조look-ahead bias라고 한다. 투자 전략의 백테스트에서 과적합과 미래 참조는 가장 조심해야 할 부분이다. 이러한 오류는 실제 운용 시 기대했던 성과와 괴리를 초래할 수 있으므로 반드시 피해야 한다.

9.4.2 페어 트레이딩 전략 구현 2 : 미래 참조 제거

앞서 구현한 전략에서 미래 참조 문제를 제거하려면 어떻게 해야 할까? 그러려면 거래하는 시점에서 접근 가능한 과거 데이터에만 근거해서 시그널을 생성해야 한다.

시점 t에서 우선 필요한 것은 스프레드 $S_t = Y_t - \beta_t X_t$인데 과거 데이터만 사용하면 헤지 비율 β_t가 시점에 따라 변할 수 있다. 또한 표준화한 $Z_t = (S_t - \mu_t)/\sigma_t$에서 평균 μ_t와 표준편차 σ_t도 시점에 따라 변할 수 있다. 이들 변수를 과거 일정 기간에서 얻은 값들로 고정하고 그 이후 거래에 적용할 수도 있지만, 공적분 관계는 실제 주식 시장에서는 있다가도 사라지기 때문에 부정확한 신호 발생의 위험이 커진다.

그나마 최근 데이터의 경향을 반영할 수 있는 것은 롤링rolling 방식을 사용하는 것이다. 사용할 과거 데이터 개수를 look-back window 사이즈로 정하고, 롤링 방식으로 매 시점마다 선형 회귀를 적용해서(롤링 회귀 분석이라 한다) β_t를 구해 스프레드 $S_t = Y_t - \beta_t X_t$를 구한다. 이어서 S_t에 각각 `rolling().mean()`과 `rolling().std()`를 적용해서 적용해서 μ_t, σ_t를 구한 후 $Z_t = (S_t - \mu_t)/\sigma_t$를 계산하자. 이렇게 하면 look-back window 내에서 최근 과거의 통계적 특성을 지속적으로 반영할 수 있고, 미래 참조 문제를 피할 수 있다.

코드 9-17 PEP, MCD에 대한 롤링 회귀 분석

```python
import pandas as pd
import numpy as np
import yfinance as yf
import matplotlib.pyplot as plt
from statsmodels.regression.linear_model import OLS
from statsmodels.tools.tools import add_constant

# 데이터 다운로드
ticker_A = 'PEP'; ticker_B = 'MCD'
df = yf.download([ticker_A,ticker_B],'2020-09-01','2023-01-01')
prices_A = df['Close'][ticker_A]
prices_B = df['Close'][ticker_B]

# 파라미터 설정
window_size = 80
entry_threshold = 1.96
exit_threshold = 0.0

# 롤링 회귀 분석
```

```python
betas = []
spreads = []
z_scores = []
signals = []
pos = 0

for t in range(window_size, len(prices_A)):
    # 롤링 윈도우를 사용해 데이터 선택
    Y = prices_A.iloc[t - window_size:t]
    X = prices_B.iloc[t - window_size:t]

    # 절편 추가
    X_with_const = add_constant(X)

    # OLS 회귀 분석
    model = OLS(Y, X_with_const).fit()
    alpha_t = model.params['const']
    beta_t = model.params[X.name]
    betas.append(beta_t)

    # 현재 가격
    Y_t = prices_A.iloc[t]
    X_t = prices_B.iloc[t]

    # 스프레드 계산
    epsilon_t = Y_t - alpha_t - beta_t * X_t
    spreads.append(epsilon_t)

    # 롤링 평균, 롤링 표준편차, Z-Score 계산
    if len(spreads) >= window_size:
        spread_windowed = spreads[-window_size:]
        mu_t = np.mean(spread_windowed)
        sigma_t = np.std(spread_windowed, ddof=1)
        z_t = (epsilon_t - mu_t) / sigma_t
        z_scores.append(z_t)

        # 거래 신호 생성
        if z_t > entry_threshold:
            signals.append(-1)    # Short the spread(Short A, Long B)
```

```
                pos = -1
        elif z_t < -entry_threshold:
            signals.append(1)      # Long the spread(Long A, Short B)
            pos = 1
        elif z_t < exit_threshold and pos == -1:
            signals.append(0)      # Exit positions(Cover A, Sell B)
            pos = 0
        elif z_t > -exit_threshold and pos == 1:
            signals.append(0)      # Exit positions(Sell A, Cover B)
            pos = 0
        else:
            signals.append(np.nan)    # Hold position
    else:
        z_scores.append(np.nan)
        signals.append(np.nan)

# 판다스 시리즈 만들기
result_index = prices_A.index[window_size:]
hedge_ratios = pd.Series(betas, index=result_index)
spreads = pd.Series(spreads, index=result_index)
z_scores = pd.Series(z_scores, index=result_index)
signals = pd.Series(signals, index=result_index)

Long_Entry = pd.Series(np.where(signals==1, z_scores, np.nan), \
                    index=result_index)
Exits = pd.Series(np.where(signals==0, z_scores, np.nan), \
                index=result_index)
Short_Entry = pd.Series(np.where(signals==-1, z_scores, np.nan), \
                    index=result_index)

# 스프레드 시각화
fig, ax =plt.subplots(3,1, figsize=(10, 9), sharex=True)
spreads.plot(ax=ax[0], label='Spread', linewidth=1.2)
ax[0].set_ylabel('Spread', fontsize=12)
ax[0].legend()
ax[0].grid(alpha=0.3)

# 헤지 비율 시각화
hedge_ratios.plot(ax=ax[1], color='orange', label='Beta', linewidth=1.2)
```

```
ax[1].axhline(y=0, color='red', linestyle='--')
ax[1].set_ylabel('Beta', fontsize=12)
ax[1].legend()
ax[1].grid(alpha=0.3)

# Z-Score 시각화
z_scores.plot(ax=ax[2], color='green', label='Z-Score', linewidth=1.2)
Long_Entry.plot(ax=ax[2], marker='^', linestyle='None', color='b', \
                markersize=6, label='Long Spread')
Short_Entry.plot(ax=ax[2], marker='^', linestyle='None', color='cyan', \
                 markersize=6, label='Short Spread')
Exits.plot(ax=ax[2], marker='v', linestyle='None', color='r', \
           markersize=6, label='Exit')
ax[2].axhline(entry_threshold, color='red', linestyle='--', linewidth=1.2)
ax[2].axhline(-entry_threshold, color='red', linestyle='--', linewidth=1.2)
ax[2].axhline(0, color='black', linestyle='-', linewidth=1.2)
ax[2].set_xlabel('Date', fontsize=12)
ax[2].set_ylabel('Z-Score', fontsize=12)
ax[2].legend(loc='upper left', fontsize=11)
ax[2].grid(alpha=0.3)
plt.xticks(rotation=0)
plt.tight_layout()
plt.show()
```

코드 9-17은 페어 트레이딩 백테스트를 위해 롤링 회귀 분석으로 스프레드와 Z-Score를 미리 구하는 코드다. 주요 부분을 차례로 살펴보면 다음과 같다.

① 상관관계와 공적분 관계가 인정된 PEP와 MCD의 2021, 2022년 데이터를 다운로드한다. look-back window 크기로 `window_size=80`으로 정했기 때문에 롤링 과정에서 잘려나가는 부분을 고려해서 2020년 9월부터 다운로드했다. `entry_threshold=1.96`, `exit_threshold=0.0`으로 설정했다.

② 가격 데이터 `prices_A`, `prices_B`에서 매 시점마다 과거 80개를 잘라내어 X, Y에 저장하고 OLS(선형 회귀)를 실시하여 헤지 비율 베타와 스프레드를 구해 저장한다. 시각화를 위해 이 과정에서 시그널도 미리 계산해서 저장해 둔다.

③ Z-Score를 구하려면 다시 스프레드에 대해 롤링 계산을 적용해서 평균과 표준편차를 구해야 한다. 이때 window size를 다르게 할 수 있으나 롤링 회귀 분석에서 사용한 80을 그대로 사용했다.

④ 계산이 끝나면 시각화를 위해 리스트에 저장된 값들을 판다스 시리즈로 변환한다. 스프레드 spreads, 헤지 비율 hedge_ratios, Z-Score z_scores를 시각화하고 거래 시그널에 따른 진입과 청산을 표시한다.

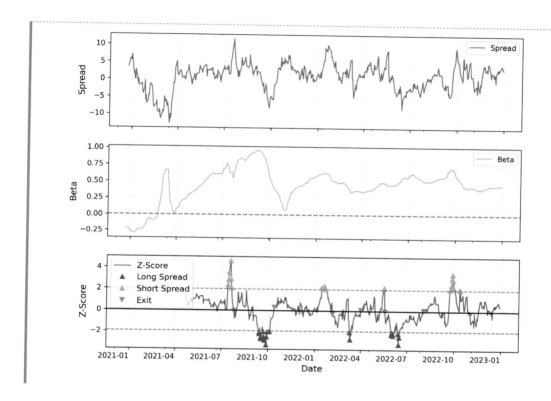

코드 9-17의 실행 결과를 살펴보면, β가 시간에 따라 변하는 것을 볼 수 있고 스프레드와 Z-Score가 평균 회귀적으로 변동하는 것을 확인할 수 있다. 진입 신호와 청산 신호도 잘 나타나 있다. 이제 이 신호에 따라 거래했을 때 어떤 결과가 나오는지 살펴보자.

코드 9-18 PEP, MCD에 대한 페어 트레이딩 백테스트 2

```
# 백테스트 파라미터
fee_rate = 0.001
stop_loss = 0.15

# 백테스트 위한 데이터프레임 만들기
data = pd.DataFrame(index=result_index)
```

```python
data['Price_A'] = prices_A[result_index]
data['Price_B'] = prices_B[result_index]
data['Hedge_Ratio'] = hedge_ratios
data['Z-Score'] = z_scores

# 매수 신호: long A, Short B
positions1 = pd.Series(np.where(data['Z-Score']<-entry_threshold, 1, 0),\
                       index=data.index)

signals1 = positions1.diff().fillna(0).values

# 매수 청산 신호: Sell A, Cover B
positions2 = pd.Series(np.where(data['Z-Score']> -exit_threshold, 1, 0),\
                       index=data.index)

signals2 = positions2.diff().fillna(0).values

# 매도 신호: Short A, Long B
positions3 = pd.Series(np.where(data['Z-Score']>entry_threshold, 1, 0),\
                       index=data.index)

signals3 = positions3.diff().fillna(0).values

# 매도 청산 신호: Cover A, Sell B
positions4 = pd.Series(np.where(data['Z-Score']<exit_threshold, 1, 0),\
                       index=data.index)

signals4 = positions4.diff().fillna(0).values

# 백테스트 루프
cash_init = 10000
cash = cash_init
asset = np.zeros(len(data))
asset[0] = cash

pos_vec = np.zeros(len(data))
zscore = z_scores.values
price_A = data.iloc[:,0].values
price_B = data.iloc[:,1].values
beta = hedge_ratios.values
pos = 0

for i in range(1, len(data)):
```

```python
    if pos == 0 and cash > 0:
        if signals1[i] == 1: # 매수: long A, short B, z_score가 올라갈 것을 기대
            pos = 1
            pos_vec[i] = 1
            entry_asset = cash
            stop_loss_asset = entry_asset*(1-stop_loss)
            entry_price_A = price_A[i]
            entry_price_B = price_B[i]
            num_A = \
            int( cash/( (entry_price_A+beta[i]*entry_price_B)*(1+fee_rate) ) )
            num_B = int(beta[i]*num_A)
            cash -= entry_price_A*num_A*(1+fee_rate) # A 매수 대금 + 수수료 지불
            cash -= entry_price_B*num_B*fee_rate # 빌린 B 매도 수수료 지불

        elif signals3[i] == 1: # 매도: short A, long B, z_score가 내려갈 것을 기대
            pos = -1
            pos_vec[i] = -1
            entry_asset = cash
            stop_loss_asset = entry_asset*(1-stop_loss)
            entry_price_A = price_A[i]
            entry_price_B = price_B[i]
            num_A = \
            int( cash/( (entry_price_A+beta[i]*entry_price_B)*(1+fee_rate) ) )
            num_B = int(beta[i]*num_A)
            cash -= entry_price_B*num_B*(1+fee_rate) # B 매수 대금 + 수수료 지불
            cash -= entry_price_A*num_A*fee_rate # 빌린 A 매도 수수료 지불

elif pos == 1:
    current_asset = cash + price_A[i]*num_A + \
    (entry_price_B - price_B[i])*num_B
    if signals2[i] == 1: # 매수 청산
        pos = 0
        cash += price_A[i]*num_A*(1-fee_rate)
        cash += (entry_price_B - price_B[i])*num_B - \
        price_B[i]*num_B*fee_rate

    elif current_asset < stop_loss_asset: # 매수 손절
        pos = 0
        cash += price_A[i]*num_A*(1-fee_rate)
```

```
                cash += (entry_price_B - price_B[i])*num_B - \
                price_B[i]*num_B*fee_rate
            else:
                pos_vec[i] = 1

    elif pos == -1:
        current_asset = cash + price_B[i]*num_B + \
        (entry_price_A - price_A[i])*num_A
        if signals4[i] == 1: #매도 청산
            pos = 0
            cash += (entry_price_A - price_A[i])*num_A - \
            price_A[i]*num_A*fee_rate
            cash += price_B[i]*num_B*(1-fee_rate)

        elif current_asset < stop_loss_asset: #매도 손절
            pos = 0
            cash += (entry_price_A - price_A[i])*num_A - \
            price_A[i]*num_A*fee_rate
            cash += price_B[i]*num_B*(1-fee_rate)

        else:
            pos_vec[i] = -1

    # asset 갱신
    if pos == 0:
        asset[i] = cash
    elif pos == 1:
        asset[i] = cash + price_A[i]*num_A + \
        (entry_price_B - price_B[i])*num_B
    elif pos == -1:
        asset[i] = cash + price_B[i]*num_B + \
        (entry_price_A - price_A[i])*num_A

# 포지션과 시그널 확정
data['Position'] = pos_vec
data['Signal'] = data['Position'].diff().fillna(0)

# 거래 시점 기록
cond1 = (data['Position']==1)&(data['Signal']==1)
```

```python
data['Long_Entry_A'] = np.where(cond1, data['Price_A'], np.nan)
data['Short_Entry_B'] = np.where(cond1, data['Price_B'], np.nan)
data['Long_Entry'] = np.where(cond1, data['Z-Score'], np.nan)

cond2 = (data['Position']==0)&(data['Signal']==-1)
data['Long_Exit_A'] = np.where(cond2, data['Price_A'], np.nan)
data['Short_Exit_B'] = np.where(cond2, data['Price_B'], np.nan)
data['Long_Exit'] = np.where(cond2, data['Z-Score'], np.nan)

cond3 = (data['Position']==-1)&(data['Signal']==-1)
data['Short_Entry_A'] = np.where(cond3, data['Price_A'], np.nan)
data['Long_Entry_B'] = np.where(cond3, data['Price_B'], np.nan)
data['Short_Entry'] = np.where(cond3, data['Z-Score'], np.nan)

cond4 = (data['Position']==0)&(data['Signal']==1)
data['Short_Exit_A'] = np.where(cond4, data['Price_A'], np.nan)
data['Long_Exit_B'] = np.where(cond4, data['Price_B'], np.nan)
data['Short_Exit'] = np.where(cond4, data['Z-Score'], np.nan)

# 누적 수익률 계산
data['Cumulative_Return'] = asset/cash_init
final_cum_return = data['Cumulative_Return'].iloc[-1] - 1
print(f'Final cumulative return of the strategy: '
      f'{100*final_cum_return:.2f}%')

# 샤프 지수 Sharpe Ratio
risk_free_rate = 0.003
strategy_daily_return = data['Cumulative_Return'].pct_change().fillna(0)
mean_return = strategy_daily_return.mean()*252
std_return = strategy_daily_return.std()*np.sqrt(252)
sharpe_ratio = (mean_return - risk_free_rate) / std_return
print(f'Sharpe Ratio: {sharpe_ratio:.2f}')

# 최대 낙폭 Maximum Drawdown
data['Cumulative_Max'] = data['Cumulative_Return'].cummax()
data['Drawdown'] = data['Cumulative_Return'] / data['Cumulative_Max'] - 1
max_drawdown = data['Drawdown'].min()
print(f'Strategy MDD: {100*max_drawdown:.2f}%')
```

코드 9-18은 코드 9-17에서 구한 스프레드와 헤지 비율을 사용해서 페어 트레이딩을 시뮬레이션한다. 주요 내용을 살펴보면 다음과 같다.

① 거래 수수료는 0.1%, 고정 손절률은 15%로 설정했다. 빠르게 백테스트를 진행하기 위해 미리 거래 신호를 4개로 분류하여 넘파이 배열로 저장한다. 지금까지 사용한 전형적인 방법인 positions를 구하고 diff( )를 적용해서 signals를 구하는 방법을 적용했다. 예를 들어 positons1은 Z-Score가 문턱값보다 낮을 때 1을 갖고 signals1은 처음으로 문턱값보다 낮아지는 시점에 1을 갖는다.

② 초기 현금 10,000달러로 거래를 시작하며 7장에서 사용한 양방향 매매 Event-Driven 백테스트 방법을 그대로 적용하여 신호에 따라 롱, 숏 거래를 처리한다.

③ 백테스트 for loop가 끝나면 확정된 포지션과 시그널 칼럼을 데이터프레임에 생성하고, 시각화를 위해 각 주식의 진입과 청산 시점을 생성하여 저장한다.

④ 누적 수익률, 샤프 지수, 최대 낙폭을 계산하고 출력한다. 모든 백테스트 정보는 데이터프레임 data에 저장된다.

코드 9-18을 실행하면 최종 수익률은 8.90%로 2년간 거래 결과로 높다고 할 수 없다. 하지만 샤프 지수가 0.93, MDD가 -2.56%로 위험이 상당히 제한되어 있는 것을 확인할 수 있다. 백테스트 결과를 시각화하려면 별도로 다음과 같은 코드를 작성해야 한다.

코드 9-19 PEP, MCD에 대한 페어 트레이딩 백테스트 2의 결과 시각화

```
spy = yf.download('SPY', start='2021-01-01', end='2023-01-01')
benchmark = spy['Close']/spy['Close'].iloc[0]

fig, ax = plt.subplots(4,1,figsize=(12, 12),sharex=True,height_ratios=(1,1,1,2))
plt.suptitle(f'Pairs Trading Strategy Trades for {ticker_A, ticker_B}',\
             fontsize=18)

data['Price_A'].loc['2021-01-01':].plot(ax=ax[0], label='Price A')
data['Long_Entry_A'].loc['2021-01-01':].plot(ax=ax[0], label='Long Entry A',
marker='^', color='b', markersize=7)
data['Long_Exit_A'].loc['2021-01-01':].plot(ax=ax[0], label='Long Exit A',
marker='v', color='r', markersize=7)
```

```
data['Short_Entry_A'].loc['2021-01-01':].plot(ax=ax[0], label='Short Entry A',
marker='^', color='cyan', markersize=7)
data['Short_Exit_A'].loc['2021-01-01':].plot(ax=ax[0], label='Short Exit A',
marker='v', color='purple', markersize=7)

ax[0].set_ylabel('Price A', fontsize=12)
ax[0].legend(loc='upper left', fontsize=11)
ax[0].grid(alpha=0.3)

data['Price_B'].loc['2021-01-01':].plot(ax=ax[1], color='orange', label='Price B')
data['Long_Entry_B'].loc['2021-01-01':].plot(ax=ax[1], label='Long Entry B',
marker='^', color='b', markersize=7)
data['Long_Exit_B'].loc['2021-01-01':].plot(ax=ax[1], label='Long Exit B',
marker='v', color='r', markersize=7)
data['Short_Entry_B'].loc['2021-01-01':].plot(ax=ax[1], label='Short Entry B',
marker='^', color='cyan', markersize=7)
data['Short_Exit_B'].loc['2021-01-01':].plot(ax=ax[1], label='Short Exit B',
marker='v', color='purple', markersize=7)

ax[1].set_ylabel('Price B', fontsize=12)
ax[1].legend(loc='upper left', fontsize=11)
ax[1].grid(alpha=0.3)

data['Z-Score'].loc['2021-01-01':].plot(ax=ax[2], label='Z-Score')
data['Long_Entry'].loc['2021-01-01':].plot(ax=ax[2], label='Long Spread',
marker='^', color='b', markersize=7)
data['Long_Exit'].loc['2021-01-01':].plot(ax=ax[2], label='Long Exit', marker='v',
color='r', markersize=7)
data['Short_Entry'].loc['2021-01-01':].plot(ax=ax[2], label='Short Spread',
marker='^', color='cyan', markersize=7)
data['Short_Exit'].loc['2021-01-01':].plot(ax=ax[2], label='Short Exit',
marker='v', color='purple', markersize=7)

ax[2].set_ylabel('Z-Score', fontsize=12)
ax[2].legend(loc='upper left', fontsize=10)
ax[2].grid(alpha=0.3)

data['Cumulative_Return'].loc['2021-01-01':].plot(ax=ax[3], color='g',
label='Strategy Return')
```

```
benchmark.plot(ax=ax[3], color='k', label='Benchmark', alpha=0.7)

ax[3].set_xlabel('Date', fontsize=12)
ax[3].set_ylabel('Cumulative Return', fontsize=12)
ax[3].legend(loc='upper left', fontsize=11)
ax[3].grid(alpha=0.3)

plt.xticks(rotation=0)
plt.tight_layout()
plt.show()
```

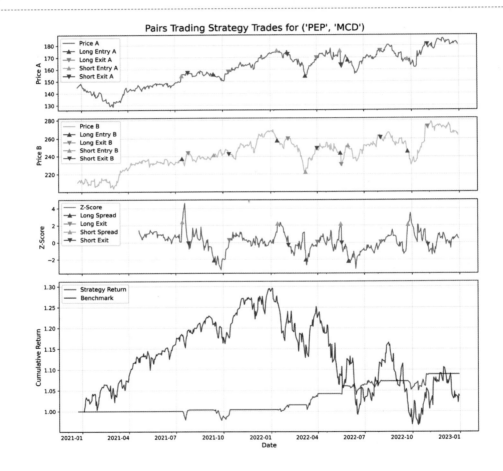

백테스트를 시각화한 결과를 보면 스프레드 Z-Score에서의 포지션 진입과 청산뿐 아니라, 개별 주식의 주가 그래프에도 진입과 청산이 표시되어 있어 어떤 거래가 이루어졌는지 자세히 파악할 수 있다.

누적 수익률의 벤치마크로는 S&P 500 지수 추종 ETF인 SPY의 Buy&Hold 누적 수익률을 같이 시각화했다. 벤치마크의 누적 수익률은 코로나 펜데믹 초기 폭락을 벗어나고 2021년 큰 상승을 보이다가 2022년 크게 하락했다. 하지만 전략의 누적 수익률은 상승폭은 작지만 시장 중립적 성격을 보이며 꾸준히 상승하여 시장을 능가한 것을 볼 수 있다.

포트폴리오 이론

지금까지는 개별 주식 또는 쌍을 이루는 두 개의 주식에 투자해 수익을 극대화하면서 위험을 줄이는 전략에 대해 알아보았다. 이러한 투자 전략에서는 타이밍이 절대적으로 중요하다. 선택한 주식에 대해 언제 사고 언제 파는 것이 좋은지 판단하기 위해, 추세 추종 전략과 평균 회귀 전략에서는 각종 지표와 변수를 통해 시그널을 생성했다.

반면, 이와는 다른 접근법으로 여러 종목에 분산 투자하는 방법이 있다. 널리 알려진 바와 같이 여러 주식으로 포트폴리오를 구성하는 것이다. 이 경우에는 타이밍보다는 어떤 주식을 선정해서 포트폴리오에 담을 것인지가 더 중요하다.

포트폴리오를 구성하는 이유는 위험을 낮추기 위한 것이다. 금융에서 **위험 자산**risky asset이란 수익률이 고정되어 있지 않고 변하는 자산을 뜻한다. 주식이나 채권이 대표적이다. 이에 반해 무위험 자산 risk-free asset은 수익률이 고정되어 있는 자산으로 현금이 대표적이다. 수익률이 이자율로 고정되어 있기 때문이다.

투자에서 위험이란 투자 대상이 된 자산의 수익률이 변동하는 것이다. 보통 수익률의 표준편차로 정량화한다. 해리 마코위츠Harry Markowitz는 1952년 「Portfolio Selection」이라는 논문에서 여러 자산에 대한 분산 투자diversification로 위험을 줄일 수 있다는 수학 이론을 처음으로 제시했다. 그의 이론을 현대 포트폴리오 이론modern portfolio theory이라고 부르며, 이 공로로 그는 1990년 노벨 경제학상을 수상했다.

이번 장에서는 금융 자산의 위험 개념에 대해 알아보고, 현대 포트폴리오 이론의 핵심 내용을 살펴본다. 앞에서도 언급했듯이, 아주 큰 자금을 운용하는 경우에는 위험 관리가 중요하기 때문에 개별 주식 투자보다는 포트폴리오를 구성해 투자하는 방식을 주로 선택하게 된다. 이번 장의 내용은 실제 포트폴리오 투자 전략을 수립하기 위한 것이라기보다는, 금융에서의 위험을 이해하고 다양한 포트폴리오 투자 전략을 이해하는 데 필요한 기본 이론으로 보면 되겠다.

10.1 위험의 종류

미국 주식에 투자해본 사람이라면 기업의 실적 발표가 얼마나 중요한지 경험해 보았을 것이다. 실적 발표일이 되면 촉각을 곤두세우고 발표를 기다린다. 발표된 실적에 따라 주가가 크게 변동하는 경우가 많기 때문이다. 특히 인공지능 관련 분야에서 최근 가장 주목받는 종목으로 GPU 생산 업체인 엔비디아NVDA의 실적 발표는 전 세계가 긴장하며 주목할 정도로 큰 영향력을 가진다.

개별 기업의 주가는 경영 실적, 기술 개발 등 해당 기업과 관련된 고유한 요인에 의해 상승하거나 하락하기도 한다. 이와 같이 자산의 수익률에 영향을 미치는 자산 자체의 고유한 요인을 비체계적 위험unsystematic risk이라고 한다.

어떤 기업의 실적이 매우 좋다 하더라도 전체적인 시장 상황이 좋지 않으면 주가가 상대적으로 잘 오르지 못하는 경우가 많고, 그 반대로 실적이 좋지 못해도 시장 전체가 활황이면 동반 상승하는 경우도 흔하다. 예를 들어, 금리가 급등하거나 경기 침체가 발생하거나 전쟁이 일어나거나 최근 전 세계가 겪은 코로나 팬데믹 같은 상황이 이에 해당한다. 이처럼 시장에 속한 모든 자산의 수익률에 영향을 미치는 요소를 체계적 위험systematic risk이라고 한다.

체계적 위험의 측정: 베타 계수

어떤 개별 주식의 수익률을 R, 시장 전체의 수익률을 R_m이라고 하자. 이들의 수익률은 시간에 따라 변하기 때문에 이론적으로 R과 R_m은 확률 변수다. R_m이 변할 때 어떤 주식의 R도 민감하게 변하면 체계적 위험이 크다고 볼 수 있고 그렇지 않으면 체계적 위험이 작다고 할 수 있다.

통계학에서는 두 확률 변수 간의 상관관계를 나타내는 공분산 개념이 존재한다. 공분산을 이용하면 주식의 체계적 위험을 수치로 나타내는 지표인 베타 계수를 다음과 같이 정의할 수 있다.

$$\beta = \frac{\mathrm{Cov}[R, R_m]}{\sigma_m^2}$$

여기서 $\sigma_m = \sqrt{\mathrm{Var}[R_m]}$ 이다.

- $\beta = 1$이면 시장과 동일한 변동성을 가짐을 의미한다. 예를 들어, S&P 500 지수가 어느 기간 동안 20% 상승했고, 주식 A의 베타 계수가 1이라면 그 주식의 가격도 20% 상승한다는 뜻이다.

- $\beta < 1$이면 시장보다 작은 변동성을 가지며, 베타 계수가 0에 가까울 수록 체계적 위험이 낮은 자산이 된다. 예를 들어, 경기침체가 와도 영향을 덜 받는 필수 소비재, 헬스케어 등과 관련된 경기 방어주가 대체로 여기에 속한다.

- $\beta > 1$이면 시장보다 더 큰 변동성을 가지며, 베타 계수가 클수록 체계적 위험이 높은 자산이 된다. 예를 들어, S&P 500 지수가 어느 기간 동안 20% 상승했고 주식 B의 베타 계수가 1.5라면 그 주식의 가격은 30% 상승한다는 뜻이다.

★★★
★참고★ 베타 계수의 정의와 선형 회귀

어떤 확률 변수 X, Y의 평균과 분산이 다음과 같다고 하자.

$$\mu_X = E[X], \quad \mu_Y = E[Y], \quad \sigma_X^2 = Var[X], \quad \sigma_Y^2 = Var[Y]$$

이때, 두 확률 변수 X, Y 사이에 $Y = bX + a$의 관계가 성립한다면, $E[Y] = bE[X] + a$, $Var[Y] = b^2 Var[X]$로부터 다음 식이 성립한다.

$$\mu_Y = b\mu_X + a, \quad \sigma_Y^2 = b^2 \sigma_X^2$$

이를 이용하여 두 확률 변수 X, Y의 공분산을 나타내면 다음과 같다.

$$\mathbf{Cov}[X, Y] = E[XY] - \mu_X \mu_Y = E[bX^2 + aX] - \mu_X \mu_Y$$
$$= b(\sigma_X^2 + \mu_X^2) - a\mu_X - \mu_X(b\mu_X + a) = b\sigma_X^2$$

앞선 식의 결과를 변형하면 다음과 같이 계수를 얻을 수 있다.

$$\frac{\mathbf{Cov}[X, Y]}{\sigma_X^2} = b$$

이는 주식과 시장의 과거 수익률 데이터를 가지고 선형 회귀 분석을 통해 다음과 같은 회귀식을 얻으면 베타 계수를 구할 수 있음을 의미한다.

$$R = \beta R_m + \alpha + \varepsilon$$

베타 계수에 대한 정의식을 사용해서 S&P 500에 속하는 몇 개의 주식에 대해 과거 데이터를 사용해서 베타 계수를 추정하는 계산을 수행해 보자.

```python
import pandas as pd
import numpy as np
import statsmodels.api as sm
import yfinance as yf
import matplotlib.pyplot as plt

stock_tickers = ['AAPL', 'TSLA', 'KO', 'JNJ']
market_ticker = ['SPY']
tickers = stock_tickers + market_ticker

stocks = yf.download(tickers, '2019-01-01', '2021-01-01')['Adj Close']
returns = stocks.pct_change().dropna()
covariance = returns.cov()

print('=== Beta of Stocks ===')
for ticker in stock_tickers:
    beta = covariance.loc[ticker,'SPY']/returns['SPY'].var()
    print(f'{ticker}: {beta:.4f}')
```

코드 10-1은 4개의 주식과 S&P 500 지수를 추종하는 ETF인 SPY의 주가를 다운로드하고 수익률을 계산한 후, 베타 계수의 정의식을 사용하여 각 주식의 베타 계수를 계산하고 출력한다. 판다스 데이터프레임의 경우 간단하게 .cov( )로 공분산 매트릭스를 데이터프레임으로 생성할 수 있고, .var( )로 분산도 계산할 수 있다.

```
=== Beta of Stocks ===
AAPL: 1.2058
TSLA: 1.2813
KO: 0.7878
JNJ: 0.6731
```

코드 10-1의 실행 결과를 보면 테슬라TSLA가 시장 변동에 가장 민감하게 반응하고 제약회사인 존슨앤존슨JNJ이 가장 둔감한 것을 볼 수 있다.

이번에는 선형 회귀를 통해서 베타 계수를 추정하는 계산을 구현해 보자.

코드 10-2 선형 회귀를 이용한 베타 계수 계산

```
X = returns['SPY']
X_const = sm.add_constant(X)
print('=== Beta of Stocks ===')
for ticker in stock_tickers:
    Y = returns[ticker]
    model = sm.OLS(Y, X_const).fit()
    beta = model.params['SPY']
    print(f'{ticker}: {beta:.4f}')
```

코드 10-2에서는 앞에서도 사용한 적 있는 statsmodels 모듈이 제공하는 선형 회귀 메서드 OLS를 이용해 베타 계수를 계산한다. 결과는 코드 10-1의 실행 결과와 동일하다. 지금까지 예에서는 2019년 과 2020년, 2년간의 데이터로 베타 계수를 추정했다.

그림 10-1은 2021, 2022년 2년간 주식의 수익률 그래프다. S&P 500 추종 ETF인 SPY가 2021년 30% 가량 상승하고 2022년에는 전년도 상승분을 거의 다 반납하며 하락했다. 베타 계수가 가장 컸던 TSLA는 상승기와 하락기에 시장보다 훨씬 큰 변동성을 보임을 알 수 있다. 반면 베타 계수가 가장 작 은 JNJ는 변동성이 매우 작고 2022년 하락기에도 플러스 수익을 기록했음을 볼 수 있다.

그림 10-1 주식 누적 수익률 그래프

앞으로 살펴볼 포트폴리오 이론에 의하면 비체계적 위험은 감소시키거나 제거할 수 있지만, 체계적 위험은 감소시킬 수 없다.

- **비체계적 위험:** 주식의 수익률에 영향을 미치는 주식 자체와 관련된 고유의 요소. 분산 투자에 의해 제거 가능. 예) 기업 실적, 기술 혁신
- **체계적 위험:** 시장에 속한 모든 주식의 수익률에 영향을 미치는 요소. 분산 투자에 의해 제거 불가능. 예) 금리 변동, 경기 침체, 전쟁 발발

10.2 분산 투자에 의한 위험 감소 효과

주식은 수익률이 시간에 따라 변하기 때문에 위험 자산으로 분류된다. 일반적으로 수익률의 변동성이 큰 주식은 더 큰 위험을 수반한다고 할 수 있다. 앞 절에서 몇 개 주식의 실제 데이터 분석을 통해 베타 계수에 따라 주식 수익률의 변동성에 차이가 있음을 확인했다.

수익률의 변동성을 수치화한 것이 분산(또는 표준편차)이므로, 주식 수익률의 분산을 주식의 위험 지표로 사용할 수 있다. 이때 포트폴리오를 구성함으로써 위험을 줄일 수 있다는 것은 포트폴리오 수익률의 분산이 포트폴리오를 구성하는 개별 주식들 수익률의 분산보다 작아지는 것을 의미한다.

★★★ 참고 ★ 분산 투자의 위험 감소: 수학적 고찰

확률 변수 X_1, X_2의 평균이 μ_1, μ_2이고 표준편차가 σ_1, σ_2라고 하자. 이때 분산과 공분산은 다음 식이 성립한다.

$$\sigma_i^2 = Var[X_i] = E\left[(X_i - \mu_i)^2\right] = E\left[X_i^2\right] - \mu_i^2, \quad (i = 1, 2)$$

$$\mathrm{Cov}[X_1, X_2] = E\left[(X_1 - \mu_1)(X_2 - \mu_2)\right] = E[X_1 X_2] - \mu_1 \mu_2 = \rho \sigma_1 \sigma_2$$

여기서 $0 \le w_i \le 1$, $w_1 + w_2 = 1$이고, ρ는 상관계수로서 -1에서 1 사이의 값이다. 이제 새로운 확률 변수 $Y = w_1 X_1 + w_2 X_2$의 평균과 분산을 구하면 다음과 같다.

$$\mu_Y = E[Y] = w_1\mu_1 + w_2\mu_2$$

$$\sigma_Y^2 = Var[Y] = E\left[Y^2\right] - \mu_Y^2 = w_1^2\sigma_1^2 + w_2^2\sigma_2^2 + 2w_1w_2\rho\sigma_1\sigma_2$$

$$= \begin{bmatrix} w_1 & w_2 \end{bmatrix} \begin{bmatrix} \sigma_1^2 & \rho\sigma_1\sigma_2 \\ \rho\sigma_1\sigma_2 & \sigma_2^2 \end{bmatrix} \begin{bmatrix} w_1 \\ w_2 \end{bmatrix}$$

$\sigma_Y < min(\sigma_1, \sigma_2)$임을 수학적으로 증명하기란 다소 복잡하므로, 특수한 경우로 $\sigma_1 = \sigma_2 = \sigma$인 경우를 생각해 보자.

$$\sigma_Y^2 - \sigma^2 = \left(w_1^2 + w_2^2 + 2w_1w_2\rho\right)\sigma^2 - \sigma^2$$

위 식에 $w_2 = 1 - w_1$을 대입하고 정리하면 다음과 같다.

$$\sigma_Y^2 - \sigma^2 = 2(1-\rho)w_1\left(w_1 - 1\right)\sigma^2 \leq 0$$

$$\therefore \quad \sigma_Y^2 \leq \sigma^2$$

이 부등식이 성립하는 이유는 우변에서 $w_1 - 1 \leq 0$이고 다른 항들은 모두 음이 될 수 없기 때문이다. 따라서 $-1 < \rho < 1$이면 $0 < w_i < 1$, $w_1 + w_2 = 1$인 적당한 w_1, w_2를 정할 때 Y의 분산이 σ^2보다 작아지는 것을 의미한다. 여기서는 간단히 특수한 경우로 증명했지만 일정한 조건하에서 일반적으로 성립한다. X_1, X_2가 두 주식의 수익률이라면 Y는 투자금을 각 주식에 $w_1 : w_2$의 비율로 투자한 포트폴리오의 수익률이 되고, 포트폴리오의 변동성은 개별 주식의 변동성보다 작아진다. 즉, 포트폴리오를 구성함으로써 위험을 감소시킬 수 있다.

포트폴리오 구성으로 위험을 줄일 수 있는지 실제 데이터를 가지고 확인해 보자. 애플AAPL과 이와는 음의 상관관계를 가질 것으로 추정되는 S&P 500 지수 1배수 인버스 ETF인 SH, 2개로 포트폴리오를 구성한다. 먼저 각 주식의 일간 수익률의 평균과 표준편차를 구하고, 일간 수익률의 공분산 행렬을 구해 보자.

코드 10-3 AAPL과 SH에 대한 일간 수익률의 평균과 표준편차, 공분산 행렬

```
stocks = yf.download(['AAPL', 'SH'], '2022-01-01', '2024-01-01')['Adj Close']
returns = stocks.pct_change().dropna()
stock_ret = returns.mean()
stock_vol = returns.std()

print(f'AAPL의 일간 기대 수익률: {100*stock_ret['AAPL']:.3f}%')
```

```
print(f'AAPL의 일간 위험: {stock_vol['AAPL']:.4f}')
print(f'SH의 일간 기대 수익률: {100*stock_ret['SH']:.3f}%')
print(f'SH의 일간 위험: {stock_vol['SH']:.4f}\n')

cov_matrix = returns.cov()
print('Covariance Matrix')
print(cov_matrix)
```

```
AAPL의 일간 기대 수익률: 0.030%
AAPL의 일간 위험: 0.0183
SH의 일간 기대 수익률: 0.010%
SH의 일간 위험: 0.0123

Covariance Matrix
Ticker         AAPL        SH
Ticker
AAPL      0.000335 -0.000190
SH       -0.000190  0.000151
```

최근 2년간 데이터를 대상으로, AAPL의 일간 기대 수익률은 0.03%, 일간 위험(일간 수익률의 표준편차)은 0.0183이고, SH는 각각 0.01%, 0.0123이다. 이때 적정한 비율로 두 자산에 나누어 투자하는 포트폴리오를 구성하여 포트폴리오의 일간 위험이 0.0123보다 작아지는지 살펴보면 된다.

다양한 가중치(투자 비율)를 적용하고 각각의 경우에 포트폴리오의 일간 수익률 평균과 표준편차를 구해서 비교해 보자.

코드 10-4 AAPL과 SH로 구성된 포트폴리오의 일간 수익률 평균과 표준편차 계산

```
num_portfolio = 5000
weight = np.zeros((num_portfolio,2)) # w1, w2
portfolio_ret = np.zeros(num_portfolio) # mu_Y
portfolio_vol = np.zeros(num_portfolio) # sigma_Y

for k in range(num_portfolio):
    w = np.random.random(2)
    w = w/np.sum(w)
    weight[k,:] = w
    portfolio_ret[k] = np.sum(w*stock_ret)
```

```
    portfolio_vol[k] = np.sqrt( np.dot(w, np.dot(cov_matrix,w)) )

min_idx = portfolio_vol.argmin()
print(f'포트폴리오 일간 최소 위험: {portfolio_vol[min_idx]:.4f}')
print(f'최소 위험 가중치: {weight[min_idx,:]}')
```

코드 10-4는 5,000개의 무작위 가중치 w_1, w_2를 생성하고 각 가중치로 포트폴리오를 구성할 때의 일간 수익률 평균과 표준편차를 계산한다. 최종적으로 그 중에서 표준편차의 최솟값과 그에 대응하는 가중치를 출력한다.

```
포트폴리오 일간 최소 위험: 0.0041
최소 위험 가중치: [0.39338941 0.60661059]
```

코드 10-4의 실행 결과를 보면 AAPL에 약 40%, SH에 60%를 투자하면 위험이 0.0041로 개별 주식의 위험 0.0183, 0.0123보다 훨씬 줄어드는 것을 알 수 있다. 물론 기대 수익률은 개별 주식의 기대 수익률보다 줄어들 수 있다. 포트폴리오의 일간 수익률 평균과 표준편차의 관계는 그래프로 나타내면 한눈에 확인할 수 있다.

코드 10-5 AAPL과 SH로 구성된 포트폴리오의 일간 수익률 평균과 표준편차 그래프 출력

```
fig, ax = plt.subplots(figsize=(10,5))
ax.scatter(portfolio_vol, portfolio_ret, s=3)

ax.scatter(portfolio_vol[min_idx], portfolio_ret[min_idx], c='r', s=40)
ax.scatter(stock_vol['AAPL'], stock_ret['AAPL'], c='k', s=40)
ax.scatter(stock_vol['SH'], stock_ret['SH'], c='k', s=40)

ax.text(portfolio_vol[min_idx]+0.0003, portfolio_ret[min_idx]-0.000004, \
        'Min Vol Portfolio', fontsize=12)
ax.text(stock_vol['AAPL']-0.0002, stock_ret['AAPL']-0.00002, \
        'AAPL', fontsize=12)
ax.text(stock_vol['SH']-0.0002, stock_ret['SH']+0.00001, \
        'SH', fontsize=12)
```

```
ax.set_title('Portfolio Expected Return vs Expected Volatility', fontsize=18)
ax.set_xlabel('Expected Volatilatiy', fontsize=13)
ax.set_ylabel('Expected Return', fontsize=13)
ax.grid(alpha=0.3)
plt.show()
```

코드 10-5는 코드 10-4에서 생성한 5,000개 포트폴리오에 대해 일간 수익률 표준편차를 수평축으로 하고, 일간 수익률 평균을 수직축으로 하여 ax.scatter로 산점도를 출력한다. 또한 개별 종목인 AAPL과 SH의 일간 수익률 표준편차와 평균을 표시하고, 최소 분산 포트폴리오가 어디에 위치하는지도 ax.text를 사용하여 표시한다.

이 코드를 실행한 결과로 다음과 같은 그래프가 출력된다. 포트폴리오 이론에서 흔히 볼 수 있는 전형적인 곡선이다.

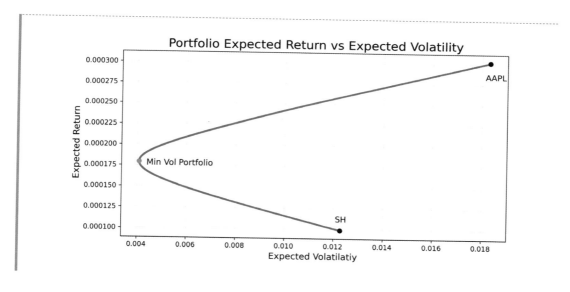

최소 분산 포트폴리오를 확인해 보면 위험이 0.0041로 낮아지면서도 기대 수익률은 약 0.018%를 달성하는 것을 볼 수 있다.

10.3 현대 포트폴리오 이론

앞에서는 간단하게 2개의 주식에 분산 투자할 때 위험이 낮아지는 것을 살펴보았다. 이제 일반적으로 여러 개의 주식에 분산 투자함으로써 어떻게 포트폴리오의 위험을 최소화하고 효율적인 포트폴리오를 결정할 수 있는지, 현대 포트폴리오 이론의 핵심 내용을 알아보자.

10.3.1 효율적 투자선

앞 절에서는 간단하게 두 개 종목으로 포트폴리오를 구성했지만, 이제 더 많은 여러 개의 종목으로 구성되는 포트폴리오를 고려해 보자. n개의 종목으로 구성된 포트폴리오의 수익률은 다음과 같다.

$$R_p = w_1 R_1 + w_2 R_2 + \cdots + w_n R_n$$

$$0 \le w_i \le 1 \quad (i = 1, 2, \cdots, n)$$

$$w_1 + w_2 + \cdots + w_n = 1$$

w_i는 i째 종목의 가중치(투자 비율), R_i는 i째 종목의 수익률이다. R_p의 평균과 분산을 구하면 다음과 같다.

$$\mu_p = E[R_p] = w_1 \mu_1 + w_2 \mu_2 + \cdots + w_n \mu_n = \mathbf{w}^T \boldsymbol{\mu}$$

$$\mathbf{w} = \begin{bmatrix} w_1 \\ \vdots \\ w_n \end{bmatrix}, \quad \boldsymbol{\mu} = \begin{bmatrix} \mu_1 \\ \vdots \\ \mu_n \end{bmatrix}$$

$$\sigma_p^2 = \mathrm{Var}[R_p] = \mathbf{w}^T \Sigma \, \mathbf{w}$$

$$\Sigma = \begin{bmatrix} \sigma_1^2 & \rho_{12}\sigma_1\sigma_2 & \cdots & \rho_{1n}\sigma_1\sigma_n \\ \rho_{21}\sigma_2\sigma_1 & \sigma_2^2 & \cdots & \rho_{2n}\sigma_2\sigma_n \\ \vdots & \vdots & \vdots & \vdots \\ \rho_{n1}\sigma_n\sigma_1 & \rho_{n2}\sigma_n\sigma_2 & \cdots & \sigma_n^2 \end{bmatrix}$$

여기서 Σ는 포트폴리오를 구성하는 자산 간의 공분산 행렬이다. 앞 절에서와 같이 다양한 가중치에 대해 포트폴리오의 수익률 평균과 표준편차를 구해서 그래프로 그리면, 분산 투자에 의해 어떻게 기대 수익률과 위험이 변하는지 한눈에 볼 수 있다.

주식 수가 늘어나면 선이 아니라 일정한 영역을 차지하는 면의 형태가 된다. 여기서는 6개 종목으로 포트폴리오를 구성하고 그래프를 그려보도록 하자. 종목은 다양한 업종에서 대표하는 주식을 임의로 선정했다.

코드 10-6 6개 종목으로 구성된 포트폴리오의 일간 수익률 평균과 표준편차 계산

```python
tickers = ['AAPL','GE','TSLA','F','CVX','AMZN']
stocks = yf.download(tickers, '2020-01-01', '2021-07-01')['Adj Close']
returns = stocks.pct_change().dropna()
stock_ret = returns.mean()
stock_vol = returns.std()
cov_matrix = returns.cov()


num_portfolio = 100000
weight = np.zeros((num_portfolio,6))
portfolio_ret = np.zeros(num_portfolio)
portfolio_vol = np.zeros(num_portfolio)
sharpe_ratio = np.zeros(num_portfolio)


for k in range(num_portfolio):
    w = np.random.random(6)
    w = w/np.sum(w)
    weight[k,:] = w
    portfolio_ret[k] = np.sum(w*stock_ret)
    portfolio_vol[k] = np.sqrt( np.dot(w.T, np.dot(cov_matrix,w)) )
    sharpe_ratio[k] = portfolio_ret[k]/portfolio_vol[k]

min_idx = portfolio_vol.argmin()
max_idx = sharpe_ratio.argmax()

print('=== 최소 분산 포트폴리오 ===')
print(f'일간 수익률 변동성: {portfolio_vol[min_idx]:.4f}, 일간 수익률 기댓값: '\
      f'{portfolio_ret[min_idx]:.4f}')
print(f'가중치: {weight[min_idx,:]}')
print('=== 최대 샤프 지수 포트폴리오 ===')
print(f'일간 수익률 변동성: {portfolio_vol[max_idx]:.4f}, 일간 수익률 기댓값: '\
      f'{portfolio_ret[max_idx]:.4f}')
```

```
print(f'가중치: {weight[max_idx,:]}')
```

```
=== 최소 분산 포트폴리오 ===
일간 수익률 변동성: 0.0190, 일간 수익률 기댓값: 0.0015
가중치: [0.00864734 0.60171503 0.09120695 0.12030117 0.17474328 0.00338624]
=== 최대 샤프 지수 포트폴리오 ===
일간 수익률 변동성: 0.0327, 일간 수익률 기댓값: 0.0044
가중치: [0.02058844 0.338702   0.0074566  0.10355683 0.00409436 0.52560176]
```

코드 10-6에서는 6개 종목의 주가 데이터를 다운로드하고 일간 수익률을 계산한다. 개별 주식의 수익률 평균 stock_ret와 표준편차 stock_vol을 구하고, 개별 주식 수익률 간의 공분산 행렬 cov_matrix를 구한다.

10만 개의 무작위 가중치를 생성하여 10만 개의 가능한 포트폴리오를 생성하고, 각각 기대 수익률 portfolio_ret와 수익률의 표준편차 portfolio_vol, 샤프 지수 sharpe_ratio를 구한다. 10만 개의 포트폴리오 중에서 변동성이 최소인 것과 샤프 지수가 최대인 것을 출력한다. 이제 10만 개의 포트폴리오 수익률과 변동성 그래프를 출력해 보자.

코드 10-7 6개 종목으로 구성된 포트폴리오의 일간 수익률 평균과 표준편차 그래프 출력

```
fig, ax = plt.subplots(figsize=(10,5))
ax.scatter(portfolio_vol, portfolio_ret, s=3, c=sharpe_ratio)

ax.scatter(portfolio_vol[min_idx], portfolio_ret[min_idx], c='r', s=40)
ax.scatter(portfolio_vol[max_idx], portfolio_ret[max_idx], c='brown', s=40)
ax.text(portfolio_vol[min_idx]+0.0006, portfolio_ret[min_idx]-0.000004, \
        'Min Vol Portfolio', fontsize=12)
ax.text(portfolio_vol[max_idx]-0.0003, portfolio_ret[max_idx]+0.0002, \
        'Max SR Portfolio', fontsize=12)

ax.set_title('Portfolio Expected Return vs Expected Volatility', fontsize=18)
ax.set_xlabel('Expected Volatilatiy', fontsize=13)
ax.set_ylabel('Expected Return', fontsize=13)
ax.set_xlim(0.0, 0.06)
ax.set_ylim(0.0, 0.007)
ax.grid(alpha=0.3)
plt.show()
```

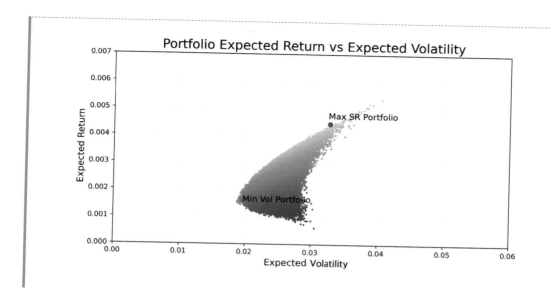

코드 10-7의 출력 그래프를 보면 가능한 포트폴리오가 선이 아니고 영역을 차지하는 것을 볼 수 있다. 그렇다면 이렇게 수많은 포트폴리오 중에서 어떤 포트폴리오를 선택해야 할까? 현대 포트폴리오 이론에서는 모든 투자자는 위험이 동일할 때는 기대 수익률이 가장 높은 포트폴리오를 선택하는 합리적 투자자라고 가정한다.

예를 들어, 포트폴리오 표준편차가 0.03인 포트폴리오를 보면 그러한 포트폴리오 중에서 기대 수익률이 가장 높은, 즉 그래프에 표시된 영역에서 맨 위쪽 경계면에 있는 포트폴리오를 선택할 것이다. 이렇게 각 위험 수준에서 최대의 기대 수익률을 갖는 포트폴리오를 표시하면 가장 효율적인 포트폴리오들의 선이 얻어지는데, 이를 효율적 투자선efficient frontier이라고 한다.

효율적 투자선 위에 위치하는 포트폴리오 중에서 선택한다면, 효율적 투자선은 어떻게 구할 수 있을까? 우선 투자자가 원하는 포트폴리오의 기대 수익률 μ_p를 정했다고 하자. 이 기대 수익률을 갖는 많은 포트폴리오 중에서 표준편차가 최소인 포트폴리오를 구하면 그것이 효율적인 포트폴리오가 될 것이다.

이런 방식으로 μ_p 값을 바꿔가면서 그에 대응하는 효율적 포트폴리오를 구하면 효율적 투자선을 구할 수 있다. 이는 수학적으로 다음과 같은 최적화 문제가 된다.

$$목적\ 함수:\ \mathbf{w}^T \Sigma\ \mathbf{w}$$

$$제약\ 조건\ 1:\ 0 \le w_i \le 1 \quad (i = 1, 2, \cdots, n)$$

$$제약\ 조건\ 2:\ w_1 + w_2 + \cdots + w_n - 1 = 0$$

$$제약\ 조건\ 3:\ \mathbf{w}^T \boldsymbol{\mu} - \mu_p = 0$$

목적함수를 최소화하는 $\mathbf{w}$ 를 찾아라.

계산이 복잡해 보이지만 걱정할 필요 없다. `scipy.optimize` 모듈을 사용하면 어렵지 않게 구현할 수 있다. 코드 10-8은 앞에서 선택한 6개 종목으로 포트폴리오를 구성할 때 효율적 투자선을 구하는 코드다.

코드 10-8 6개 종목으로 구성된 포트폴리오의 효율적 투자선 계산

```python
from scipy.optimize import minimize

# 기대 수익률 범위
rets = np.linspace(np.min(portfolio_ret), np.max(portfolio_ret), 100)
opt_vol = []

# 목적 함수 Objective function
def PF_Vol(w):
    V = np.sqrt(np.dot(w.T, np.dot(cov_matrix,w)))
    return V

# 가중치 초깃값
w0 = [1/6, 1/6, 1/6, 1/6, 1/6, 1/6]

# 최적화 실행
for ret in rets:
    # 제약 조건 Constraints
    bounds = ((0,1),(0,1),(0,1),(0,1),(0,1),(0,1))
    constraints = ({'type':'eq','fun':lambda x:np.sum(x)-1}, \
                   {'type':'eq','fun':lambda x:np.sum(stock_ret*x)-ret})
    # 최적화
    opt = minimize(PF_Vol, w0, method='SLSQP', bounds=bounds, \
```

```
                    constraints=constraints)
    opt_vol.append(opt['fun'])
```

코드 10-8의 주요 부분을 차례로 살펴보자.

① 우선 목적 함수를 최소화할 때 사용할 모듈 minimize를 scipy.optimize로부터 가져온다.

② 포트폴리오 기대 수익률의 범위를 정해서 rets에 저장하고, 포트폴리오 수익률의 표준편차를 목적 함수 PF_Vol로 정의한다.

③ 초기 가중치를 균일하게 정하고 minimize의 사용법에 따라 제약 조건을 정의하며 각각의 포트폴리오 기대 수익률에 대한 최소 표준편차를 opt_vol에 저장한다.

이렇게 구한 opt_vol과 rets의 산점도를 그리면 효율적 투자선을 시각화할 수 있다.

코드 10-9 6개 종목으로 구성된 포트폴리오의 효율적 투자선 시각화

```
fig, ax = plt.subplots(figsize=(10,5))
ax.scatter(portfolio_vol, portfolio_ret, s=3, c=sharpe_ratio)

ax.scatter(portfolio_vol[min_idx], portfolio_ret[min_idx], c='r', s=40)
ax.scatter(portfolio_vol[max_idx], portfolio_ret[max_idx], c='brown', s=40)

ax.plot(opt_vol, rets, c='orange', linewidth=2, label='Efficnent Frontier')

ax.set_title('Portfolio Expected Return vs Expected Volatility', fontsize=18)
ax.set_xlabel('Expected Volatilatiy', fontsize=13)
ax.set_ylabel('Expected Return', fontsize=13)
ax.set_xlim(0.0, 0.06)
ax.set_ylim(0.0, 0.007)
ax.legend(loc='upper left', fontsize=15)
ax.grid(alpha=0.3)
plt.show()
```

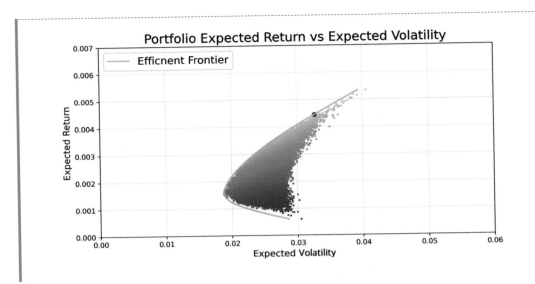

10.3.2 **최적 포트폴리오**

포트폴리오에 담을 대상 주식들을 선정하고 기대 수익률을 결정하면, 효율적 투자선에 따라 각 주
식에 어떤 비율로 투자해야 하는지와 그때의 기대 변동성(수익률의 표준편차)을 구할 수 있다. 그렇다
면 각각의 투자자에게 최적의 포트폴리오는 이렇게 결정되는 것인가?

그렇지 않다. 현대 포트폴리오 이론에서 투자자는 포트폴리오 투자를 통해 효용_{utility}을 극대화하려
한다고 가정한다. 또한 투자자는 위험 회피 성향_{risk averse}을 가진 것으로 가정한다. 이는 투자에서 위험
이 커지면 그만큼 기대 수익률이 높아져야 같은 효용을 가진다는 뜻이다. 이러한 투자자의 효용 함수
는 다음과 같이 모델링할 수 있다.

$$U = E\big[R_p\big] - \frac{1}{2}A\sigma_p^2$$

여기서 A는 위험 회피 성향이 강할수록 더 큰 값을 갖는 계수로, 위험 회피 계수_{coefficient of risk aversion}
라고 한다. 위 식은 다음과 같이 다시 쓸 수 있다.

$$E\big[R_p\big] = \frac{1}{2}A\sigma_p^2 + U$$

따라서 무차별 곡선은 다음 그림과 같이 σ_p의 2차 함수들로 이루어진다.

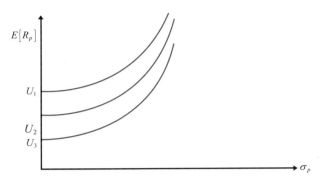

그림 10-2 포트폴리오 투자 효용 함수의 무차별 곡선

투자자가 선택할 수 있는 포트폴리오는 효율적 투자선 위에 존재하기 때문에, 최적 포트폴리오는 그중에서 효용을 극대화하는 포트폴리오가 될 것이다.

이러한 최적 포트폴리오는 그림 10-3에 표시된 바와 같이 효용 함수와 효율적 투자선의 접하는 지점이 된다. 즉, 최적 포트폴리오는 효율적 투자선과 투자자의 위험 회피 성향에 의해 결정되는 효용 함수의 접점에 의해 결정된다.

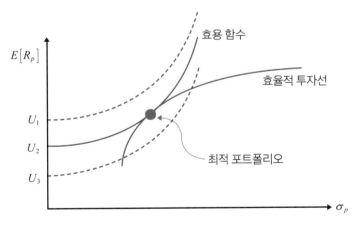

그림 10-3 최적 포트폴리오의 결정 원리

10.4 자산 가격 결정 모형

자산의 현재 가치는 미래의 현금 흐름에 할인률을 적용하여 계산할 수 있다. 현금은 무위험 자산이기 때문에 그 수익률 R_f는 곧 이자율이다. 따라서 연이율이라면 1년 후 1000달러의 현재 가치는 이자율로 할인된 $1000/(1+R_f)$가 되며, 수익률이 곧 할인율이 된다.

균형 시장에서 위험 자산의 현재 가치도 마찬가지로 기대 수익률을 알면 이를 할인률로 사용해 현재 가치를 계산할 수 있다. 현대 포트폴리오 이론이 출현한 이후, 이 이론에 바탕을 둔 자산 가격 결정 모형capital asset pricing model이 등장했다. 흔히 CAPM이라고 불리는 이 모형은 포트폴리오 투자와 관련된 기본적인 이론에 해당하므로 간단히 살펴보도록 하자.

10.4.1 증권 시장선

투자자는 위험 자산에 대해 무위험 자산보다는 높은 수익률을 요구한다. 어떤 주식의 기대 수익률이 $E[R_i]$일 때 $E[R_i]-R_f>0$일 것을 요구한다는 것이다. 이때 $E[R_i]-R_f$를 **위험 프리미엄**risk premium이라고 한다.

그렇다면 위험 프리미엄은 어떻게 결정될까? 이는 자산의 위험에 비례하는 것으로 가정해 볼 수 있다. 개별 자산의 비체계적 위험은 포트폴리오를 구성하여 제거할 수 있으므로, 이때의 위험은 체계적 위험으로 생각한다.

체계적 위험은 앞에서 살펴본 바와 같이 베타 계수로 수량화할 수 있으므로 $E[R_i]-R_f$는 β_i에 비례하는 것이 된다. 또한 $\beta_i=1$인 경우에는 $R_i=R_m$이 되므로 다음 식이 성립한다.

$$E[R_i]-R_f = \beta_i\left(E[R_m]-R_f\right)$$

β_i를 x축, $E[R_i]$를 y축으로 하여 그래프를 그리면, y절편이 R_f, 기울기가 $E[R_m]-R_f$인 직선이 그려진다. 이를 증권 시장선security market line이라 하며 흔히 줄여서 SML로 부른다.

여기서 R_m은 베타 계수에서 등장했던 것과 같은 확률 변수로 시장 수익률을 나타내는데, 좀 더 정확하게는 시장 포트폴리오market portfolio의 수익률로 정의된다. 주식 시장이라면 시장 포트폴리오는 시장에서 거래되는 모든 주식을 포함하고, 각 주식의 시가 총액에 비례해서 구성한 포트폴리오를 뜻한다.

10.4.2 자본 시장선

보유한 현금을 모두 위험 자산인 주식에 투자하는 것이 아니라, 일부는 무위험 자산인 현금으로 보유하고(예를 들어 은행에 예금) 나머지를 주식으로 구성한 포트폴리오에 투자하는 경우를 생각해 보자. 이는 현금과 주식 포트폴리오로 구성된 새로운 포트폴리오를 만들어 투자하는 것이 된다. 이때 효율적 투자선은 어떻게 될까?

수익률이 X_1, X_2, 수익률의 평균과 표준편차가 μ_1, σ_1, μ_2, σ_2인 두 자산에 분산 투자하는 포트폴리오를 생각해 보자. 그러면 10.2절에서 이미 살펴본 바와 같이 포트폴리오의 수익률과 분산은 다음과 같다.

$$R_p = w_1 X_1 + w_2 X_2, \quad w_1 + w_2 = 1$$

$$E\left[R_p\right] = w_1 \mu_1 + w_2 \mu_2$$

$$\sigma_p^2 = w_1^2 \sigma_1^2 + w_2^2 \sigma_2^2 + 2 w_1 w_2 \operatorname{Cov}\left[X_1, X_2\right]$$

이제 X_1은 현금의 수익률, X_2는 주식 포트폴리오의 효율적 투자선 위에서 선택한 어떤 주식 포트폴리오의 수익률이라고 하자. 그러면 X_1은 상수 R_f이므로 다음 식이 성립한다.

$$E\left[R_p\right] = w_1 R_f + w_2 \mu_2$$

$$\sigma_p^2 = w_2^2 \sigma_2^2$$

이 식을 $w_1 = 1 - w_2$, $w_2 = \sigma_p / \sigma_2$임을 이용해서 다시 쓰면 다음과 같다

$$E\left[R_p\right] = R_f + \frac{\mu_2 - R_f}{\sigma_2} \sigma_p$$

즉, 기대 수익률과 그 표준편차는 직선을 이룬다. 이 직선 위에 어느 점에 위치하는가는 가중치에 의해 결정된다. 이 직선은 그림 10-4에서 검은색 직선에 해당한다. 그런데 그림 10-4를 보면 같은 표준편차에 대해 빨간색 직선 위의 점은 항상 더 높은 기대 수익률을 제공한다. 합리적 투자자라면 빨간색 직선 위에 존재하는 포트폴리오를 선택할 것이다.

따라서 이것이 현금과 주식 포트폴리오에 분산 투자하는 포트폴리오의 효율적 투자선이 된다. 이를 자본 시장선capital market line이라고 하며 흔히 줄여서 CML이라고 부른다. CML 식은 다음과 같다.

$$E[R_p] = R_f + \frac{E[R_m] - R_f}{\sigma_m}\sigma_p$$

이는 CML과 주식의 효율적 투자선의 접점이 시장 포트폴리오가 되기 때문이다. 이 접점은 샤프 지수가 최대인 주식 포트폴리오를 의미한다. 그런데 왜 그것이 시장 포트폴리오일까?

이론에서는 효율적인 시장을 가정하고, 모든 투자자가 동일한 정보를 가지고 합리적인 결정을 내린다고 가정하며, 시장은 균형 상태에 있는 것으로 가정한다.

만약 시가 총액 가중 주식 포트폴리오보다 더 높은 샤프 지수를 갖는 포트폴리오가 존재한다면, 투자자들은 해당 포트폴리오를 선택할 것이다. 이로 인해 시장 균형은 깨지며 수요와 공급에 따라 주식 가격이 변하면서 새로운 균형 상태가 형성된다. 이제 새로운 균형 상태에서 시가 총액 가중 포트폴리오가 최대 샤프 지수를 갖게 되는데, 이것이 다시 새로운 시장 포트폴리오가 된다. 따라서 언제나 시장 포트폴리오는 최대 샤프 지수를 갖게 된다.

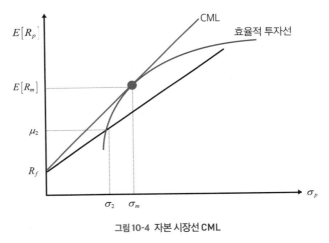

그림 10-4 자본 시장선 CML

10.4.3 무위험 자산을 포함한 최적 포트폴리오

무위험 자산과 위험 자산으로 이루어진 포트폴리오에 분산 투자하는 경우, CML이 효율적 투자선이 된다는 것을 알았다. 그렇다면 투자자는 CML 위의 점 중에서 어떤 점을 선택할까? 이는 앞에서 살펴본 바와 같이 효용 함수에 의해 결정된다. 효용 함수는 다음과 같이 쓸 수 있다.

$$E\left[R_p\right]=\frac{1}{2}A\sigma_p^2+U$$

이는 기대 수익률과 표준편차 공간에서 2차 곡선이 되며, 위험 회피 계수 A가 클수록 더 가파르게 상승하는 2차 곡선이 된다. 그림 10-5에서 효용 함수 1은 효용 함수 2에 비해 위험 회피 계수가 더 큰 경우다. 효용 함수 1을 갖는 위험 회피 성향이 강한 투자자는 A에 대응하는 포트폴리오를 선택할 것이다. 이는 절반이 넘는 액수를 은행에 예금하고 나머지를 시장 포트폴리오에 투자하는 포트폴리오로서 '대출 포트폴리오'라고 부른다.

효용 함수 2를 갖는 위험 회피 성향이 상대적으로 약한 투자자는 B에 대응하는 포트폴리오를 선택할 것이다. 이는 보유한 현금 전액에 은행에서 빌린 현금을 일부 더해서 모두 시장 포트폴리오에 투자하는 포트폴리오로서 '차입 포트폴리오'라고 부른다. 정리하자면 무위험 자산과 위험 자산으로 구성된 최적 포트폴리오는 CML과 효용 함수의 접점으로 결정된다.

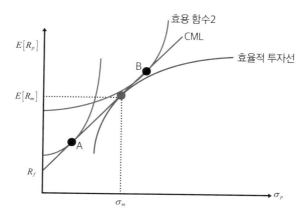

그림 10-5 자본 시장선 위에서 최적 포트폴리오의 결정 원리

최적 포트폴리오 결정

- **효율적 투자선과 효용 함수의 접점:** 무위험 자산이 포함되지 않은 경우(위험 자산만으로 포트폴리오 구성), 최적 포트폴리오는 효율적 투자선과 투자자의 효용 함수의 접점에서 결정된다.

- **CML과 효용 함수의 접점:** 무위험 자산과 위험 자산이 함께 포함된 경우, 최적 포트폴리오는 CML(자본 시장선)과 투자자의 효용 함수의 접점에서 결정된다. 이 경우 효율적 투자선 위에서 선택된 시장 포트폴리오가 위험 자산의 역할을 하며, 투자자는 무위험 자산과 시장 포트폴리오 간의 가중치를 조절해 최적 포트폴리오를 구성한다.

모멘텀 포트폴리오 투자 전략

주식의 미래의 수익률은 고정되어 있지 않기 때문에 주식은 대표적 위험 자산이다. 투자에서 위험하다는 것은 수익률이 마이너스가 될 수 있음을 뜻한다. 즉, 투자에서 손해를 볼 수도 있다는 의미다.

우리는 앞 장에서 개별 주식의 위험을 개별 주식 고유의 위험인 비체계적 위험과 시장에서 오는 위험인 체계적 위험으로 나눌 수 있음을 살펴보았다. 그리고 비체계적 위험은 여러 주식으로 포트폴리오를 구성함으로써 줄이거나 제거할 수 있다는 것도 알아보았다.

그렇다면 어떤 주식으로 어떻게 포트폴리오를 구성해야 위험은 줄이면서 수익률은 높일 수 있을까? 이번 장에서는 '팩터factor'라고 불리는 주식이나 포트폴리오의 수익률에 영향을 미치는 여러 가지 요인에 대해 알아보면서 이에 대한 답을 찾아본다.

이 요인들을 잘 활용해서 포트폴리오를 구성하면 위험을 줄이면서 시장을 이기는 포트폴리오를 구성할 수 있다. 특히 개인 투자자가 비교적 쉽게 실제 투자에 활용할 수 있는 모멘텀 팩터를 활용해 포트폴리오를 구성하고, 백테스트를 통해 얼마나 시장 수익률을 능가할 수 있는지 알아본다.

포트폴리오 투자 전략은 개별 주식 투자 전략과는 큰 차이가 있다. 추세 추종 전략에서 살펴보았듯이 개별 주식 투자 전략은 대부분 언제 사고 언제 팔 것인지 '타이밍'이 생명이다. 타이밍이 잘 맞으면 큰 수익을 얻을 수 있지만, 그렇지 않으면 큰 손실을 입을 위험이 항상 존재한다.

그러나 포트폴리오 투자 전략에서는 상대적으로 타이밍의 중요성이 낮아진다. 포트폴리오 투자 전략에서 생명은 '종목 선정'이다. 오르는 종목들을 선정했으면 90%는 성공한 셈이다. 훌륭한 종목 선정 기준을 가지고 있다면 적당한 주기로 그 기준에 따라 새로 종목을 선정하면서 교체하는 리밸런싱rebalancing만 하면 된다.

따라서 포트폴리오 투자 전략은 개별 주식 투자 전략에 비해 수익률은 다소 떨어질 수 있지만, 스트레스를 적게 받으면서 큰 자금을 장기로 운용하기에 적합하다.

11.1 주식의 수익률에 영향을 미치는 요인

앞서 언급했듯이, 주식 또는 포트폴리오 등 금융 자산의 수익률에 영향을 미치는 요인을 흔히 팩터라고 한다. 10장에서 살펴본 CAPM 이론에 의하면 자산의 기대 수익률은 다음과 같다.

$$E[R_i] = R_f + \beta_i \left(E[R_m] - R_f \right)$$

즉, 자산의 기대 수익률은 시장의 기대 수익률에서 무위험 수익률을 뺀 시장 프리미엄market premium과 그에 대한 민감도sensitvity 또는 노출도exposure를 나타내는 베타 계수에 의해 결정된다.

베타 계수는 자산마다 다르기 때문에 자산이 갖는 고유한 특성이다. 따라서 자산의 수익률에 영향을 미치는 요인은 결국 시장 프리미엄이 된다. 즉, CAPM은 자산 가격 결정에 대한 '단일 요인 모델single factor model'이라고 할 수 있다.

CAPM은 언뜻 보아도 너무 단순해서 실제와는 거리가 있지 않을까 하는 의구심이 생긴다. 어떤 주식에 대해 과거 데이터를 가지고 선형 회귀를 통해 다음 식을 얻었다고 하자.

$$R_{avg} = \alpha + R_f + \beta \left(R_{m,avg} - R_f \right) + \varepsilon$$

α가 매우 작다면 CAPM으로 실제 주식의 수익률을 설명할 수 있겠지만, 그렇지 않다면 평균 수익률 R_{avg}에 기여하는 다른 요인이 있음을 시사한다. 실제로는 많은 경우 무시할 수 없는 α 값이 얻어진다. 애플 주식에 대해 과거 10년치 데이터로 CAPM을 테스트해 보자.

코드 11-1 CAPM 테스트

```
import pandas as pd
import numpy as np
import yfinance as yf
import matplotlib.pyplot as plt
import statsmodels.api as sm

aapl = yf.download('AAPL', start='2014-01-01', end='2024-01-01')['Adj Close']
snp = yf.download('^SPX', start='2014-01-01', end='2024-01-01')['Adj Close']
```

```
# 월간 수익률 계산
aapl_ret = (aapl.pct_change()+1)[1:].resample('BME').prod() - 1
snp_ret = (snp.pct_change()+1)[1:].resample('BME').prod() - 1

# 월 이자율
R_f = 0.03/12

# 선형 회귀
X = snp_ret - R_f
Y = aapl_ret - R_f
X_const = sm.add_constant(X)
model = sm.OLS(Y, X_const).fit()

print(model.summary())
```

코드 11-1의 주요 부분을 차례로 살펴보자.

① AAPL의 10년치 주가와 시장 포트폴리오라고 할 수 있는 S&P500 지수인 SPX의 10년치 데이터를 다운
   로드한다.

② pct_change( )와 resample( ) 메서드를 사용해 월간 수익률을 계산한다. 'BME'는 월 단위로 수익률을
   계산하되 영업일만 포함하도록 하는 파라미터다. 무위험 수익률은 연 3%로 설정했다.

③ statsmodels 모듈을 사용해서 간단하게 시장 프리미엄과 위험 프리미엄에 대해 선형 회귀를 수행하고 결
   과를 출력한다.

```
OLS Regression Results
==============================================================================
Dep. Variable:            Adj Close   R-squared:                       0.484
Model:                          OLS   Adj. R-squared:                  0.480
Method:               Least Squares   F-statistic:                     110.6
Date:              Thu, 10 Oct 2024   Prob (F-statistic):           1.18e-18
Time:                      13:55:37   Log-Likelihood:                 172.54
No. Observations:               120   AIC:                            -341.1
Df Residuals:                   118   BIC:                            -335.5
Df Model:                         1
```

```
Covariance Type:                 nonrobust
==============================================================================
                 coef    std err          t      P>|t|      [0.025      0.975]
------------------------------------------------------------------------------
const          0.0127      0.005      2.373      0.019       0.002       0.023
Adj Close      1.2776      0.121     10.518      0.000       1.037       1.518
==============================================================================
Omnibus:                        7.674   Durbin-Watson:                   2.131
Prob(Omnibus):                  0.022   Jarque-Bera (JB):                9.124
Skew:                          -0.383   Prob(JB):                       0.0104
Kurtosis:                       4.112   Cond. No.                         23.0
==============================================================================
```

코드 11-1의 실행 결과를 살펴보자. 다소 복잡해 보이지만 몇 가지만 주목하면 된다. 먼저 R-squared가 0.484로 나왔다. 이는 $R_{avg} - R_f$를 $R_{(m,\ avg)} - R_f$의 1차 함수로 근사할 때의 정확도를 의미한다. R-squared가 1에 가까울수록 선형 근사가 정확하며 0에 가까울수록 부정확하다. 0.484라면 나쁘지 않은 정도라고 할 수 있다.

다음으로 t 값을 보면 const에 대해서는 2.373, Adj Close에 대해서는 10.518인데 보통 2가 넘으면 유의미한 것으로 받아들인다. 여기서 const는 알파, Adj Close는 베타에 해당한다.

P>|t|는 p 값을 뜻하는 것으로 0에 가까울수록 유의미하며 0.05 이하면 보통 유의미하다고 판단한다. 결론은 애플의 월 수익률에 대해 다음 식이 통계적으로 유의미한 값이라는 의미다.

$$R_{avg} = \alpha + R_f + \beta\left(R_{m,avg} - R_f\right) + \varepsilon$$

$$\alpha = 0.0127$$

즉, 애플의 월 초과 수익률은 시장 프리미엄 외에도 다른 요인에 의해 1.27%의 월 수익률이 발생한다는 뜻이다. 따라서 CAPM만으로는 애플의 수익률을 완전히 설명할 수 없다.

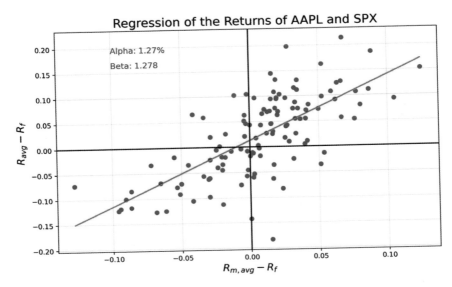

그림 11-1 AAPL의 월간 초과 수익률에 대한 선형 회귀 시각화

그림 11-1에서 빨간색 직선은 선형 회귀로 얻은 1차 근사식을 나타낸다. 베타 계수로 표현되는 뚜렷한 양의 기울기는 초과 수익률이 시장 프리미엄과 강한 양의 상관관계가 있음을 나타낸다. 그러나 뚜렷한 y-절편인 알파는 시장 프리미엄만으로 초과 수익률을 설명하는 것이 불충분함을 시사한다.

파마-프렌치 3팩터 모델(Fama-French 3-factor Model)

유진 파마Eugene Fama와 케네스 프렌치Kenneth French는 CAPM의 약점을 보완하기 위해 1993년 자산의 기대 수익률은 시장 프리미엄market premium 외에도 사이즈size와 가치value라는 팩터에 의해서도 영향을 받는다는 이론을 주장하였다. 즉, 어떤 자산의 위험 프리미엄 또는 무위험 수익률 대비 초과 기대 수익률은 다음 식으로 표현된다는 것이다.

$$E[R_i] - R_f = \beta_{im}(E[R_m] - R_f) + \beta_{is}SMB + \beta_{iv}HML + \varepsilon$$

여기서 SMB는 Small Minus Big의 줄임말로 시가 총액이 중위값 이하인small cap 주식의 평균 수익률에서 중위값 이상인big cap 주식의 평균 수익률을 뺀 값이다.

HML은 High Minus Low의 줄임말로 PBR(주가순자산비율)이 낮을수록 가치가 높은 주식으로 판단하여, 그 역수의 상위 30% 주식high value의 평균 수익률에서 하위 30% 주식low value의 평균 수익률을 뺀 값이다.

계량 경제나 금융 공학에 익숙하지 않은 사람에게는 낯설고 복잡하게 보일 수 있지만, 간단히 설명하면 자산의 초과 기대 수익률에는 시가 총액과 PBR로 대표되는 주식의 가치도 영향을 미친다는 것이다. 파마-프렌치 3팩터 모델이 설명력이 있다고 받아들여지면서 시가 총액이 작은 소위 small cap 주식들과 PBR이 낮은 가치주가 많은 주목을 받았다.

카하트 4팩터 모델(Carhart 4-factor Model)

CAPM이 그랬듯이 3팩터 모델도 실제 데이터에 적용해 보면 종종 무시할 수 없는 알파가 나타난다. 이 알파를 줄이기 위해 WML이라는 팩터를 하나 더 추가한 모델이 1997년 마크 카하트_{Mark Carhart}에 의해 제안되었다. 이 모델은 초과 기대 수익률이 다음과 같은 식으로 표현된다고 주장한다.

$$E[R_i] - R_f = \beta_{im}\left(E[R_m] - R_f\right) + \beta_{is}SMB + \beta_{iv}HML + \beta_{iw}WML + \varepsilon$$

여기서 WML은 Winner Minus Loser의 줄임말로 시장 모든 주식의 과거 12개월 데이터에서 직전 2개월 데이터를 제외한 데이터로 수익률을 계산하여 상위 30%인_{winner} 주식의 평균 수익률에서 하위 30%인_{loser} 주식의 평균 수익률을 뺀 값이다. 이를 보통 모멘텀 팩터라고 하며 여기서 모멘텀은 8장에서 언급했듯이 절대 모멘텀과 구별되는 상대 모멘텀을 의미한다.

4팩터 모델이 실증적으로 검증되고 모멘텀이 강한 주식이 시장 수익률을 능가한다는 사례들이 누적되면서, 모멘텀 팩터는 팩터 투자에서 가장 널리 알려지게 되었으며 지속적으로 연구되고 주목받는 팩터가 되었다.

팩터로 인정되기 위한 조건

이후에도 설명력을 높이기 위한 더 많은 팩터를 가진 모델들이 제안되었다. 그런데 수익률에 영향을 미치는 팩터로 인정받으려면 다음과 같은 조건을 충족해야 한다.

- 지속성(Persistence): 단기적인 이상 현상에 그쳐서는 안 되고 긴 시간 동안 지속적으로 영향력이 인정되어야 한다. 또한 주가 상승기뿐만 아니라 하락기에도 작용해야 한다.
- 설명 가능성(Economic Rationale): 수익률에 영향을 미치는 이유를 경제적 또는 이론적으로 설명할 수 있어

야 한다. 예를 들어, 사이즈(시가 총액)가 작으면 더 위험하기 때문에 더 높은 위험 프리미엄이 요구되고, 따라서 기대 수익률에 영향을 미치는 요인이 된다고 설명하는 것이다.

- 범용성(Pervasiveness): 특정 자산군뿐만 아니라 여러 자산군에서 효과가 인정되어야 한다. 즉, 주식뿐 아니라 채권, 외환 등에도 적용할 수 있어야 한다. 또한 지역적으로도 국한되지 않아야 한다. 특정 국가에서만 인정되어서는 안 된다는 뜻이다.

- 측정 가능성(Tractability): 어렵지 않게 계산하여 수치화할 수 있는 개념이어야 한다. 정량화할 수 없는 추상적 개념은 팩터가 될 수 없다.

현재 널리 팩터로 인정되는 것에는 시장 프리미엄market premium, 사이즈size, 가치value, 모멘텀momentum, 우량성quality 등이 있다. 우량성은 자산수익률ROA, 자기자본이익률ROE 등 수익성을 측정하는 요소다.

- **팩터(factor):** 자산의 수익률에 영향을 미치는 요인
- **대표적인 팩터:** 시장 프리미엄, 사이즈, 가치, 모멘텀, 우량성

<u>11.2</u> 팩터 투자 전략

주식 또는 포트폴리오의 수익률에 영향을 미치는 요소를 알았다면, 어떻게 이를 활용해서 좋은 포트폴리오를 구성할 수 있을까? S&P 500 지수가 매일 신고가를 만들어내는 강세장bull market을 상상해보자. 시장 수익률을 능가하는 수익을 거둘 수 있는 쉬운 방법은 없을까?

바로 베타 계수다. 시장 프리미엄에 대한 민감도인 베타 계수가 큰 종목들을 매수하는 것이다. 베타가 2.0인 주식을 샀다면 시장이 10% 오를 때 20% 수익을 낼 수 있게 된다.

마찬가지 원리를 다른 팩터에도 적용할 수 있다. 가치 팩터가 중요하다고 판단되면 낮은 PBR 주식을 선정해서 포트폴리오를 구성한다. 그러면 HML에 대한 노출도가 높아지므로 가치주가 인정되는 시장에서 큰 수익을 올릴 수 있다.

모멘텀 팩터가 수익률에 큰 영향을 미치는 요소라고 판단한다면 최근 12개월 수익률을 기준으로 최상위 종목들을 선정해서 포트폴리오를 구성할 수 있다. 그러면 WML에 대한 민감도가 극대화될 것이고, 시장에서 WML이 증가할 때 포트폴리오의 수익률은 더욱 높아지게 될 것이다.

이처럼 자산의 수익률에 영향을 미치는 것으로 인정된 팩터에 대해 민감도가 높은 종목으로 포트폴리오를 구성하여 투자하는 것을 팩터 투자factor investing라고 한다.

하나의 팩터만으로 포트폴리오를 구성할 수도 있고, 여러 개의 팩터를 섞어서 포트폴리오를 구성할 수도 있다. 두 개 이상의 팩터를 사용하여 포트폴리오를 구성할 때는 각 팩터 간 상관관계가 중요하다. 모든 팩터가 서로 독립적이지는 않기 때문이다.

상관관계가 낮은 두 팩터를 모두 사용해서 포트폴리오를 구성하면 더 좋은 성과를 내는 것으로 알려져 있다. 이때 가치와 모멘텀이 서로 상관관계가 낮아 많이 활용된다. 그러나 투자 유니버스에서 높은 가치 점수를 가지면서 동시에 상위의 최근 수익률을 갖는 주식을 찾기란 쉽지 않다는 문제가 있다.

퀀트 투자, 특히 포트폴리오 투자에 관심 있는 사람이라면 '스마트베타'라는 단어를 들어보았을 것이다. 각각의 팩터를 활용하여 펀드를 구성하거나 여러 팩터에 가중치를 부여하여 펀드를 구성함으로써 단순히 시가 총액으로 가중한 인덱스 펀드보다 더 높은 위험 대비 수익률을 추구하는 전략을 뜻하는 말이다.

펀드 매니저의 경험과 능력을 활용해서 다양한 전략으로 수익을 극대화하기 위해 적극적으로 운용하는 액티브 펀드가 한 때 인기를 끌었으나, 시간이 지나면서 높은 수수료와 부진한 성과로 시들해진 상황이다. 스마트베타는 패시브와 액티브의 중간에 속한다고 할 수 있다. 운용 수수료를 낮추면서도 패시브의 성과를 능가할 수 있고, 쉽게 거래할 수 있는 ETF로 활발하게 출시되면서 인기를 얻고 있다.

개인 투자자 입장에서는 큰 자금을 운용하는 경우는 드물기 때문에 다양한 팩터를 사용해서 많은 종목으로 포트폴리오를 구성하고 관리하기란 사실상 불가능한 경우가 많다. 그렇지만 과거 주가 데이터를 다운로드하고 과거 수익률을 계산해서 상위 종목을 찾아내는 것은 파이썬을 사용해서 비교적 간단하게 할 수 있는 작업이다.

따라서 모멘텀 팩터 투자 전략은 개인 투자자도 어렵지 않게 구현할 수 있다. 더구나 상위 30%로 할 필요 없이 각자의 자금 상황에 맞게 상위 10개 주 또는 상위 5개 주 등으로 다양하게 정할 수 있는 장점이 있다. 다음 절에서 어떻게 모멘텀 포트폴리오를 구성하고 리밸런싱하는지 알아보고, 시장 수익률에 비해 어떤 성과를 얻을 수 있는지 살펴본다.

11.3 모멘텀 포트폴리오 투자 전략

모멘텀 팩터를 활용해서 포트폴리오를 구성하는 방법도 세부적으로 보면 무수히 많다. 직전 몇 개월치 수익률을 기준으로 할 것인지, 직전 몇 개월을 제외할 것인지, 상위 몇 개 종목을 선택할 것인지, 선정된 종목에 대한 가중치는 어떻게 할 것인지, 리밸런싱 주기는 얼마로 할 것인지 등 다양하게 변화를 줄 수 있기 때문이다. 여기서는 입문서의 성격상 최대한 단순하게 구현하도록 하겠다.

모멘텀 포트폴리오 전략

★ 종목을 선정할 투자 대상, 과거 수익률 계산 기간, 선정할 과거 수익률 상위 종목 수 결정

★ 종목 재선정 기간(리밸런싱 주기) 결정

★ 리밸런싱 주기마다 종목을 재선정하고 포트폴리오 구성

11.3.1 투자 유니버스

포트폴리오 구성에 앞서 투자 대상이 되는 자산 전체의 집합인 투자 유니버스를 먼저 정해야 한다. 미국 주식에 투자할 텐데, 미국 주식 전체를 대상으로 하면 너무 많고 투자에 적합하지 않은 주식이 포함될 수도 있다. 따라서 대표적인 우량 기업을 모아놓은 S&P 500에 편입된 약 500개 종목을 대상으로 하면 무난하다.

우선 S&P 500에 속한 종목의 티커를 알아야 한다. 그리고 해당 티커들의 과거 주가 데이터를 구해야 한다. 다행히 S&P 500에 속한 회사 리스트를 담고 있는 인터넷 웹사이트들이 있기 때문에 그곳에서 일괄적으로 데이터를 가져올 수 있다.

포트폴리오 성과의 비교 대상이 될 벤치마크로는 S&P 500 지수를 사용하면 된다. S&P 500 지수의 수익률이 시장 포트폴리오의 수익률이라고 할 수 있다. 기간은 과거 10년으로 정하고, 우리가 이겨야 할 대상인 시장이 그 기간에 어떤 성과를 보였는지 살펴보는 것으로 시작하자.

코드 11-2 과거 10년간 S&P 500 지수의 성과

```python
# S&P 500 지수 데이터 다운로드
snp = yf.download('^SPX', start='2014-10-01', end='2024-10-01')['Adj Close']

# 벤치마크 누적 수익률
snp_cum_ret = snp/snp.iloc[0]

# 벤치마크 최종 수익률
benchmark_total_return = snp_cum_ret.iloc[-1] - 1

# 벤치마크 CAGR
CAGR_benchmark = (benchmark_total_return + 1)**(1/10) - 1

# 벤치마크 MDD
MDD_benchmark = ( snp_cum_ret / (snp_cum_ret.cummax()) - 1 ).min()

# 벤치마크 그래프
fig, ax = plt.subplots(figsize=(10,6))

snp.plot(ax=ax, linewidth=1.5)
ax.text(0.1, 0.9, f'Total Return: {100*benchmark_total_return:.2f}%', \
        transform=ax.transAxes, fontsize=13, color='blue')
ax.text(0.1, 0.8, f'CAGR: {100*CAGR_benchmark:.2f}%', transform=ax.transAxes, \
        fontsize=13, color='blue')
ax.text(0.1, 0.7, f'MDD: {100*MDD_benchmark:.2f}%', transform=ax.transAxes, \
        fontsize=13, color='blue')

ax.set_title('S&P 500 Index', fontsize=18)
ax.set_xlabel('Date', fontsize=12)
ax.set_ylabel('Index', fontsize=12)
ax.grid(alpha=0.3)
```

```
plt.show()
```

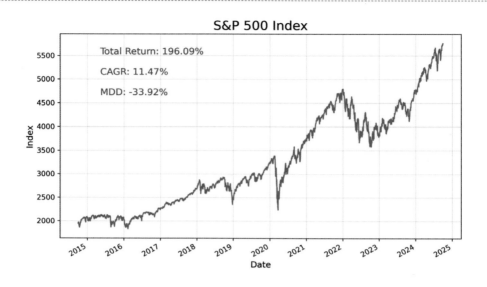

코드 11-2에서는 2014-10-01부터 2024-09-30까지 최근 10년간 S&P 500 지수(티커 ^SPX)의 수정
종가Adj Close 데이터를 다운로드한다. 성과 지표로 최종 수익률, CAGR, MDD를 계산하고 그래프를 출
력한다.

실행 결과를 보면 S&P 500 지수는 대체로 강한 우상향의 모습을 보이며 10년간 196%의 수익률을
달성했다. 하지만 2020년 코로나 펜데믹으로 인한 단기 급락의 모습과 2022년 인플레이션과 금리 인
상으로 인한 큰 하락세의 모습도 볼 수 있다. 연평균 복리 수익률 CAGR이 11.47%, 최대 낙폭 MDD
가 -33.92%다. 우리의 목표는 모멘텀 포트폴리오를 구성해서 이러한 시장의 성과를 이기는 것이다.

코드 11-3 S&P 500 전 종목 수정 종가 가져오기

```
# S&P 500 종목 티커 가져오기
ticker_df = \
pd.read_html('https://en.wikipedia.org/wiki/List_of_S%26P_500_companies')[0]
tickers = ticker_df.Symbol.to_list()

# S&P 500 전 종목 수정 종가 다운로드
df = yf.download(tickers, start='2013-10-01', end='2024-10-01' )['Adj Close']
```

```
# 결측치 제거
df.dropna(axis=1, inplace=True)

# 데이터프레임 출력
df
```

코드 11-3을 실행하면 판다스의 `read_html` 메서드를 사용해서 위키피디아 웹사이트에 있는 S&P 500에 속한 종목의 티커를 추출한다. 그리고 전 종목의 수정 종가를 다운로드하고 결측치를 제거한다. 10년 사이에 새로 편입되거나 퇴출된 종목들이 있기 때문에 결측치가 존재한다. 이 과정을 마치면 최종 데이터프레임 `df`가 만들어진다. 10년간 각 시점에서 과거 수익률을 계산해야 하므로 데이터 다운로드 시작일은 2024-10-01이 아니고 2023-10-01임을 유의한다.

11.3.2 수익률 계산과 종목 선정

카하트의 4팩터 모델에서와 같이 과거 12개월에서 직전 1개월을 제외한 수익률을 구하고, 상위에 속하는 종목을 선정하기로 하자. 여기서는 상위 5%인 25개 종목을 선정한다.

직전 1개월 수익률을 제외하는 것은 주가는 많이 오르면 단기 조정이 있을 수 있음을 고려한 것이다. 실제로 현시점 직전까지 수익률이 높은 주식을 선정하면, 종종 선정 후에 하락하는 경우가 발생하기도 한다. 이를 구현하려면 월 단위 누적 수익률 데이터프레임을 만들어야 한다.

코드 11-4 월 단위 수익률 계산하기

```
# 월 단위 수익률 계산
m_ret = (df.pct_change()+1)[1:].resample('BME').prod()
m_ret.iloc[:5,:5]
```

```
Ticker           A        AAPL       ABBV        ABT       ACGL
Date
2013-10-31   0.978035   1.071195   1.067388   1.086587   1.055738
2013-11-29   1.055358   1.070053   1.000000   1.044870   1.015010
2013-12-31   1.070033   1.008902   1.089990   1.003666   1.014618
2014-01-31   1.016786   0.892303   0.939594   0.961778   0.901491
2014-02-28   0.979020   1.057511   1.034126   1.085106   1.042929
```

코드 11-4에서는 전 종목 수정 종가를 담고 있는 df를 사용해서 일간 수익률을 계산한 후, resample 메서드에 prod()로 각 그룹의 누적 곱을 계산해서 월 단위 누적 수익률 데이터프레임 m_ret을 만든다. 'BME'는 월 단위로 수익률을 계산하되 영업일만 포함하도록 하는 파라미터다.

m_ret의 열은 직전 월 말일에 매수했을 경우 한 달 후의 수익률을 나타낸다. 예를 들어, 실행 결과를 보면 두 번째 열의 날짜는 2013-11-29인데, AAPL열의 값을 보면 1.070053이다. 이는 전월 말일인 2013-10-31에 AAPL을 매수했을 때, 한 달 후인 2013-11-29 시점의 수익률을 나타내는 것이다.

코드 11-5 11개월 롤링 누적 수익률 계산과 종목 선정

```
# 11개월 롤링 누적 수익률 계산
ret_11m = m_ret.rolling(11).apply(np.prod)

# 직전 11개월 누적 수익률 상위 10개 종목 출력
top_tickers = ret_11m.loc['2014-08-29'].nlargest(10).index
print(list(top_tickers))
```

```
['SWKS', 'LUV', 'FANG', 'URI', 'AVGO', 'TRGP', 'PANW', 'MU', 'HPQ', 'NXPI']
```

어떤 시점에서 직전 11개월간의 누적 수익률을 쉽게 알아내려면 월간 누적 수익률 데이터인 m_ret를 가지고 11개월 단위 롤링 누적 수익률을 계산해 두면 된다.

코드 11-5에서는 m_ret에 대해 window size를 11로 해서 롤링 곱을 적용하여 ret_11m을 만든다. ret_11m.loc['2014-08-29'].nlargest(10).index는 2014-08-29 직전 11개월 누적 수익률이 가장 높은 10개 종목의 티커를 반환한다. 데이터프레임에 nlargest()를 적용하면 시리즈 형식이 되는데, 이때 시리즈의 인덱스가 종목 티커이기 때문에 .index를 붙였다.

여기서 주의해야 할 점은 종목을 선정할 때 포트폴리오를 구성하는 시점의 날짜를 그대로 사용하면 안 된다는 것이다. 왜냐하면 직전 1개월을 건너뛰어야 하기 때문이다. 포트폴리오를 구성하는 날짜의 한 달 전 날짜를 입력해야 직전 12개월 중 직전 1개월을 제외한 수익률을 기준으로 종목을 선정하는 것이 된다.

11.3.3 리밸런싱 구현과 백테스트

이제 리밸런싱을 구현해야 할 차례다. 여기서는 1개월마다 리밸런싱하는 것으로 정하자. 그러면 1개월마다 누적 수익률을 기록하고 다시 종목을 선정한다는 뜻이다. 우선 다음과 같은 테스트 코드를 수행해 보자.

코드 11-6 리밸런싱 구현 준비

```
date1 = '2014-08-29' # 구성일의 1개월 전일
date2 = '2014-09-30' # 포트폴리오 구성일

top_tickers = ret_11m.loc[date1].nlargest(25).index
m_ret.loc[date2:, top_tickers][:3]
```

Ticker Date	SWKS	LUV	FANG	URI	AVGO	TRGP	PANW	MU	HPQ	NXPI	...	WMB	
2014- 09-30	1.024532	1.054983	0.866010	0.944326	1.063684	0.975779	1.154253	1.050920	0.937412	0.998687	...	0.940356	1.0
2014- 10-31	1.003273	1.021024	0.915218	0.990639	0.991379	0.950050	1.077472	0.965849	1.011559	1.003361	...	1.002891	1.0
2014- 11-28	1.160969	1.212877	0.824079	1.029529	1.082899	0.887351	1.163671	1.086431	1.088629	1.133265	...	0.932264	1.0

3 rows × 25 columns

코드 11-6에서 date2는 포트폴리오를 구성하는 날짜다. 앞선 코드 11-5에서 구현한 종목 선정 방법에 날짜를 입력할 때는 구성일의 한 달 전을 입력해야 하므로 date1을 date2의 한 달 전 날짜로 정했다.

m_ret.loc[date2:, top_tickers]는 date2부터 top_tickers에 대한 월간 수익률 데이터프레임이 된다. [:3]을 붙인 것은 첫 3줄만 보기 위한 것이다. 첫 줄은 date2의 한 달 전에 매수했을 때 한 달간 수익률이므로 여기서는 의미가 없다. 두 번째 줄은 date2 시점에서 매수했을 때 그 후 한 달간 수익률이므로 이것이 바로 원하는 데이터다.

이제 리밸런싱을 구현한 포트폴리오 운용 백테스트 코드를 작성해 보자. 여기서는 균일 가중 포트폴리오, 즉 선정된 25개 종목을 같은 액수만큼 매수하는 것으로 정하자. 그러면 각 종목의 한 달 수익

률의 평균값이 포트폴리오의 한 달 수익률이 된다. 이때 10년간 리밸런싱을 실시하면서 누적 수익률을 계산하려면 미리 날짜를 구해놓을 필요가 있다.

코드 11-7 포트폴리오 운용 시뮬레이션

```python
# 월말 영업일
dates = m_ret.loc['2014-08-29':'2024-09-30'].index

# 포트폴리오 구성일
form_dates = dates[1:-1]

# 리밸런싱 날짜
eval_dates = dates[2:]

# 포트폴리오 운용 시뮬레이션
returns = []
for i, date in enumerate(form_dates):
    input_date = dates[i]
    top_tickers = ret_11m.loc[input_date].nlargest(25).index
    pf_ret = m_ret.loc[date:, top_tickers][1:2]

    returns.append(pf_ret.mean(axis=1).values[0])

# 포트폴리오 누적 수익률
pf_cum_ret = pd.Series(returns, index=eval_dates).cumprod()
```

코드 11-7을 살펴보면 시뮬레이션 기간 동안 월말 영업일이 dates에 저장된다. 포트폴리오를 구성하는 날짜는 form_dates에 저장되고 여기에서 한 달씩 뒤로 밀린 리밸런싱 날짜는 eval_dates에 저장된다. 포트폴리오 운용 시뮬레이션 루프를 보면 구성 날짜 date가 정해졌을 때 그보다 1달 전인 날짜를 dates에서 가져와서 input_date에 저장한다. 앞서 살펴보았듯이 이 날짜를 입력해서 종목을 선정해야 12개월 중 직전 1개월을 제외한 누적 수익률에 따라 종목을 선정하는 것이 된다.

pf_ret는 date 시점에 포트폴리오를 구성했을 때 그후 한 달간 포트폴리오 구성 종목들의 수익률을 담고 있다. pf_ret.mean(axis=1).values[0]은 구성 종목 수익률의 평균을 구하는 것인데 이것이 포트폴리오의 한 달 수익률이 된다. 마지막으로 포트폴리오의 월간 누적 수익률을 판다스 시리즈 pf_ cum_ret로 생성한다.

11.3.4 모멘텀 포트폴리오 투자 성과

pf_cum_ret를 사용해서 포트폴리오 투자 성과 지표로 총 수익률, CAGR, MDD, 샤프 지수를 계산할 수 있다. 앞에서 벤치마크를 위해 구한 snp_cum_ret와 함께 pf_cum_ret를 시각화해서 비교해 보자.

코드 11-8 모멘텀 포트폴리오 운용 성과 시각화

```python
# 포트폴리오 총 수익률
portfolio_total_return = pf_cum_ret.iloc[-1] - 1

# 포트폴리오 CAGR
CAGR_portfolio = (pf_cum_ret.iloc[-1])**(1 / 10) - 1

# 샤프 지수 계산
risk_free_rate = 0.0
mon_ret = pf_cum_ret.pct_change()
mon_ret.iloc[0] = pf_cum_ret.iloc[0] - 1
mean_return = mon_ret.mean()*12
std_return = mon_ret.std()*np.sqrt(12)
sharpe_ratio = (mean_return - risk_free_rate) / std_return

# MDD 계산
MDD_portfolio = (pf_cum_ret / (pf_cum_ret.cummax()) - 1).min()

# 포트폴리오 누적 수익률 시각화
fig, ax = plt.subplots(figsize=(10,6))

pf_cum_ret.plot(ax=ax, label='Portfolio Cumulative Return')
benchmark = snp_cum_ret.resample('BME').last()
benchmark.plot(ax=ax,label='Benchmark(^SPX)')

ax.text(0.1, 0.8, f'Total Return: {100*portfolio_total_return:.2f}%', \
        transform=ax.transAxes, fontsize=13, color='blue')
ax.text(0.1, 0.72, f'CAGR: {100*CAGR_portfolio:.2f}%', transform=ax.transAxes,\
        fontsize=13, color='blue')
```

```
ax.text(0.1, 0.64, f'MDD: {100*MDD_portfolio:.2f}%', transform=ax.transAxes, \
        fontsize=13, color='blue')
ax.text(0.1, 0.56, f'Sharpe Ratio: {sharpe_ratio:.2f}%', \
        transform=ax.transAxes, fontsize=13, color='blue')

ax.set_title('Momentum Portfolio Cumulative Return', fontsize=18)
ax.set_xlabel('Date', fontsize=12)
ax.set_ylabel('Cumulative Return', fontsize=12)
ax.grid(alpha=0.3)
ax.legend()
plt.show()
```

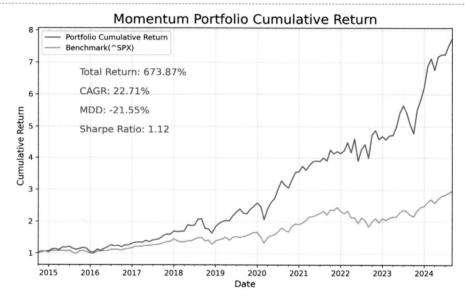

실행 결과로 나타낸 누적 수익률 그래프를 보면, 모멘텀 포트폴리오의 운용 성과는 시장을 크게 이긴 것을 알 수 있다. 10년간 총 수익률은 684%에 달하고 연평균 복리 수익률 CAGR은 22.71%로 11.47%인 벤치마크의 거의 2배가 된다. 최대 낙폭 MDD도 -33.92%인 벤치마크에 비해 -21.55%로 크게 개선되었다. 지수가 크게 하락했던 2022년에도 변동성은 있지만 포트폴리오는 양의 수익률을 만들어 낸 것이 인상적이다.

11.4 모멘텀 포트폴리오 투자 최적화

지금까지 카하트의 4팩터 모델에 사용된 WML을 참고해서 간단한 모멘텀 포트폴리오를 구성하고 백테스트를 구현해 보았다. 비교적 단순한 전략으로도 시장을 크게 이길 수 있음을 알았다. 그런데 앞에서도 언급했듯이 모멘텀 포트폴리오를 구성할 때 많은 변화를 시도할 수 있다. 미국 주식에 투자하는 경우 투자 유니버스는 거의 정해져 있다고 할 수 있지만 다음과 같은 요소들을 바꿔보면 성과가 크게 달라진다.

- 모멘텀 산정 기간: 여기서는 12개월에서 직전 1개월을 뺀 수익률을 기준으로 상위 종목을 선정했지만 기간은 얼마든지 변경해 볼 수 있다. 6개월, 3개월로 해서 성과를 확인해 보면 크게 달라진다는 것을 확인할 수 있다. 직전 1개월을 제외할 것인지도 정해진 것은 없다. 2개월을 제외할 수도 있고 제외하지 않을 수도 있다.

- 종목수: 개인은 운용자금이 크지 않은 경우가 대부분이므로 500종목에서 상위 30%를 선정해서 포트폴리오를 구성한다는 것은 적절하지 않다. 상위 10%만 선정해도 50종목이다. 여기서는 25종목으로 시뮬레이션 해 봤지만 더 줄여도 상관없다. 종목수를 줄일수록 더 공격적인 성향의 포트폴리오가 구성될 것이다.

- 가중치: 선정된 종목에 대해 동일 액수를 투자할 수도 있지만 모멘텀 순위에 따라 차등을 둘 수도 있다. 현대 포트폴리오 이론을 적용하여 가중치를 최적화하는 경우도 있으니 공부삼아 시도해 볼 수 있다(하지만 실전에서는 추천하지 않는다).

- 리밸런싱 주기: 여기서는 리밸런싱 주기를 한 달로 정해서 시뮬레이션했지만 역시 변화를 줄 수 있다. 더 줄일 수도 있고 늘릴 수도 있다.

- 거래 수수료: 여기서는 거래 수수료를 무시했다. 하지만 리밸런싱할 때 제외하는 종목을 팔고 새로 편입되는 종목을 사거나 일부 비중 조절이 이루어지기 때문에 실제 투자에서 거래 수수료는 무시할 수 없다. 시뮬레이션이 복잡해지겠지만 실제로 투자에 적용하고자 한다면 반드시 거래 수수료를 적용했을 때의 성과도 확인해야 한다.

이상의 내용을 염두에 두고 자신에게 맞는 최적화된 모멘텀 포트폴리오 구성을 시도해 보기 바란다.

마치며

긴 여정의 시작

진지한 퀀트 입문자라면 반드시 알아야 한다고 생각되는 전략들의 소개가 끝났다. 만약 퀀트 문외한으로 또는 코딩을 모르는 소위 코린이로 이 책을 읽기 시작해서 여기까지 왔다면 우선 박수를 보낸다. 쉽지 않은 여정이었을 것이다. 이제 여러분은 '퀀트 투자가 이런 것이구나'하는 감을 잡았을 것이다. 이 단계에서 두 가지를 당부하고 싶다.

첫째는 실제 투자를 시작하라는 것이다. 계좌를 개설하고 적은 금액이라도 준비해서 실제 거래를 시작해야 한다. 적용해 보고 싶은 전략을 정하고 백테스트 결과가 어느 정도 만족스럽다면 곧바로 적용해 보라. 스크린 골프를 열심히 연습하면 필드에서 큰 도움이 되지만 필드에서 실제로 플레이하는 것과는 엄연히 다르다. 실제 투자를 통해서 시장을 배워야 할 부분도 많고 거기서 더 발전된 전략 아이디어도 나온다. 내가 시장에 존재하고 있을 때 수익도 발생하는 것이다.

둘째는 퀀트 공부는 이제 시작이다라는 것이다. 더 잘 위험을 관리하고 더 많은 수익의 기회를 포착하고 더 큰 자금을 운용하기 위해서 배워야 할 많은 내용들이 남아 있다. 더 공부해야만 수익을 낼 수 있다는 뜻은 아니다. 현재 알고 있는 지식을 동원해서 실제 투자를 하면서 계속 공부해야 한다는 뜻이다. 거대 자금을 운용하는 기관 투자자들은 고액 연봉을 주고 수학, 통계학, 물리학, 컴퓨터공학 등 각 분야에서 최고의 박사들을 데려다 전략과 장비를 개발하고 운용한다. 이제는 인공지능을 활용하는 것이 점점 보편화되고 있기도 하다. 개인 투자자로서 이들과 경쟁할 필요는 없지만 중급, 고급의 금융공학 지식과 인공지능을 활용한 투자 전략들까지 조금씩 익혀 나가면 자기만의 전략을 더욱 발전시킬 수 있는 힘이 생길 것이다.

인내심 필요

이 책에서 다룬 내용들은 포지션을 여러 날 동안 보유하는 중장기 투자 전략에 관한 것이다. 이것을 바탕으로 만들어진 전략으로 투자한다면 무엇보다도 인내심이 필요한 경우가 많다. 일단 전략이 정해지면 1년 정도(최소 6개월)는 전략대로 기계적으로 거래한다고 다짐하고 실행해야 한다.

이동평균선 교차 전략을 적용한다고 할 때 어제까지의 데이터를 받아서 오늘 개장 전 분석을 해보니 골든 크로스가 나왔다고 해서 오늘 사면 내일부터 상승 추세가 형성될 것처럼 명백하게 보이는 경우는 없다. 오히려 이후에 계속 주가가 하락할 수도 있고 손절 신호가 나올 수도 있다. 중요한 것은 일희일비하지 말고 반드시 기계적으로 전략에 따라 일정 기간은 실행해야 전략의 통계적 우위성이 수익으로 실현된다는 것이다.

모멘텀 포트폴리오 전략을 예로 들어 보자. 나스닥100에서 톱 7을 선정해서 4주마다 리밸런싱하는 것이 나에게는 최적이라고 판단하고 실행한다고 하자. 이때 선정한 톱 7 주가가 앞으로 4주간 상승하는 경우만 있는 것이 아니고 얼마든지 하락할 수도 있다. 그러나 제대로 수행한 백테스트에서 좋은 결과가 있었다면 그 결과를 신뢰하고 큰 수의 법칙을 만족시킬 충분한 기간 동안 기계적으로 실행해야 한다는 것이다. 돌발 사태들이 발생하면서 시장 성격이 변하여 1년 동안 운용했지만 성과가 좋지 않을 수도 있다. 기계적으로 1년간 전략대로 운용한 결과라면 그것도 흔쾌히 받아들이고 더 길게 운용할지 아니면 개선점을 찾아 전략을 수정할지 결정하는 것도 퀀트의 숙명이다. 중간에 인내심을 잃고 자신의 판단대로 개입한다면 결과에 상관없이 전략의 성과를 판단할 기회를 놓친 것이고 대부분 손실로 귀결되는 경우가 많다.

자동매매 구현에 관하여

실전 매매를 위한 자동매매 시스템을 구현하려면 증권사 api 사용법부터 시작해서 익혀야 할 내용이 그 자체로 적지 않고 시간도 많이 소요된다. 그런데 일봉 데이터를 활용하는 중장기 투자에서는 자동매매의 장점이 별로 없다.

예를 들어 1개월 주기로 리밸런싱하는 모멘텀 포트폴리오 전략을 실행한다고 해보자. 일단 주식을 선정하고 매수하면 1달은 그대로 지켜봐야 하는데 이때 컴퓨터를 켜둘 필요는 없다. 물론 리밸런싱하는 날 모든 절차를 자동으로 실행하도록 코드로 구현할 수 있겠지만 지면의 한계상 그 부분까지는 포함하지 못했다. 수십 개의 종목을 거래하는 것이 아니라면 개인의 경우, 특히 초보 퀀트라면 수동으로 리밸런싱해도 어려움이 전혀 없을 것이기 때문이다.

개별 종목 투자 전략에서도 마찬가지다. 거래 시그널이 몇 주 또는 몇 달만에 한 번 나올 수도 있는데 계속 컴퓨터를 켜둘 필요는 없다. 전날까지의 데이터로 오늘 개장 전에 전략 프로그램을 돌려보고 시그널이 나오는지 체크하고 장이 열리면 그에 따라 장 초반에 거래하고 잠을 자면 족하다. 종가로 백테스트한 경우 실제로도 종가로 거래하면 좋겠지만 현실적으로는 새벽 5시에 시그널을 체크하고 거래해야 하기 때문에 쉽지 않다. 장기 투자의 경우 종가로 시그널이 발생한 익일 시가로 거래하더라도 큰 차이가 나지 않는다. 대부분 전일 종가와 약간 차이가 나겠지만 길게 볼 때 크지 않고 그 차이가 때로는 유리하게 때로는 불리하게 작용할 수 있어 서로 상쇄되기 때문이다.

그래도 나는 꼭 자동매매로 구현하고 싶다고 하는 분은 한국 투자 증권의 Open API를 추천한다. 국내 증권사 최초로 해외 주식까지 거래할 수 있는 Rest API와 Websocket 방식을 제공한다. 다른 증권사들의 경우 32비트 윈도우즈에서만 작동하는 API를 제공하는 경우가 많고 HTS와 연동하는 COM 방식을 사용해서 불편한 부분이 있다. 한국 투자 증권의 Open API는 운영체제에 상관없이 HTS에 로그인하지 않고 API Key만으로 조회와 주문이 가능하다.